As peculiaridades da
NOÇÃO DE CULPA

um estudo de direito comparado

B981p   Bussani, Mauro
       As peculiaridades da noção de culpa: um estudo de direito
comparado / Mauro Bussani; trad. Helena Saldanha. — Porto
Alegre: Livraria do Advogado, 2000.
       166p.; 16x23cm.

       ISBN 85-7348-146-3

       1. Culpa. 2. Culpabilidade. I. Título.

          CDU 343.222

       Índices para catálogo sistemático
1. Culpa. 2. Culpabilidade.

(Bibliotecária responsável: Marta Roberta, CRB-10/652)

MAURO BUSSANI

As peculiaridades da
NOÇÃO DE CULPA

um estudo de direito comparado

TRADUÇÃO
Helena Saldanha

livraria
DO ADVOGADO
editora

Porto Alegre 2000

© Mauro Bussani, 2000

Publicação original
As Monografias de Contrato e Empresa
Série dirigida por Francesco Galgano, nº 21
Editora Cedam, Pádua - Itália, 1991

Tradução de
Helena Saldanha

Revisão de
Rosane Marques Borba

Capa, projeto gráfico e diagramação
Livraria do Advogado Editora

Direitos desta edição reservados por
Livraria do Advogado Ltda.
Rua Riachuelo, 1338
90010-273 - Porto Alegre - RS
Telefax: 0800-51-7522
E-mail: info@doadvogado.com.br
Internet: www.doadvogado.com.br

Impresso no Brasil / Printed in Brazil

Prefácio

Com grande satisfação, recebemos a incumbência de prefaciar a presente obra, fruto da inteligência de um jovem autor italiano, professor na Faculdade de Direito da Universidade de Trento.

Graças aos esforços da Direção da Livraria do Advogado e também com a colaboração do Dipartamento di Scienze Giuridiche da Università degli studi di Trento, foi possível finalizar o projeto, esboçado em Porto Alegre, quando da visita do professor Bussani à Faculdade de Direito da UFRGS, para proferir um ciclo de palestras sobre a responsabilidade civil, durante o ano letivo de 1996.

O professor Mauro Bussani é um comparatista de renome internacional, tendo publicado grande número de artigos de doutrina e ensaios jurídicos em revistas especializadas tanto na Itália como em França e nos Estados Unidos da América do Norte, merecendo destaque sua produção francesa, estampada na *Revue Internationale de Droit Comparé,* reconhecidamente a mais importante publicação do gênero, pela sua tradição, pela excelência das matérias nela publicadas, além da sempre cuidadosa seleção de autores, escolhidos por seu renome científico internacional.

Além da dedicação ao magistério e à autoria de obras jurídicas, participa o professor Mauro Bussani de grupos de pesquisa de caráter internacional. Apenas para exemplificar, vale lembrar aqui a concepção de um projeto de grande relevância, denominado *The Common Core of European Private Law,* lançado há seis anos, juntamente com o professor *Ugo Mattei.* Deste projeto participam mais de uma centena de especialistas europeus e norte-americanos. O resultado da pesquisa deverá ser publicado, em forma de livro, dentro de alguns meses.

O professor e pesquisador Mauro Bussani participa, ainda, na qualidade de co-diretor, com o comparatista Michel Grimaldi, da Universidade de Paris II, de outro projeto, intitulado *Le Droit comparé des surêtés réelles,* cujos resultados serão publicados pela Editora Bruylant de Bruxelas.

Realizada esta breve apresentação do autor, tracemos um perfil de sua obra, que se destaca por sua originalidade e, justamente por isso, por sua notável utilidade aos operadores do direito de modo geral.

A obra que ora apresentamos constitui o produto de uma longa e exaustiva pesquisa, cujas primeiras etapas foram publicadas em um livro, intitulado em italiano *La colpa soggettiva,* Pádua, ano de 1991. Posteriormente, em ensaios, publicados em *Scritti in onore di Rodolfo Sacco (Faiblesse Oblige,* Milão, 1994), na *Gazette du Palais,* nᵒˢ 45/46, 1997 *(Responsabilité des sujets atteints de troubles mentaux en Italie et en Common Law)* e igualmente na obra coletiva, organizada por J. F. Palomino Manchego e, na qualidade de co-diretor, R. Velasquez Ramirez, *Modernas tendencias del derecho en America Latina. Actas de la I Convención Latinoamericana de Derecho (Perfiles comparativos sobre la resposnabilidad civil: la culpa al servicio de los débiles,* Lima, 1997).

O volume que está sendo oferecido aos juristas brasileiros apresenta algumas características muito específicas, que devem ser mencionadas, porquanto podem suscitar ainda mais o interesse do público para a obra.

Em primeiro lugar, trata-se de um estudo realizado em perspectiva comparatista, porquanto refere a forma de tratamento do tema tanto na família da *civil law,* com ênfase aos sistemas italiano e francês, como no da família da *common law,* o que, entre nós, é insólito.

O autor tem uma grande preocupação com as peculiaridades psicofísicas do agente, no que concerne à determinação da culpa extracontratual. De acordo com essa perspectiva, analisa aprofundadamente as diferentes formas de aferição de culpa, partindo do comportamento que se espera do indivíduo médio, abordando as exceções à regra geral, representadas, de um lado, pelo indivíduo mais fraco e, de outro, pelo mais forte ou mais preparado. A exigência da conduta reputada como correta varia, segundo se trate do mais débil ou do mais forte ou do mais preparado. As diferentes situações ocorridas na prática são magistralmente ilustradas por destacadas decisões de Tribunais europeus e norte-americanos.

Não poderíamos finalizar esta apresentação sem tecer, ainda que brevemente, um comentário sobre a excelente tradução do texto original para a língua portuguesa, pela também jurista, Dra. Helena Saldanha. Trata-se de um trabalho realizado da mesma forma como se tece uma filigrana, tal o empenho da tradutora em conservar a pureza do texto, denso e complexo, sem contudo perder de vista o objetivo principal de torná-lo acessível ao leitor brasileiro.

Com a edição em língua nacional do belo livro do professor Mauro Bussani, a Editora da Livraria do Advogado demonstra uma vez mais a sua competência e seriedade na escolha dos temas e dos autores que publica.

Por fim, gostaríamos de felicitar os juristas nacionais por terem a sua disposição um tão excelente estudo sobre tema cuja relevância, na vida do operador do direito, cresce a cada dia, não só pelo volume de casos como pela complexidade de suas novas facetas.

Vera Jacob de Fradera

Sumário

Capítulo I - Peculiaridade psicofísica do agente e verificação da culpa extracontratual 9
1. O modelo geral para a avaliação da culpa 9
2. Anciãos e portadores de doenças físicas 13
3. Os menores capazes de entender e querer 14
4. Os doentes mentais. A incapacidade de entender e querer 16
5. As superioridades individuais: a experiência 20
6. As informações e a força física 22
7. Características do agente e gravidade da culpa 23

Capítulo II - A culpa e as culpas 27
1. As variações subjetivas do *standard*: exceções ou regras autônomas 27
2. Desenvolvimento da questão 29
3. Por um uso inequívoco da noção de culpa 30
4. A culpa "contratual" 32

Capítulo III - Razões e limites da culpa "objetiva" 37
1. Premissas 37
2. Os sujeitos inferiores à média. Disparidade de tratamento 38
   2.1. Um contraste entre discursos 41
3. Os sujeitos superiores à média. A correção do *standard* e as dificuldades probatórias 44

Capítulo IV - A superação das objeções tradicionalmente levantadas contra a articulação subjetiva do "standard" 47
1. Variedade das críticas 47
2. A culpa como variável independente do suporte fático de responsabilidade 48
3. Inter-relações entre os elementos do ilícito 49
4. O juízo de responsabilidade: papel e significados da culpa 52
5. A determinação dos interesses em conflito 54
6. "Normalidade" dos comportamentos sociais 56
7. Parâmetros subjetivos e incerteza dos juízos 59
8. As finalidades retributivas 61
9. A indiferença da doutrina 63
10. O problema da prova 68

Capítulo V - Os indivíduos débeis 73
1. A diversificação dos modelos 73

SEÇÃO I. A avaliação da conduta dos doentes mentais e das crianças pequenas 74
2. Tradições e mistificações 74
   2.1. As razões da culpa "objetiva" e as razões do juízo de responsabilidade 80
3. Os doentes mentais. A situação na Itália 82
4. A jurisprudência do *common law* 84
5. A aparente incongruência das regras de exoneração da responsabilidade em caso de "mal súbito e imprevisível" 86

6. As crianças em tenra idade. As regras italianas em matéria de responsabilidade primária: avaliação subjetiva *per relationem* 88
7. A concorrência de culpa da vítima menor de idade 90
8. A jurisprudência francesa 91
9. Os critérios adotados pelas cortes do *common law* 94
10. Conclusões: fragmentação das regras de conduta e razões de tutela da vítima 96

SEÇÃO II. Os menores capazes de entender e de querer 98
11. Observações gerais: a distinção em razão da idade 98
12. Os "quase-maiores" 99
   12.1. Fatores destinados a incidir sobre a avaliação da culpa 102
13. A avaliação da conduta dos mais jovens entre os menores imputáveis 103
14. Os menores na faixa etária intermediária 105
   14.1. Maturidade psicofísica do adolescente e atividade "perigosa" 106
   14.2. A conduta exigível no curso de atividades biológicas, educativas ou recreativas . 107

SEÇÃO III. Os anciãos e os portadores de doenças físicas 110
15. Os parâmetros do juízo 110
16. Hipóteses de irrelevância da deficiência 111
17. A deficiência como fator de determinação do *standard*. O risco despropositado 112
   17.1. A avaliação da conduta do deficiente que causa um dano a terceiros 113
   17.2. A concorrência de culpa da vítima-deficiente 114
18. O "*standard* da categoria" como modelo de conduta exigível 116
19. Critérios subjetivizados 118
   19.1. Segue: o tráfego urbano 121

Capítulo VI - A superioridade subjetiva 125
1. Premissas 125
2. Tipologia das superioridades 126
3. O homem sem qualidades 128
   3.1. A inexperiência do homem médio 129
   3.2. O limiar de competência exigível 130
4. A relevância das superioridades. Os sujeitos "melhor informados" 132
   4.1. A previsibilidade dos próprios mal-estares. 133
   4.2. Informações a respeito das circunstâncias ambientais 134
5. A superioridade endógena: variedade das combinações 137
6. Qualidades não-profissionais relevantes no desenvolvimento de atividades não-profissionais 138
7. Características subjetivas e experiências pregressas: as atividades profissionais 140
8. Qualidades subjetivas de natureza profissional: o desenvolvimento de uma atividade não-profissional 142
9. A conduta exigível no desenvolvimento de uma atividade profissional 144
   9.1. Características relevantes na fixação do *standard*. O profissional superespecializado 145
   9.2. Habilidades peculiares a cada agente e juízo individualizado 148
10. As superioridades de ordem física 149
   10.1. Características relevantes para os fins da responsabilidade 150
   10.2. Os dotes técnico-atléticos como fatores de exoneração da responsabilidade 151

Capítulo VII - Conclusões: modelos diferenciados para a avaliação da conduta . 155
1. Tipologia da diversidade: a debilidade 155
   1.1. As qualidades positivas do agente 157
2. Necessidade de um *standard* abstrato 160
3. Conteúdos do parâmetro subjetivado 162
   3.1. Os portadores de superioridade 164

Capítulo I

Peculiaridade psicofísica do agente e verificação da culpa extracontratual

SUMÁRIO: 1. O modelo geral para a avaliação da culpa; 2. Anciãos e portadores de doenças físicas; 3. Os menores capazes de entender e querer; 4. Os doentes mentais. A incapacidade de entender e querer; 5. As superioridades individuais: a experiência; 6. As informações e a força física; 7. Características pessoais do agente e gravidade da culpa.

1. O modelo geral para a avaliação da culpa

No âmbito da culpa aquiliana, o ensinamento habitual - difundido em grande parte dos sistemas jurídicos, tanto do *common law* quanto da *civil law* - quer que cada concidadão dirija a própria conduta de acordo com o parâmetro de diligência exigível do chamado "homem médio": o comportamento de cada um deve referir-se ao nível daquela ficção de indivíduo que, hoje como no passado, se supõe dotado de consciência comum, musculatura mediana, reações ordinárias, habilidade e costumes padronizados, inteligência e memória perfeitamente normais.[1]

---

[1] As referências de doutrina e jurisprudência italiana são encontradas em VISINTINI, *I fatti illeciti*, II, *La colpa in rapporto agli altri criteri d'imputazione della responsabilità*, em *I grandi orientamenti della giurisprudenza civile e commerciale*, coleção dirigida por GALGANO, Padova, 1990, pp. 4 ss; Ead., *Dottrine civilistiche in tema di colpa extracontrattuale*, em *Studi in memoria di Giovanni Tarello*, II, Milano, 1990, pp. 707 ss.; Guido ALPA, *Responsabilità civile e danno. Lineamenti e questioni*. Bologna, 1991, pp. 223 ss.; G. PONZANELLI, *La responsabilità civile. Profili di diritto comparato*, Bologna, 1992, pp. 73 ss.; M. FRANZONI, *Dei fatti illeciti*, em *Comm. cod. civ. Scialoja-Branca*, dirigida por F. GALGANO, *Art. 2043-2059*, Bologna-Roma, 1993, pp. 126 e 129 ss.; G. ALPA, M. BESSONE, e v. ZENO ZENCOVICH, *I fatti illeciti*, 2ª ed., em *Tratt. dir. priv.* dirigido por P. RESCIGNO, vol. 14, Torino, 1995, pp. 79 s. Na França, TUNC, *La responsabilité civile*[2], Paris, 1989, pp. 109 ss; VINEY, *La responsabilité: conditions*, em GHESTIN (org.), *Traité de droit civil*, IV, *Les obligations*, Paris, 1982, pp. 555 ss; Ead., *Introduction à la responsabilité*, 2ª ed., em GHESTIN (org.) *Traité de droit civil*, Paris, 1995, pp. 29 s. e 87 s. Para os ambientes de *common law*, FLEMING, *The law of Torts*[7], Sidney, 1987, pp. 97 ss; ATIYAH, *Accidents, Compensation and the Law*[4], London, (aos cuidados de CANE, 1987: 1990), pp. 36 ss. Ainda, na Alemanha, DEUTSCH, *Fahrlässigkeit und erforderliche Sorgfalt*, Köln, 1963, pp. 326 s., 329 ss, 348 s.; LARENZ, *Lehrbuch des Schuldrechts*[14], München, 1987, I, 289 ss.; e v. depois J. LIMPENS, KRUITHOF e A. MEINERTZHAGEN, *Liability for One's Own Act*, em *Int. Enc.Comp.Law*, XI, *Torts*, 1, Tübingen - The Hague-Boston-London, 1983, ch. II, pp. 22 ss.

Um temperamento a esta regra surge, à primeira vista, do confronto que é quase sempre sugerido entre o estereótipo e a categoria à qual pertence o sujeito concreto, ou seja, o grupo social ou profissional em que o indivíduo desenvolve a sua atividade. No entanto, a indicação limita-se a oferecer uma mera especificação do cânone originário,[2] habitualmente negligenciando toda consideração pela possível natureza não-econômica da atividade em foco. Assim, o princípio parece admitir (mas não propriamente em toda parte, como logo veremos) somente uma derrogação. Trata-se do distinto regime de responsabilidade dirigido àqueles que, por suas condições mentais, não se mostrassem aptos a atingir os *standards* operacionais requeridos ao homem de diligência ordinária - e são particularmente citadas as figuras da criança de tenra idade e do doente mental.

Contudo, é sabido que, mesmo para a conduta desses - quando seja necessário apreciar as suas características culposas -, a opinião corrente indica a possibilidade de uma avaliação centrada nas meras aparências exteriores do comportamento: uma investigação pouco atenta a considerações a respeito das peculiaridades físico-psíquicas do sujeito.[3]

---

[2] No caso da Itália, no domínio do direito das obrigações em geral, o critério adotado pelo art. 1176, al. 2, do código civil, onde se estabelece que, na execução das obrigações inerentes ao exercício de uma atividade profissional, a diligência deve ser apreciada com atenção à natureza da atividade exercida. Entre os autores, P. TRIMARCHI, *Illecito (dir. priv.)*, em *Enc. dir.*, XX, Milano, 1970, 110; BUSNELLI, *Illecito civile*, em *Enc. giur.*, XV, Roma, 1989, p. 9. Nos ambientes de *Common Law*. v. *Restament of the Law, Torts, Second*, 1965, St. Paul, Minn., II, § 289 *comment m.*; e, também, para as numerosas referências jurisprudenciais, PROSSER e KEETON, *On Torts*, 5ª ed., St. Paul, Minn., 1984, 185 s., notas 14 e s. Na Françaa, cf. VINEY, *Introduction*, cit., 29 s., 65 s., 87 s.

[3] VISINTINI, *I fatti illeciti*, I, *Ingiustizia del danno. Imputabilità*, em *I grandi orientamenti della giurisprudenza civile e commerciale*, coleção dirigida por Galgano, Padova, 1987, pp. 480 ss.; EAD., *Imputabilità e danno cagionato dall'incapace*, em *Nuova giur. civ. comm.*, 1986, II, p. 119; Ead., *Trattato breve della responsabilità civile*, Padova, 1996, 467 s. Em relação à França - onde, com a novidade introduzida no *code civil* (ao art. 489-2) pela lei nº 68-5, de 3 de janeiro de 1968, foi expressamente reconhecida a responsabilidade civil plena das pessoas acometidas de uma doença mental - v. LE TOURNEAU, *La responsabilité civile des personnes atteintes d'un trouble mental*, em *J.C.P.*, 1971, I, p. 2401; idem, *La responsabilité civile*, Paris, 1976, p. 502; MARTY e P. RAYNAUD, *Droit civil. Les Obligations*, 1, Paris, 1988, pp. 514 ss.; VINEY, *La responsabilité: conditions*, cit. p. 532. Ainda, para um exame do problema - incluindo também as soluções elaboradas nos ambientes de *common law* -, v. recentemente, ZENO-ZENCOVICH, *La colpa oggetiva del malato di mente: le esperienze nord-americana e francese*, em *Resp. civ. e prev.*, 1986, pp. 3 e ss.; BUSSANI e VENCHIARUTTI, *Variazioni sulla colpa*, em *Rev. crit. dir. priv.*, 1987, pp. 55 ss. Como é bem conhecido - sob um outro ponto de vista, ou seja -, nos juízos apoiados nos critérios de imputação de tipo objetivo, a regra de não interferência da efetiva capacidade do agente, em concreto está por demais consolidada. Cf., entre outros, P. TRIMARCHI, *Rischio e responsabilità oggettiva*, Milano, 1961, p. 38; F. H. BOHLEN, *Liability in Tort of Infants and Insane Persons*, 23 *Mich. Law Rev.*, 1924, pp. 9 ss., 33 ss.; N. DEJEAN DE LA BATIE, *Appréciation* in abstracto *et appréciation* in concreto *en droit civil français*, Paris, 1965, pp. 86 ss.; ou, The Law Reform Commission (Ireland), *Report on the Liability in Tort of Minors and the Liability of Parents for Damage Caused by Minors*, Dublin, 1985, p. 1 ss. (a partir de agora: *Report*, I); P. ESMEIN, em C. Aubry e C. F. Rau, *Cours de droit civil français*, 6ª ed., VI, Paris, 1951, p. 438; A. von TUHR, *Partie générale du code fédéral des obligations*, I, trad. francesa de M. De Torrenté e E. Thilo, Lausanne, 1929, 353 ss.; e ver, no mesmo sentido, o art. 184, livro VI, do novo código civil holandês.

Em resumo, o paradigma dominante adota como unidade de medida um tipo de modelo geral, cujos comportamentos podem ser preventivamente individualizados, resultando igualmente avaliáveis de maneira objetiva pelo juiz: este será sempre chamado a desenvolver uma avaliação de cunho impessoal, voltada somente à consideração das características "externas"[4] da figura do agente - no máximo, tomando em consideração as circunstâncias de tempo e de lugar em que se desenrolou o fato originário da controvérsia.

É oportuno acrescentar que o critério em questão é tido como firme pelos intérpretes, não só para a avaliação da culpa leve (ou quando está em jogo unicamente a responsabilidade do réu), mas em todas as ocasiões em que se torne necessário verificar a natureza culposa" da conduta, comissiva ou omissiva,[5] que é atribuível a um sujeito. Por isso, quando o ordenamento exige (ou o juiz releva) a configuração da culpa grave, será necessário ter o cuidado de não descartar que a conduta do agente possa corresponder ao grau mínimo ou elementar de diligência que "todos" observam,[6] e o mesmo ocorre quando o legislador convida a (ou o juiz encontra a necessidade de) investigar a gravidade da culpa como fator útil na distribuição do ônus do ressarcimento entre vários co-autores de um dano.[7]

---

[4] A respeito da relevância que, sobre o tema da apreciação da culpa, pode assumir a distinção entre características subjetivas "externas" e "internas", v. até hoje H. L. MAZEAUD e TUNC, *Traité théorique et pratique de la responsabilité civile délictuelle et contractuelle*, Paris, 1965, I, pp. 486 ss., 500 ss.; DEJEAN DE LA BATIE, *Appréciation in abstracto et appréciation in concreto en droit civil français*, Paris, 1965, pp. 20 ss., 158 ss.; VINEY, *La responsabilité*, cit. p. 557; sobre o ponto, de qualquer modo, v. mais adiante, cap. II, nota 55; cap. V, nº 5.

[5] Cf. ALPA, *Il problema dell'atipicità dell'illecito*, Napoli, 1979, pp. 175 ss.; e, em matéria de culpa pela inobservância de leis, regulamentos, decretos ou disciplinas (cf. art. 43 CP italiano), VISINTINI, *I fatti illeciti*, II, cit. p. 10 ss.
Para um exame dos lugares comuns que circulam no debate, acerca da identidade dos critérios com que seria apreciada a culpa no âmbito civilístico e no penal, v. criticamente, ZENO-ZENCOVICH, *La responsabilità civile da reato*, Padova, 1989, pp. 54 ss., 127 ss.; VINEY, *Introduction à la responsabilité*, cit., pp. 252 ss. Quanto aos critérios de verificação da culpa em uso pelos penalistas, v., recentemente, F. MANTOVANI, *Colpa*, em *Dig.*, IV, Sez. pen., II, Torino, 1988, pp. 302 ss.; G. VASSALI, *Colpevolezza*, em *Enc.giur.*, VI, Roma, 1988, 1, 1, 11 ss.; GIU. MARINI, *Colpa. II) Diritto penale*, em *Enc. giur.*, VI, Roma, 1988, 1, 5 ss.; FORTI, *Colpa ed evento nell diritto penale*, Milano, 1990, pp. 63 ss., 167 ss.; sobre o tema, para alguma consideração ulterior, *infra*, neste capítulo, nota 46; e cap. II, n. 3.

[6] V. C. MAIORCA, *Colpa civile(teoria gen.)*, em *Enc. dir.*,VII, Milano, 1960, p. 581; C. M. BIANCA, *Negligenza (dir. priv..)*, em *Noviss. Dig. It.*, XI, Torino, 1965, p. 196; CIAN, *"Lata culpa dolo aequiparatur"*, em *Riv. dir. civ.*, 1963, I, p. 152 e nota 14, p. 174.
Para uma síntese sobre o conteúdo e a importância da culpa grave em matéria de responsabilidade profissional, VISINTINI, *I fatti illeciti*, II, cit., pp. 93 ss., e *ivi* as primeiras referências de doutrina e jurisprudência.

[7] V., em geral, C. MAIORCA, *Colpa civile*, cit., p. 581; e, em particular, para a solução apontada no texto, em tema de concorrência de culpa da vítima, R. SCOGNAMIGLIO, *Responsabilità civile*, cit. p. 653; DI PRISCO, *Concorso di colpa*, Napoli, 1973, p. 281 s.; ROSSELLO, *Il danno evitabile*, Padova, 1990, *passim*, em particular, pp. 76 ss.; 167 ss.
Depois, é notório que se faz referência usual à diligência do homem médio, quando se mostre necessário verificar a culpa do devedor, em tema de responsabilidade pelo inadimplemento das obrigações (cf., na Itália, o art. 1176 do CC: para maiores detalhes sobre o ponto, DI MAJO,

A avaliação da culpabilidade estaria limitada a girar em torno de um bloco único, fundado sobre a abstração do critério de referência, sobre a

---

Delle obligazioni in generale, arts. 1173-1176, em *Comm. del cod. civil* SCIALOJA-BRANCA, aos cuidados de GALGANO, Bologna-Roma, 1988, *sub* art. 1176, 410 ss.) e, para a importância que, no seguimento do debate, poderão assumir as categorias elaboradas no tema de responsabilidade contratual, v., até agora - em perspectiva comparatística -, MONATERI, *Cumulo di responsabilità contrattuale ed extracontrattuale*, Padova, 1989, *passim*, e em particular, pp. 218 ss., 242 ss., 291 ss.; SERIO, *La responsabilità complessa*, Palermo-São Paulo, 1988, *passim* e, em particular, pp. 54 ss.
Sobre o papel desempenhado pela figura do bom pai de família, como critério geral para a avaliação da conduta, M. GIORGIANNI, *Buon padre di famiglia*, em *Noviss. Dig. It.*, II, Torino, 1958, pp. 596 ss.; RAVAZZONI, *Diligenza*, em *Enc. giur.*, XI, Roma, 1989, pp. 1 s., 5; RODOTÀ, *Diligenza (dir. civ.)*, em *Enc. dir.*, XII, Milano, pp. 539 ss.; PREDELLA, *La figura dell'uomo medio nella storia del diritto e nel sistema giuridico privato*, Torino, 1934, pp. 29 ss.; R. SACCO, *La buona fede nella teoria dei fatti giuridici di diritto privato*, Torino, 1949, pp. 42 ss.; FORCHIELLI, *Difendiamo il "buon padre di famiglia"* em *Riv. trim. dir. proc. civ.*, 1989, p. 531; CATALA e WEIZ, *Delict and Torts: A Study in Parallel*, 37 *Tulane Law Review*, 1963, pp. 608 ss.
Para a origem histórica do paradigma, v., em geral, TALAMANCA, *Colpa civile (storia)*, em *Enc. dir.*, VII, Milano, 1960, pp. 517, 520 ss.; G. ROTONDI, *Dalla "Lex Aquilia" all' art. 1151 do cod. civ.*, em *Riv. dir. comm.*, 1916, I, pp. 953 ss. e, *ivi*, 1917, I, pp. 245 ss.; CANCELLI, *Diligenza (dir. rom.)*, em *Enc. dir.*, XII, Milano, 1964, pp. 517 ss.; G. I. LUZZATTO, *Colpa penale (dir. romano)*, em *Enc. dir.*, VII, Milano, 1960, pp. 664 ss.; A. MARONGIU, *Colpa penale (dir. interm.)*, em *Enc. dir.*, VII, Milano, 1960, pp. 617 ss.; SCHIPANI, *Responsabilità "ex lege Aquilia". Criteri di imputazione e problemi della "culpa"*, Torino, 1969, em particular pp. 91 ss.; MASSETTO, *Responsabilità extracontrattuale (dir. interm.)*, em *Enc. dir.*, XXXIX, Milano, 1988, pp. 1126 ss.; R. ZIMMERMANN, *The Law of Obligations. Roman Foundations of the Civilian Tradition*, Cape Town, 1990, especialmente pp. 1007 ss.; DE ROBERTIS, *Responsabilità contrattuale (dir. rom.)*, em *Enc. dir.*, XXXIX, Milano, 1988, pp. 1054 ss.; BELLOMO, *Diligenza (dir. interm.)*, em *Enc. dir.*, XII, Milano, 1964, pp. 528 ss.; BIROCCHI e PETRONIO, *Responsabilità contrattuale (dir. interm.)*, em *Enc. dir.*, XXXIX, Milano, 1988, pp. 1060 ss.; NIPPEL, *Commentario sul codice civile generale austriaco con ispeciale riguardo alla pratica*, trad. ital., Pavia, 1842, §1295, n. 1, VIII, seção I, p. 82; VON ZEILLER, *Commentario sul codice civile universale per tutti gli stati ereditari tedeschi della monarchia austriaca*, trad. ital. aos cuidados de CARROZZI, Milano, 1816, §1295, n. 1 ss., §§1296-1298,V, p. 298 ss.; FADDA, *Il buon padre di famiglia nella teoria della colpa*, Napoli, 1901, pp. 3 ss.; PREDELLA, *op. ult. cit.*, pp. 1 ss.; *idem*, *O "bonus paterfamilias" e la sua origine agraria*, em *Riv. dir. agr.*, 1931, pp. 73 ss.; BUCKLAND, *Diligens paterfamilias*, em *Studi in onore di Bonfante*, Milano, 1930, pp. 85 ss.; D'AMELIO, *La diligenza del "bonus paterfamilias"*, em *Mon. trib.*, 1930, pp. 441 ss.; RANJARD, *La responsabilité civile dans Domat*, th. Paris, 1943, pp. 11 ss. (ver também J. B. V. PROUDHON, *Traité des droits d'usufruit, d'usage, d'habitation et de superficie*, Bruxelles, 1833, I, n. 1498 s., pp. 178 ss.); C. A. CANNATA, *Dai giuristi ai codici, dai codici ai giuristi*, *Riv. trim. proc. civ.*, 1981, pp. 993, 1006 ss. (a respeito, v. MENGONI, *Responsabilità contrattuale (dir. vig.)*, em *Enc. dir.*, XXXIX, Milano, 1988, p. 1074 e nota 13); e, especificamente no que concerne à recepção do modelo nos ambientes de *common law*, W. JONES, *An Essay on the Law of Bailments*, London, 1781, pp. 6, 82 ss.; recentemente, D. E. C. YALE, *"Of No Mean Authority" Some Later Uses of Bracton*, em M. S. ARNOLD *et al.* (curr,), *On the Laws and Customs of England. Essays in Honor of S. E. Thorne, Chapel Hill (North Car.)*, 1981, pp. 381 ss., 389 e nota 30.
Entre os numerosos (mas - quanto à proposição de regras alternativas precisas - freqüentemente inertes) críticos da fórmula de avaliação baseada nas características do "bom pai de família", merecem ser relidos MENGER, *Il diritto civile e il proletariato. Studio critico sul progetto di um codice civile per l'impero germanico* (trad. ital. de G. OBEROSLER), Torino, 1894, pp. 152 ss. (e também J. UNGER, *Handel auf eigene Gejahr. Ein Beitrag zur Lehre von Schadenersatz*, Jena, 1893, especialmente p.140) ; LÉGAL, *De la négligence et de l'imprudence comme source de la responsabilité civile délictuelle*, Paris, 1922, pp. 115 ss.; J. RUTSAERT, *Le fondement de la responsabilité civile extra-contractuelle*, Bruxelles-Paris, 1930, pp. 14 ss., 277 ss.; mas também, sobre a figura do "reasonable man", A. P. HERBERT, *Uncommon Law*, London, 1935, pp. 2 ss.

indistinção entre natureza econômica ou "biológica"[8] da atividade em exame, mas também sobre a desconsideração, para o juízo de responsabilidade, de toda peculiaridade subjetiva própria do indivíduo, seja ele plenamente capaz ou não de entender e querer.

2. Anciãos e portadores de doenças físicas

Porém, basta folhear as decisões jurisprudenciais a respeito do tema, para se perceber que elas nem sempre correspondem àquela tese. E as divergências referem-se, sobretudo, aos casos em que o juízo sobre a culpa (primária ou concorrente) tenha por objeto a conduta de sujeitos marcadamente "inferiores" ou "superiores", em relação àquilo que se entende ser o tipo médio de concidadão.

Começando pelos indivíduos cuja peculiaridade consiste num *handicap* de ordem física, é fácil constatar - juntamente com as hipóteses em que a debilidade específica do sujeito não exerce qualquer influência - quão numerosos são os casos, especialmente aqueles relacionados a danos causados no curso de atividades de natureza "existencial", onde a evidência da desvantagem biológica desempenha um papel decisivo. Assim, constata-se que os juízes, competentes para a verificação da culpa concorrente, negam totalmente a presença de culpa na conduta da vítima, em casos de acidentes em via pública que causem danos a indivíduos cegos, surdos, coxos ou convalescentes de intervenções cirúrgicas, e que por isso não podiam mover-se com rapidez.[9]

Outras vezes a aplicação da regra de "auto-responsabilidade" parece ter sido rejeitada pelas Cortes, nas ocasiões em que se verificou que a vítima, passageira de um meio de transporte público, não estava em condições de movimentar-se com a mesma agilidade que os outros passageiros;[10] ou após a constatação de que a vítima não conseguira descer do trem, sem machucar-se, porque ancião e fisicamente debilitado;[11] ou, ainda, quando provado que a desastrosa saída do ônibus tinha sido causada pela idade (73 anos) e

---

[8] "Atividade biológica" é aí entendida na acepção usada no tema por P. TRIMARCHI, *Rischio e responsabilità oggetiva*, Milano, 1961, pp. 43 ss.; sobre o rastro de PACCHIONI, *Diritto civile*, II, 4, *Dei delitti e quasi delitti*, Padova, 1940, pp. 213 ss.

[9] Este último caso foi decidido na França, pela Corte de Cassação Civil, em 4 de janeiro de 1964, e publicado em *Bull. civ.*, II, n. 17, p. 13. Ainda além dos Alpes, v. Trib. Epinal, 11 de julho de 1925, em *Gaz. Pal.*, 1925, 2, p. 629 (o indivíduo, uma mulher, era cego e surdo); Cass. civ. 17 de novembro de 1941, em *S.*, 1942, 1, p. 13 (tratava-se de uma pessoa manca de uma perna); Rouen, 24 de junho 1954, em *D.*, 1954, p. 739 (coxo); Paris, 21 julho 1930, em *Gaz. Pal.*, 1930, 2, p. 435 (coxo).

[10] Trib. Chambéry, 14 março 1894, em *D. P.*, 1898, 2, p. 242. Para um caso análogo, v. Trib. Seine, 2 junho 1953, em *Gaz. Pal.*, 1953, 2, p. 172.

[11] *Watts v. Spokane P. & S. R. Co.* (1918), 88 Or. 192, 171 P. 901.

peso (em torno de 85 kg) da própria vítima;[12] ou quando os danos sofridos ao descer de um trem, à noite, não podiam ser evitados por uma idosa senhora, com visão e audição parcialmente prejudicadas.[13]

E outros exemplos poderiam ainda ser citados, dando testemunho da flexibilidade que o critério tradicional acusa, quando confrontado com as condições especiais de alguns sujeitos.[14]

3. Os menores capazes de entender e querer

Não menos significativas revelam-se as adaptações que o próprio critério sofre ao lidar com manifestações distintas da fragilidade subjetiva.

Pensemos nas controvérsias *ex lege Aquilia* em que esteja envolvido, como autor material do dano, um menor capaz de entender e querer. De modo geral, nas inúmeras ocasiões em que tomaram posição sobre o tema, os intérpretes repetem que, em relação a esses sujeitos, a diligência exigível seria a do homem médio com a mesma idade do agente.[15]

Pois bem, especialmente nas sentenças mais recentes, também aqui não é difícil avaliar o peso que tem sido atribuído ao perfil subjetivo da conduta do jovem autor do dano.[16] Esta tendência aparece particularmente

---

[12] *Shanahan* v. *St. Louis Transit Co.* (1904), 109 *Mo. App.* 228, 83 *S. W.* 783.

[13] *Poak* v. *Pacific Eletric R. Co.* (1918), 177 *Cal.* 190, 170, p. 159.

[14] Cf. até agora *Hickman* v. *Missouri P. R. Co.* (1886), 91 *Mo.* 433, 4 *S.W.* 127 (mulher de 65 anos, pesando 170 libras); *Kearney* v. *Seabord Air Line R. Co.* (1912), 158 *N. C.* 521, 74 *S. E.* 593 (homem de 69 anos); *Findley* v. *Central R. Co.* (1909), 7 *Ga. App.* 180, 66 *S. E.* 485 ("an old lady"); *Missouri P.R. Co.* v. *Watson* (1889), 72 *Tex.* 631, 10 *S.W.* 731 (mulher grávida de dois meses, que descia um degrau, colocado a um metro do chão); *West* v. *St. Louis S.W.R. Co.* (1905), 187 *Mo.* 351, 86 *S.W.* 140 (caso semelhante ao precedente: "she may not be contributorily negligent as a matter of law merely because she did not inform a train crew, composed of men, that she was pregnant"); *Denver & R.G.R. Co.* v. *Derry* (1910), 47 *Colo* 584, 108 *P* 172 (aqui se tratava de um cego); *Turner* v. *Wabash R. Co.* (1919, Mo. App), 211 *S.W.* 101 (um coxo de setenta e dois anos, semiparalisado); *Texas & P.R. Co.* v. *Reid* (1903, Tex. App.), 74 *S.W.* 99 (anciã, surda e claudicante); *Garbut* v. *Scheter* (1959), 167 *Cal.App.* 2d 396 (mulher pesando 200 libras); *Daly* v. *Liverpool Corporation* (1939), 2 *All E.R.* 142 (mulher de 77 anos); *Haley* v. *London Electricity Board* (1965), *A.C.* 778 (também um cego); Paris, 9 janeiro 1961, em *D.*, 1961, 153, e em *J.C.P.*, 1961, II, 12062 (senhora de oitenta e dois anos); Paris, 29 março 1962, em *J.C.P.*, 1962, II, 12874 (uma septuagenária); *Gadsden & A. Unon R. Co.* v. *Causler* (1983), 97 *Ala.* 235, 12 *So.* 439 (um coxo); *Rosenthal* v. *Chicago & A.R. Co.* (1912), 255 *Ill.* 522, 99 *N.E.* 672 (um indivíduo que tinha visão apenas num dos olhos e, além do mais, prejudicada); *Georgia Power Co.* v. *Weaver* (1942), 68 *Ga. App.* 652, 23 *S.E.* 2d 730 (um ancião).

[15] Cf. - e numa perspectiva comparatística - PATTI, *Famiglia e responsabilità civile*, Milano, 1984, 235; CHIANALE, *In tema di responsabilità dei genitori per i danni causati dai figli minori*, em *Giur. it.*, 1986, 1, 1528 ss. Cf., entre outras, em termos particularmente explícitos, as decisões italianas: Cass., 31 de março de 1967, n. 734, em *Resp. civ. prev.*, 1967, 562; Cass., 26 de julho de 1962, n.2125, em *Resp. civ. prev.*, 1963, 281.

[16] Até o momento, pela exigência de uma conexão mais estreita entre o regime de responsabilidade dos pais (tal como previsto nos vários sistemas) e a evolução operada - ao menos em algumas zonas - nas relações internas ao grupo familiar: em particular aquelas existentes entre

explícita, por exemplo, quando o comportamento do menor é considerado culposo - a ele sendo imputada a responsabilidade a título exclusivo, com a conseqüente exoneração dos pais de qualquer obrigação de ressarcimento - apenas porque foi possível apurar que se tratava de um adolescente de 13 anos, maduro e dotado de um harmonioso desenvolvimento psicofísico;[17] ou de um outro, nos seus quatorze anos, também habitualmente "atento e sério", "desenvolvido e inteligente" e por isto facilmente capaz de aperceber-se da própria imprudência, cometida por ocasião do fato danoso;[18] ou (hipoteticamente nascido à época em que a maioridade era atingida aos 21 anos) de um menor com 20 anos de idade, cuja experiência de remador tornava imperdoável o uso desastrado de um remo;[19] ou de um com dezenove anos que tinha atingido "um grau de maturidade não indiferente";[20] ou, ainda, de um rapaz "de 19-20 anos", cuja infração automobilística não podia deixar de ser julgada como o fruto de uma imprudência grave, levando-se em conta a personalidade do agente e a sua (já considerável) competência na direção de veículos automotores.[21]

Com certeza, nem sempre os perfis subjetivos do comportamento do menor adquirem a mesma relevância. Por exemplo, quando, junto a tenra idade do agente, assume importância a gravidade da lesão infligida a um interesse primário (em especial, a integridade física), é fácil entender porque os juízes se mostram avessos a aceitar que a vítima possa ficar sem uma reparação: daí a recuperação dos pais no papel de "garantes" do ressarcimento (com a exasperação, no confronto da regra de responsabilidade do art. 2048 CC italiano), e a adoção de um modelo objetivo para a apreciação do comportamento do menor. Aqui a proteção à vítima assume, em definitivo, uma importância dominante na economia da decisão, e a culpa acaba sendo imputada ao agente com uma técnica que prescinde da modalidade subjetiva da conduta.[22]

Contudo, merece ser lembrado que, nas hipóteses de divergência entre as posições cotejadas no conflito - ou seja, quando o menor não for "pequeno", não haja lesão a um direito primário da vítima, e venha a faltar a

---

desenvolvimento da personalidade dos menores "maduros" e (oportunidade de um) controle parental sobre a atividade deles, v. - em perspectiva comparatística - PATTI, *Famiglia e responsabilità civile*, cit. 235 ss.; idem, *L'illecito del "quasi-maggiorenne" e la responsabilità dei genitori: il recente indirizzo del Bundesgerichthof*, em *Riv. dir. comm.*, 1984, I, 27, 30 ss.; CHIANALE, *In tema di responsabilità dei genitori*, cit., 1533 s.; P. MOROZZO DELLA ROCCA, *Responsabilità civile e minore etá*, Napoli, 1994, *passim*.

[17] App. Genova, 6 outubro 1981, em *Riv. dir. sport.*, 1982, 189.

[18] App. Firenze, 27 fevereiro 1968, em *Giur. toscana*, 1968, 611.

[19] Cass. 13 janeiro 1975, n. 126, inéd., mas em *Mass. Giur. it.*, 44; em *Rep. Giur. it.*, 63.

[20] Pret. Bari, 8 janeiro 1971, em *Giur. merc.*, 1973, I, 50.

[21] App. Ancona, 18 setembro 1962, em *Resp. civ. prev.*, 1962, 468.

[22] Trata-se de um dado bem conhecido: v., de qualquer modo, os exemplos citados *infra*, cap. V, nn. 12 ss.

(possibilidade de ativar a) responsabilidade de um substituto -, na jurisprudência freqüentemente reaparece a regra subjetiva como critério privilegiado de valoração.

Deste modo, sucede que a conduta culposa de uma menina, com doze anos de idade (que havia pedido a reparação do dano provocado por um cão de propriedade de outrem), seja encarada pelos juízes levando em conta o desenvolvimento intelectual precoce e as perfeitas condições físico-psíquicas de que ela gozava.[23] E ocorre, ainda, que seja imputada uma culpa ao "menor maduro" por um dano causado na pista de esqui, apelando para a experiência e especial habilidade que, como esquiador, ele possuía: segundo os julgadores, dotes que lhe teriam permitido evitar a produção de um dano que, ocasionado por outro, podia parecer inevitável.[24]

4. Os doentes mentais. A incapacidade de entender e querer

A distância que separa os dicursos doutorais das regras operativas é igualmente evidente no tema dos ilícitos cometidos por sujeitos privados de lucidez mental (em razão da tenra idade, de uma doença congênita, ou de estados febris ou de choque, ou por outras).[25]

Já mencionamos que a tradicional área da irresponsabilidade tem sido bastante reduzida por essa categoria de pessoas, ao longo do tempo: pode-se observar que exigências elementares de ordem prático-eqüitativa requerem que a conduta do incapaz seja sempre avaliada unicamente à luz da eficiência causal objetiva exercida sobre a gênese do evento.[26] Mas, até que ponto esta postura se tem difundido?

Uma vez registrada a ampla circulação de tal idéia entre os estudiosos, mas também o sinete legislativo alhures oferecido à mesma orientação,[27] é

---

[23] App. Firenze, 13 março 1964, em *Giur. tosc.*, 1964, 598.

[24] Cass., 6 maio 1986, n. 3031, em *Giur. it.*, 1986, I, 1, 1527, 1538 ss.

[25] Para algumas importantes distinções v., mais adiante, cap. II, n. 3.1.; cap. V, nºs. 2 ss.. Até o momento, sobre a relação - e a não pacífica possibilidade de superposição - entre a noção de doença mental e de incapacidade de entender e querer, v., dentre os civilistas, VISINTINI, *La nozione d'incapacità di intendere e di volere serve ancora?*, em CENDON (cur.) *Un altro diritto*, cit. 93 ss.; EAD, *I fatti illeciti*, I, cit., 480 ss.; CENDON, *Il prezzo della follia*, cit. 128 ss.; FALZEA, *Infermità di mente e problemi di capacità della persona*, em CENDON, *Un altro diritto*, cit. 17 ss., 24; SALVI, *La responsabilità civile dell'infermo di mente*, ivi, 815 ss.; 823; PERLINGIERI, *Il diritto civile nella legalità costituzionale*, 2ª ed., Napoli, 1991, pp. 345 ss.

[26] *Retro*, n. 1, texto e nota 3. *Adde* - para uma demonstração de como o pêndulo da História às vezes toca - BENÖHR, *Auervertragliche Schadenersatzpjlicht ohne Verschulden?*, em ZSS, 93, 1976, 213, 214 ss., 233 ss., 237 ss.

[27] O texto refere-se à lei 68-5, de 3 de janeiro 1968 ("Portant réforme du droit des incapables majeurs"), que inseriu o art. 489-2 no corpo do *Code Nap.*, segundo o qual "Celui qui a causé un dommage à autrui alors qu'il était sous l'empire d'un trouble mental, n'en est pas moins obligé à réparation". Para os comentários sobre o novo dispositivo v. - além dos autores. cit.

necessário dizer que os sinais provenientes da *law in action* são muito contrastantes.

Há mais de um ponto de vista. É fácil observar, por exemplo, que, na *praxis* italiana, a efetiva verificação do estado de incapacidade natural[28] do agente não impede que a ele possa ser imputada uma culpa a título concorrente (nos termos e com os efeitos previstos pelo art. 1227, § 1º, CC italiano):[29] resguardada a eventualidade de uma audiência a portas fechadas,

---

retro nota 3 - principalmente, SAVATIER, *L'risque pour l'homme de perdre l'esprit, et ses conséquences en droit civil*, em *D.*, 1968, Chr., 109; BURST, *La réforme du droit des incapables majeurs et ses conséquences sur le droit de la responsabilité civile extracontractuelle*, em *J.C.P.*, 1970, I, 2307; VINEY, *Réflexions sur l'article 489-2 du Code civil*, em *Rev. trim. dr. civ.*, 1970, 251; GEFFROY, *La condition civile du malade mental et de l'inadapté*, Paris, 1974, 227; BARBIÉRI, *Inconscience et responsabilité dans la jurisprudence civile: l'incidence de l'art. 489-2 du Code civil aprés une décennie*, em *J.C.P.*, 1982, I, 3057; MASSIP, *La réforme du droit des incapables majeurs*, Paris, 1983, 45; CHABAS, *Obligations. Théorie générale*, em H., L, J. MAZEAUD e CHABAS, *Leçons de droit civil*, II, 1, Paris, 1988, pp. 447 ss.

[28] Trata-se, como é sabido, de uma solução que resulta sempre da verificação *in concreto*, ou seja, considerando-se as características físico-psíquicas particulares do sujeito: por todos, VISINTINI, *I fatti illeciti*, I, cit., 465 ss.; DEVOTO, *L'imputabilità e le sue forme nel diritto civile*, Milano, 1964, 129 ss.; VENCHIARUTTI, *Infermità di mente*, em *Riv. dir. civ.*, 1991, II, 166; BUSNELLI, *Capacità ed incapacità di agire del minore*, em *Dir. fam. e pers.*, 1982, 62; P. RESCIGNO, *Capacità di agire*, em *Dig. IV*, Disc. priv., Seção civ. II, Torino, 1988, 216; E. V. Napoli, *L'inabilitazione*, Milano, 1985, 185.

[29] É esta, por exemplo, a solução adotada pela Sez. Un. da Cassação - sent. 12 de fevereiro 1964, n. 351, em *Resp. civ. prev.*, 1964, 18, com nota de adesão de GENTILE, *Ancora sul concorso di colpa dell'incapace*; e acolhida nos sucessivos pronunciamentos do Supremo Colégio (Cass., 21 abril 1965, n. 702, em *Resp. civ. prev.*, 1965, 377; Cass. 15 junho 1973, n. 1753, em *Giur. it.*, 1974, I, 1, 1400; Cass., 11 fevereiro 1978, n. 630, em *Resp. civ. prev.*, 1978, 658; Cass., 12 abril 1978, n. 1736, em *Dir. prat. ass.*, 1979, 282; Cass. 24 fevereiro 1983, n. 1442, em *Resp. civ. prev.*, 1983, 627; ainda que não exatamente nos mesmos termos, Cass., 7 de março de 1991, n. 2384, *Foro it.*, 1993, I, p. 1374; *obiter*, Cass., 1º de junho de 1994, n. 5306, *Resp. civ. prev.*, 1994, p. 1067; e v., ainda, Cass., 1º de abril de 1995, n. 3829, *Giur. it.*, 1996, I, 1, p. 222) - para o caso em que um incapaz natural tenha concorrido para a produção do evento, no qual ele próprio, depois, tenha resultado vítima. Em particular, a Cassação sustenta que o art. 1227, § 1º, CC italiano funda a própria *ratio* no puro e simples princípio da causalidade: o "fato culposo", de que trata o art. 1227, § 1º, do CC italiano, portanto, não deve ser entendido na sua qualificação subjetiva ou psicológica, mas considerando a mera eficiência causal desenvolvida objetivamente na gênese do evento (no mesmo sentido - entre os estudiosos -, também LISERRE, *In tema di concorso colposo del danneggiato incapace*, em *Riv. trim. dir. proc. civ.*, 1962, 354; idem, *Ancora sul concorso colposo del danneggiato incapace*, em *Foro pad.*, 1962, I, 1265; C.M. BIANCA, *Dell'inadempimento delle obbligazioni*, art. 1218-1229, em *Comm. del cod. civ.*, aos cuidados de SCIALOJA e BRANCA, Bologna-Roma, 1979, *sub* art. 1227, 430 s.; para uma opinião diversa, CATANEO, *Il concorso di colpa del danneggiato*, cit., 509; CORSARO, *Concorso di culpa del danneggiato incapace*, *Riv. trim. dir. proc. civ.*, 1967, 474 s.; v. também as notas críticas de DE CUPIS publicadas, respectivamente, em *Foro it.*, 1958, I, 943; em *Foro it.*, 1962, I, 1449; em *Riv. dir. civ.*, 1965, II, 62.

Convalidando esta orientação, são ainda indicados o decreto da Corte Cost. n.14, de 23 de janeiro de 1985 (em *Foro it.*, 1985, I, c. 934, com nota de PARDOLESI), que declarou manifestamente infundada a questão da legitimidade constitucional do art. 1227, § 1º, do CC, na parte em que esta disposição exclui a ressarcibilidade da parcela de dano que o próprio incapaz tenha contribuído para provocar. Ao levantar a questão, o Trib. de Genova havia ressaltado que o art. 1227, § 1º, do CC - de acordo com a jurisprudência hoje pacífica - devia ser

em razão da menoridade, quando a negligência da vítima mostre especial gravidade.[30] Por outro lado, a mesma fonte de debilidade físico-psíquica irá afastar a responsabilidade pessoal do sujeito, quando este for o autor exclusivo do dano[31]: neste caso, também resguardada a possibilidade de que as variáveis qualidades subjetivas do incapaz incidam depois sobre o conteúdo dos deveres que o seu responsável (a fim de escapar da imputação da responsabilidade prevista no art. 2047, § 1º do CC italiano) é chamado a observar.[32]

Bastante diferentes, mas não menos articuladas, são as indicações fornecidas por outras experiências. No modelo anglo-americano - e com especial atenção às doenças mentais -, encontramos um par de regras que parecem inversamente simétricas às italianas, isto é, tendentes a apreciar objetivamente a conduta (e a afirmar a responsabilidade pessoal) do doente, quando este ocupa o lugar de réu, e a utilizar um critério de valoração subjetiva (que permite soluções de maior indulgência em relação ao doente mental), quando esteja em jogo a culpa de natureza concorrente.[33]

---

considerado em conflito com o art. 3º da Constituição Italiana, porque igualava o incapaz à pessoa capaz e em razão de distanciar-se dos preceitos dos arts. 2046 e 2047 do CC (a ordem de reenvio do Trib. de Genova é datada de 23 de maio de 1977, em *Dir. fam.*, 1978, p. 56.). A Corte Constitucional rejeitou energicamente tal interpretação: a equiparação é justificável, de fato, com base na pura e simples observação que o comportamento do credor ou da vítima - seja ele ou não *compos sui* - surge como fator externo, pelo qual o devedor ou o agente, que não o tenham ocasionado, não deve responder (Corte Cost., 23 de janeiro de 1985, ord. nº 14, cit.).

[30] Cf. Cass. , 10 fevereiro 1961, n. 291, em *Resp. civ. prev.*, 1961, 324; Cass., 3 junho 1959, n. 1650, em *Resp. civ. prev.*, 1960, 160; também Cass. 28 setembro 1964, n. 2442, em *Giur. it.*, 1965, I, 1, 201; e em *Arch. resp. civ.*, 1965, 964; na doutrina, P. TRIMARCHI, *Causalità e danno*, Milano, 1967, 131 s.; VISINTINI, *I fatti illeciti*, I, cit., 478 s.

[31] Para esta hipótese, a respeito da interferência da noção de imputabilidade - definida pela doutrina como atitude para a culpa (DE CUPIS, *Il danno. Teoria generale della responsabilità civile*, I, Milano, 1979, 178 ss.), ou como pressuposto da culpabilidade (QUAGLIARIELLO, *Sulla responsabilità da illecito nel vigente codice civile*, Napoli, 1957, 24 ss.), ou como "qualificação pessoal" que condiciona a responsabilidade plena do sujeito pelos danos injustos produzidos (DEVOTO, *L'imputabilità e le sue forme nel diritto civile*, Milano, 1964, 55 ss.), ou como pressuposto para a referibilidade dos efeitos ressarcitórios a cargo do agente (CORSARO, *L'imputazione dell fatto illecito*, Milano, 1968, 107 ss.) - v. as considerações de conjunto e as referências jurisprudenciais oferecidas por VENCHIARUTTI, *La protezione civilistica dell'incapace*, Milano, 1995, pp. 528 ss; G. VISINTINI, *Trattato breve*, cit., 471 ss.; M. FRANZONI, *Dei fatti illeciti*, cit., pp. 124 ss., 315 ss., 774 ss., 1222 ss. (e a estes últimos autores - aos quais *adde* G. BONILINI, *Il danno non patrimoniale*, Milano, 1962, 109 ss.; C. SALVI, *Il danno extracontrattuale. Modelli e funzioni*, Napoli, 1985, p. 143; F. MASTRO PAOLO, *Morte del minori provocata dal non imputabile e risarcimento dei danni*, *Giur. it.*, 1984, I, 1, 149, 159 ss. - se remete também para aspectos úteis acerca da atual prevalência da tese favorável à ressarcibilidade dos danos não-patrimoniais, no caso de delito cometido por um menor não-imputável, para os efeitos da legislação penal). Sobre o tema, entre os penalistas, cf. recentemente, L. FIORAVANTI, *Le infermità psichiche nella giurisprudenza penale*, Padova, 1988, pp. 1 ss., 123 ss.; M. BERTOLINO, *L'imputabilità e il vizio di mente nel sistema penale*, Milano, 1990, 3 ss., 361 ss., 411 ss.

[32] Sobre o tema, VISINTINI e VENCHIARUTTI, nos *loc. cit.* na nota precedente; e v., depois, *infra* cap. V, n. 6.

[33] No primeiro sentido, recentemente, *Goff* v. *Taylor* (1986), 708 *S.W.* 2D 113; *Vosnos* v. *Perry* (1976), 43, *Ill. App.* 3d 834, 357 *N. E.* 2d 614; para a concorrência de culpa, cf. *Mochen* v. *State* (1974), 43 *A.D.* 2d 484, 352 *N.Y.S.* 2d 290; *De Martini* v. *Alexander Sanitarium* (1961), 192 *Cal.*

A aplicação de uma culpa objetiva em relação aos incapazes - em particular, para os "menores em tenra idade" - fragmenta-se numa série de soluções diferenciadas, às vezes em aberta contradição entre si, até mesmo onde o problema parece ter encontrado uma definição em sede legislativa, ou seja, na França.[34]

E depois, de um modo mais geral, vale a pena indagar qual é o verdadeiro raio de ação (mas também a efetiva utilidade) de uma noção de culpa "objetiva", neste setor do ilícito, quando muitas vezes a jurisprudência acaba por excluir a responsabilidade de quem foi julgado incapaz em virtude do sofrimento do momento,[35] ou seja, por causa de um distúrbio imprevisível, acusado pelo agente no instante em que provocou o dano: freqüentemente acompanhada da ausência de qualquer figura de responsável encarregado de controlar o sujeito e responder por ele, esta conclusão é destinada a privar a vítima da possibilidade de obter o ressarcimento do dano.[36]

App. 2d 442, 13 *Cal. Rptr.* 564; *Young* v. *State* (1978), 92 *Misc.* 2d 795, 401 *N.Y.S.* 2d 955; *Snider* v. *Callahan* (1966), 250 *F. Supp.* 1022; *Cowan* v. *Doering* (1988) 111 *N.J.* 451, 545, *A.* 2d 159. Sobre o tema, com particular amplitude, CRAIS, *Contributory Negligence of Mentally Incompetent or Mentally or Emotionally Disturbed Persons*, em 4 *Am. Bar. Found. Res. J.* 1981, 1079 ss.; SEIDEL-SON, *Reasonable Expectations and Subjective Standards in Negligence Law: The Minor, the Mentally Impaired, and the Mentally Incompetent*, em 50 *George Wash. Law Rev.* 1981, 17 ss.; e, depois, GRAY, *The standard of Care for Children Revisited*, em 45 *Mo. Law Rev.* 1980, 597; BOHLEN, *Liability in Tort of Infants and Insane Persons*, em 23 *Mich. Law. Rev.* 1924, 9 ss. Para uma apreciação de síntese, CALABRESI, *Ideals, Beliefs, Attitudes, and the Law*, cit., 25 ss. e ntt. 106-108, 131, 145-147; na Itália, ZENO-ZENCOVICH, *L'colpa oggetiva del malato di mente: le esperienze nord-americana e francese*, cit., 7 ss.; PARISI, *Sviluppi dell'elemento soggetivo del Tort of Negligence*, em *Riv. dir. civ.*, 1990, I, 577.

[34] À vanguarda das decisões - v., por exemplo, os cinco acórdãos da Cass. civ., Ass. Plén., 9 maio 1984, em *J.C.P.*, 1984, II, 20255, com notas de DEJEAN DE LA BATIE e Jourdain; em *D.*, 1984, 525, com notas de CHABAS e CABANNES; em *Rev. trim. dr. civ.*, 1984, 508, *obs.* de HUET; mas para algumas apreciações críticas sobre o mérito dos ensinamentos que podem ser extraídos destes pronunciamentos, v., mais adiante, cap. V, n. 8 - que empregam, a respeito do menor imaturo, o mesmo *standard* objetivo de conduta do adulto (solução que se alcança com apelo à regra adotada, *ex* 489-2 *Code Nap.*, para a outra categoria de sujeitos privados de maturidade ou lucidez mental, ou seja, os indivíduos afetados por um *trouble mental*); não faltam ocasiões - como veremos *infra*, sempre no cap. V, n. 8 - em que a jurisprudência transalpina revela uma postura bastante mais articulada e, em definitivo, menos severa a respeito das razões do agente relacionadas a sua tenra idade. Na doutrina, entre as vozes mais críticas no que concerne ao uso de uma noção de culpa puramente *objective*, v., em particular, GOMAA, *La réparation du prejudice causé par les malades mentaux*, em *Rev. trim. dr. civ.*, 1971, 49; LAURROUMET, *Réflexions sur la résponsabilité civile*, Montreal, 1983, 121 ss. Bastante polêmicos SAVATIER, *Le risque pour l'homme de perdre l'esprit, et ses conséquences en droit civil*, cit., 109; LE TOURNEAU, *La verdeur de la faute dans la responsabilité civile ou de la rélativité de son declin*, em *Rev. trim. dr. civ.*, 1988, 510; DURRY, *obs.*, em *Rev. trim. dr. civ.*, 1976, 784.

[35] A expressão é de FLEMING, *The Law of Torts*, cit., 258.

[36] Cf. Cass.crim., 6 março 1956, em *Bull. crim.*, 1956, n. 222, 402; Cass. pen. 26 janeiro 1979, em *Mass. Cass. pen.*, 1980, 1266; e Cass. pen., 7 dezembro 1979, *ivi*, 1980, 1420; Cass. pen. 26 maio 1969, em *Riv. giur. circ. trasp.*, 1970, 400, com nota de VALENTINO, *L'improvviso malore del conducente*; também *Waugh* v. *James K. Allen* (1964), 2 *Lloyd's Rep.* 1; depois a jurisprudência americana indicada por PROSSER e KEETON, *On torts*, St. Paul, Minn., 1984, 162; e por

5. As superioridades individuais: a experiência

Do mesmo modo, significativas negações à regra tradicional chegam de outro lugar, do lado oposto ao da enfermidade: isto é, quando entra em jogo a responsabilidade de sujeitos que disponham de potencialidades, físicas ou intelectuais, superiores ao *standard* comum.

A orientação geral é muito simples. Freqüentemente, os julgadores acabam por apreciar com maior severidade a conduta do indivíduo que - na situação concreta, ou no cumprimento de seus deveres - podia dispor de informações ou potencialidades físico-psíquicas notavelmente superiores às do homem médio.[37]

Aqui não são considerados, é claro, os casos em que o próprio sistema positivo consente a ação aquiliana somente diante de certas condutas: aquelas inspiradas ao réu por informações específicas, de que dispunha ou devia dispor.[38]. Tampouco ocorre pensar, unicamente, nos modelos de avaliação da culpa utilizados pelos juízes (prescindindo de uma expressa referência normativa), quando "vestem" o tipo abstrato de um homem médio com as informações baratas, os dados ocasionais, o conhecimento simples possuído pelo sujeito concreto.[39]

Trata-se de apontar as numerosas ocasiões em que os juízes, renunciando ao uso de um parâmetro de valoração objetiva, acabam por condenar o agente pela mera consideração das especiais virtudes, atitudes, conhecimentos ou qualidades de que *aquele* indivíduo dispunha.

Vamos analisar alguns exemplos. Pensemos no caso de um antiquário que deseja presentear a esposa e que (fora das suas atividades profissionais)

FLEMING, *The Law of Torts*, cit., cit., 102 s., 258 s.; que *adde Wingate v. United States Services Auto Ass'n* (1985), 480 *So.* 2d 665; sobre o tema v. ainda DEUTSCH, *Fahrlässigkeit und erforderliche Sorgfalt*, cit., 329 s., 348; LARENZ, *Lehrbuch*, cit. 291 s.; CHABAS, *Les accidents de la circulation*, 2ª ed., Paris, 1995, pp. 83 ss., 86 ss.; TUNC, *La responsabilité civile*, cit., 111; WEIR, *A casebook on Tort*, London, 1988, 99; DIAS e MARKESINIS, *Tort law*, Oxford, 1989, 100.

[37] Para um primeiro balanço, DEJEAN DE LA BATIE, *Appréciation*, cit., 43 ss.; VINEY, *La responsabilité: conditions*, cit., 563 s.; PROSSER e KEETON, *On Torts*, cit., 182 ss.; SEAVEY, *Negligence - Subjective ou Objective?*, em 41 *Harv. Law Rev.*, 1927, 1 ss.; PAYNE, *The Tort of Negligence*, em 6 *Curr. leg. probl.* 1953, 236 s.; GIUSIANA, *Il concetto di danno giuridico*, Milano, 1944, 244 s.; P. TRIMARCHI, *Illecito (dir. civ.)*, cit., 110 s.; CIAN, *Antigiuridicità e colpevolezza*, Padova,1966, 204 ss.; VISINTINI, *I fatti illeciti*, II, cit., 4 ss. A favor de um critério fundado numa dupla verificação da culpa - uma delas relativa à discrepância entre comportamento e código de diligência, a outra a ser realizada levando-se em conta as circunstâncias do caso - DIAS, em CLERK e LINDSELL, *On Torts*, London, 1969, 476 s.; na mesma ordem de idéias, com relação à verificação dos "*standards* profissionais", BRECCIA, *Relazione* da mesa redonda dedicada à *Colpa professionale*, em VISINTINI (cur.), *La giurisprudenza per massime e il valore del precedente* (Atos da Convenção de Genova, 11-12 março 1988), Padova, 1988, 326.

[38] Em uma perspectiva comparatística, CENDON, *Il dolo nella responsabilità extracontrattuale*, Torino, 1976, pp. 28 ss., 298 ss.

[39] Para algumas previsões, PARISI, *Sviluppi nell'elemento soggettivo del Tort of Negligence*, cit., pp. 594 ss.; BUSSANI e VENCHIARUTTI, *Variazoni sulla colpa*, cit., 64 ss.

casualmente entra na posse de um objeto roubado, desconhecendo a ilegitimidade da sua procedência. Pois bem, num caso deste gênero, a Corte de Apelação de Paris entendeu que o comerciante qualificado era culpável - que aquela ignorância era, pois, inescusável - visto que, além de ser antiquário de profissão e ter 50 anos de idade, ele dispunha de tantos conhecimentos sobre aquele tipo de mercadoria que não poderia ter a menor dúvida acerca da origem suspeita da coisa.[40]

Um outro caso jurisprudencial: em uma fazenda, um cientista injeta uma substância tóxica, recentemente descoberta, em seus próprios coelhos; e, pouco depois, verifica-se uma grande mortandade de animais naquela mesma região. As mortes acabam sendo atribuídas à difusão do vírus contido na tal substância, de modo que o pesquisador é chamado a ressarcir os danos. No entanto, esta solução não é alcançada em virtude do experimento em si - considerado cientificamente meritório -, mas porque os juízes puderam estabelecer: a) que anteriormente o cientista já tinha realizado experimentos semelhantes (embora com preparados diferentes); e que b) exatamente por causa das experiências pregressas, e "possuindo um longo passado de estudos e pesquisas", o réu estaria em condições de facilmente prever o efeito danoso que os micróbios presentes na substância eram capazes de produzir.[41]

Aí estão duas situações em que os juízes abandonaram abertamente a regra de avaliação objetiva da culpa.

Obviamente, nem sempre os fatos e as personagens à origem da controvérsia são tão insólitos; todavia, reparamos que - assim que as circunstâncias do caso adquirem conotações incomuns - não são poucas as situações em que a referência ao homem médio é posta de lado pelos julgadores, na apreciação do juízo de responsabilidade.[42]

---

[40] Paris, 15 de fevereiro de 1961, em *D.*, 1961, Somm., 43.

[41] Trib. Dreux, 24 de setembro de 1954, em *Gaz. Pal.*, 1954, 2, 275 e 424, em *D.*, 1954, 690.; decisão depois confirmada, em segundo grau, por Paris, 25 de janeiro de 1956, em *D.*, 1956, 184; e em *Gaz. Pal.*, 1956, 1, 107.

[42] Numa perspectiva tendente a negar a exoneração da responsabilidade para aquele sujeito que teria podido facilmente evitar a produção de um dano (inevitável para os outros), reconhecem uma relevância a certos requisitos de caráter intelectivo, ou a algumas qualidades físicas próprias do réu, no passado, SOURDAT, *Traité général de la responsabilité*, Paris, 1872, 612; DEMOGUE, *Traité des obligations en géneral*, 1, III, Paris, 1923, 426; VON TUHR, *Partie générale du code fédéral des obligations*, I, trad. francês de DE TORRENTÈ e THILO, Lausanne, 1929, 342; SCHREIER, *Faute et tort*, em *Rev. trim. dr. civ.* , 1936, I, 62 ss.. Entre os autores italianos, GIORGI, *Teoria delle obbligazioni nel diritto moderno italiano*, V, Firenze, 1909, 244; CANDICE, *La compensazione delle colpe nel diritto civile*, Napoli, 1920, 43 s.; ANTOLISEI, *Il rapporto di causalità nel diritto penale*, Padova, 1934, 205. Mais recentemente (além das obras citadas, *retro*, nota 38), v. SEAVEY, *Cogitations on Torts*, University of Nebraska, 1954, 28; ss.; F. JAMES jr., *The Qualities of the Reasonable Man in Negligence Cases*, em 16 *Mod. Law Rev.*, 1951, 1 ss.; P. ESMEIN, em PLANIOL e RIPERT, *Traité pratique de droit civil*, VI, Obligations, 1, Paris, 1952, 642 s.; idem, *La faute et sa place dans la responsabilité civile*, em *Rev. trim. dr. civ.*, 1949, I, 84 s.; Puech, *L'illicéité dans la responsabilité civile extracontractuelle*, Paris, 1973, 80 s.; PENNEAU,

6. As informações e a força física

Às vezes, as soluções jurisprudenciais tendem a valorizar a possibilidade, intelectualmente à disposição do réu, de elaborar uma série de dados, mais ou menos significativos em si mesmos; e, sempre que os juízes verifiquem que o sujeito possuía uma especial capacidade de utilizar aquelas informações, para prever o evento danoso, a sua culpabilidade é automaticamente reconhecida.

Tomemos um exemplo tirado da jurisprudência norte-americana. Sobre a vida de Caio, é estipulado um seguro em favor de Tício; e, depois, este acaba assassinando o primo. A que ponto os herdeiros são titulares de uma pretensão ressarcitória perante o segurador, sob a alegação de que este tinha condições de prever, com relativa certeza, qual seria o comportamento posterior de Tício?

No curso do processo, foi apurado que o segurador em questão é um sujeito dotado de ótima memória, com um longo passado, como comissário de polícia. Portanto, para os juízes, não será difícil concluir que, a um indivíduo do gênero, os antecedentes do futuro assassino, juntamente com a singularidade de alguns aspectos do contrato (em particular, um prêmio visivelmente desproporcional e excessivo com respeito às possibilidades econômicas do contraente), deveriam ter permitido imaginar a ação criminosa ou identificar as intenções presentes em Tício. Pois bem, os julgadores afirmaram, sem dificuldades, a responsabilidade do segurador - culpável por não se ter utilizado de seu próprio e específico patrimônio de conhecimentos -, prescindindo, para tal juízo, de qualquer referência ao tipo de conduta exigível de um bom pai de família que estivesse ocupando a mesma posição do demandado.[43]

Outras vezes é a superioridade de ordem física, reconhecida pelo juiz no agente, que faz com que, em relação a ele, seja diferente o juízo a respeito do resultado (que seria) imaginável para um homem médio.

Faute et erreur en matière de responsabilité medicale, Paris, 1973, 42; HARPER, F. JAMES jr. e GRAY, *The Law of Torts*, III, Boston-Toronto, 1986, 418 ss.; por nós CATTANEO, *La responsabilità del professionista*, Milano, 1958, 64 e 76; idem, *Il concorso di colpa del danneggiato*, em *Riv. dir. civ.*, 1967, I, 508 s.; BUSNELLI, *Illecito*, cit., 9. Sobre os posicionamentos intermediários - pela possibilidade, isto é, que o critério de avaliação seja modificado segundo o tipo de relação sobre que recai o juízo (bastante crítico, sobre este ponto específico, CIAN, *Antigiuridicità e colpevolezza* cit., 214 e nota 62; e v. também 187 s. e nota 22) - DEUTSCH, *Fahrlässigkeit*, cit., 129 ss., e em partic., 299 ss.; EÖRSI, *Fundamental problems of socialist civil law*, Budapeste, 1970, 119; GORPHE, *Le principe de la bonne foi*, Paris, 1928, 127; R. SCOGNAMIGLIO, cit., 640 s.; DI PRISCO, *Concorso di colpa e responsabilità civile*, cit., 376 ss.; também C. MAIORCA, *Colpa civile*, cit., 572 ss.

[43] Cf. *Life Ins. Co. v. Lopez* (1983), 443 *So.* 2d 947; *New England Mut. Life Ins. Co. v. Null* (1979), 605 *F.* 2d 421; *Liberty Nat. Life Ins. Co. v. Weldon* (1957) 267 Ala. 171, 100 *So.* 2d 696, 61 *A. L. R.* 2d 1346; *Ramey v. Carolina Life Ins. Co.* (1964), 244 *S. C.* 16, 135 *S. E.* 2d 362, 9 *A. L. R.* 3D 1164.

Exemplo de um caso semelhante - proveniente da experiência jurisprudencial italiana - é aquele em que dois pugilistas amadores decidem improvisar entre si uma luta, em caráter amigável. O mais franzino dos dois, um novato do boxe, consegue acertar alguns golpes, que logo provocam no adversário - lutador bastante mais experiente e robusto - uma reação insensata: isto é, uma rajada de golpes precisos e violentos que acabaram por causar a morte do desventurado parceiro. Os juízes não hesitam: a culpa do autor das lesões deve ser reconhecida, precisamente em virtude da evidente vantagem técnica e atlética que ele possuía sobre o seu adversário, a vítima; uma vantagem que - segundo a Corte - deveria ter induzido o pugilista, não a reagir com raiva diante dos primeiros golpes, mas a enfrentar com maior habilidade um oponente visivelmente inferior a ele, e desprovido de qualquer ímpeto competitivo.[44]

7. Características do agente e gravidade da culpa

Indicações do gênero são destinadas a valer também para (no que concerne ao juízo sobre) o grau de culpa atribuível ao autor do ilícito. Mesmo nos casos em que o causador do dano poderia ser reconhecido em *culpa levis*, à luz do critério objetivo, poderá ocorrer que, numa avaliação centrada nas suas peculiaridades psicofísicas, o intérprete seja induzido a reconhecer, no comportamento daquele mesmo agente, os extremos de uma real e efetiva culpa grave.

Pensemos no caso - trazido da jurisprudência francesa - de Tício, que, num pulo inesperado, desmonta de seu cavalo, numa escola de equitação, num recinto em que são mantidos alguns potros; o gesto repentino provoca a reação dos animais, que se descontrolam e ferem gravemente o incauto indivíduo. A Corte não terá dúvidas em declarar a responsabilidade de Tício. Mas o que impressiona é uma passagem da motivação: a culpa do homem é julgada mais grave do que a ordinária, precisamente porque - dizem os juízes - foi possível demonstrar que, com um longo passado de

---

[44] App. Milano, 14 outubro 1960, Franchini e Meroni, em *Riv. dir. sport.*, 1961, 196; confirmada pela Cass., 22 novembro 1961, em *Resp. civ. prev.*, 1962, 507. Contudo, é precisamente em casos desse gênero que, no prosseguimento da investigação, poderá ser justificada uma consideração pelas técnicas de avaliação da culpa utilizadas em sede penal: trata-se de um procedimento que encontra aval implícito na opinião daqueles que, após uma revisão crítica do modo comum de entender a unidade da noção de culpa entre os dois setores do ordenamento (e salientando como o sistema não oferece "elementos suficientes e convincentes para poder afirmar ... que, excluída a culpa penal, se deva inevitavelmente negar a presença da culpa civil"), observam que "a verificação da culpa penal pode ... fazer entender a subsistência de uma culpa civil, ao menos por via de uma maior severidade e personalização na avaliação", neste sentido ZENO-ZENCOVICH, *La responsabilità civile da reato*, cit., 69, e *ivi*, sobretudo 54 ss., ulteriores referências, a que *adde* os autores citados *retro* nota 5; sobre o ponto v. também *infra*, cap. II, n. 3.

cavaleiro atrás de si, o sujeito estava em condições de prever, com certeza, quando e como os potros reagiriam ao seu gesto.[45]

E o valor prático destas operações de valoração estende-se, depois, a todas as hipóteses em que seja necessário, agora no flanco do *an respondeatur*, verificar se a conduta do agente superou ou não o limite mínimo da culpa grave.

Por exemplo, durante um passeio nas montanhas, Caio procura amenizar o sofrimento de um amigo - que sofreu um desmaio em virtude de um mal-estar banal, mas intenso - com um remédio que, inesperadamente, provoca a morte do companheiro (isto acontece em razão da combinação do medicamento com uma doença rara de que estava acometido o amigo). Nestas ocasiões, entende-se que somente uma negligência grosseira, da parte daquele que socorre, possa render a ele um juízo de condenação aquiliana.[46] No que concerne à gravidade da culpa de Caio, no entanto, não restará mais qualquer dúvida se é possível apurar, não apenas que ele estava a par da doença do amigo, mas que também, como biólogo de profissão, estava em perfeitas condições de conhecer as contra-indicações específicas dos princípios ativos presentes na substância ministrada ao desventurado companheiro.[47]

E, ainda, em matéria sanitária, não faltam casos em que as Cortes negam importância até ao fato de que o prejuízo tenha sido produzido no curso de uma neurocirurgia de urgência, se é possível demonstrar que o autor da intervenção estava em condições de evitar o dano, sendo possuidor não só dos dotes do bom médico, mas das qualidades de um médico-chefe reconhecido por seus próprios méritos técnico-profissionais, livre-docente e titular de uma brilhante e "longa prática operatória também no âmbito universitário".[48] Sem mencionar que, na verificação de uma culpa grave de um luminar da ciência médica, indicadores da mesma severidade são utilizados também (fora do contexto profissional marcado por um exagerado grau de especialização, e portanto) nos casos em que os juízes entendem que a própria inclusão do paciente na categoria dos sujeitos "débeis" represente uma circunstância capaz de impor a cada profissional da saúde o

---

[45] Cass. civ., 15 março 1956, em *D.*, 1956, 445.

[46] Cf. H. e L. MAZEAUD e TUNC, *Traité théorique et pratique de la responsabilité civile e contractuelle*, II, Paris, 1970, 664 s.; CENDON, *op. ult. cit.*, 134 s.

[47] Para este e outros casos jurisprudenciais, em que assume relevo o propósito altruístico, RIOU, *L'acte de dévouement*, em *Rev. trim. dr. civ.*, 1957, I, 227; CAMPION, *La notion d'assistance en droit privé*, Bruxelles-Paris, s.d., 84 ss. A respeito do critério a adotar para a imputação da responsabilidade, quando o prejuízo causado seja mais grave do que aquele que o agente pretendia evitar, P. ESMEIN, *Obligations*, em PLANIOL e RIPERT, *Traité pratique de droit civil*, VI, 1, Paris, 1952, 789; PAYNE, *Foresight and Remoteness in Negligence*, em 25 *Mod. Law Rev.*, 1962, 1 ss., 14 ss.; CATTANEO, *Il concorso di colpa*, cit., 498 s.

[48] App. Bari, 21 abril 1983, em *Corti Bari Lecce e Pot.*, 1983, 221; decisão confirmada recentemente pela Cass., 26 março 1990, n. 2428, em *Giur. it.*, 1991, I, 1, 600.

máximo esforço que lhe seja possível. Nestas situações, a imputação da culpa grave nasce da omissão de meios e de precauções que *aquele* médico teria condições de adotar e que - segundo as Cortes - deviam parecer ao mesmo profissional indispensáveis, comparadas às exigências especiais ligadas à tutela da saúde de um menor[49] ou de um ancião,[50] ou de um sujeito com distúrbios psíquicos[51] ou, ainda, do indivíduo que aos olhos do clínico já tinha demonstrado a própria fragilidade de caráter, típica de um "sujeito hiper-reativo, hiperestésico, com atitudes histeróides".[52]

---

[49] Nestes termos, Trib. Padova, 9 de agosto de 1985, em *Nuova giur. civ. comm.*, 1986, I, 115, com nota de ZATTI.

[50] Cf. Cass., 1º de março de 1988, n. 2144; em *Giur. it.*, 1989, I, 1, 300, com nota de CERCONE; em *Foro it.*, 1988, I, 2296, com nota de PRINCIGALLI; em *Nuova giur. civ. comm*, 1988, I, 604, com nota de PUCELLA.

[51] V. Trib. Velletri, 19 de março de 1979, em *Giur. it.*, 1981, I, 2, 567.

[52] Cass., 29 de março de 1976, n. 1132, em *Giur. it.*, 1977, I, 1, 1980.

Capítulo II

A culpa e as culpas

SUMÁRIO: 1. As variações subjetivas do *standard*: exceções ou regras autônomas; 2. Desenvolvimento da questão; 3. Por um uso inequívoco da noção de culpa; 4. A culpa "contratual".

1. As variações subjetivas do *standard*: exceções ou regras autônomas.

As indicações jurisprudenciais até aqui coletadas evidenciam que, em sede de avaliação da culpa, o modelo de conduta exigível do agente não vem expresso em termos sempre imutáveis, isto é, sempre aderente ao parâmetro objetivo e abstrato representado pela diligência média do bom pai de família.

Portanto, registradas a presença e a difusão das variações "subjetivas" do *standard*, surge a necessidade de indagar-se sobre qual seja o papel a que tais dados podem aspirar, no sistema do ilícito.

A este respeito, uma conclusão fácil logo viria oferecida pela possibilidade de incluir o uso do parâmetro objetivo, e do subjetivo, no interior do esquema regra-exceção. Deste modo, poder-se-ia considerar alcançado o objetivo mínimo de recuperar para o debate fórmulas de avaliação que, entre equívocos e incertezas, são sempre vividas à sua margem.

Porém, não passa despercebido que uma solução do gênero - além do valor de natureza descritiva - está destinada a deixar abertos os problemas centrais que se apresentam tanto ao estudioso quanto ao prático, ou seja, saber em quais hipóteses a regra excêntrica pode ser chamada a operar, perante quais indivíduos, e quais sejam, então, os dados subjetivos que, conforme a ocasião, é possível inserir no modelo de controle da conduta.

Aqui surge a oportunidade de uma correção de perspectiva. Com efeito, é necessário levar-se em conta que só se pode fornecer uma resposta ao problema de partida depois de se ter esclarecido quais são as posições particulares e os interesses de ordem geral que o emprego de uma noção subjetiva de culpa foi (e é) chamado a tutelar, dentro do juízo de responsabilidade.[1]

Somente agora estamos em condições de definir as hipóteses e os sujeitos em relação aos quais a consideração por aqueles interesses impõe a aplicação de um *standard* de conduta diferenciado; e, simultaneamente, poderemos compreender como as valorações menos afastadas da personalidade do agente (ao invés de frutos de um posicionamento jurisprudencial extemporâneo) destinam-se, na realidade, a alcançar - perante aquela categoria especial de indivíduos - os mesmos objetivos perseguidos pela regra tradicional, na prevalente série de hipóteses confiadas ao seu governo. Entre as duas orientações, será possível reconhecer uma relação de simples alternatividade: os dois critérios postos à disposição do juízo da culpa, para o fim de avaliar se, e em que medida, as peculiaridades subjetivas dos protagonistas do caso concreto concorrem na determinação da importância (e na

---

[1] De outra parte, que seja esta a direção a seguir, é uma conclusão confirmada não apenas se existe maneira de verificar como (não se contentando em reenviar à genérica determinação normativa de um dever de conduta, chamado ao qual, por outro lado, de qualquer modo permaneceriam estranhos todos os fatores que, na perspectiva da apreciação judicial, incidem sobre a definição e sobre a relevância a ser atribuída a cada um dos elementos do suporte fático concreto - no que concerne à disputa acerca da existência de um "dever de diligência" autônomo, v. por todos RODOTÀ, *Il problema*, cit., 110 s.; C. MAIORCA, *Colpa civile*, cit., 540 s.; e, numa perspectiva diferente, PUGLIATTI, *"Alterum non laedere" (il diritto positivo e le dottrine moderne)*, em *Enc. dir.*, II, Milano, 1958, 105 ss.; DI PRISCO, *Concorso di colpa*, cit., 283 ss., 327 ss.; ainda sobre o tema, v. as observações de SCHLESINGER, *La" ingiustizia" del danno nell'illecito civile*, em *Jus*, 1960, 342 nota 18, 344; e P. TRIMARCHI, *Causalità e danno*, cit., 39; por fim, também as considerações de BUSNELLI, *Illecito*, cit., 6 s.; sobre o mesmo problema, na experiência francesa, v. em particular PUECH, *L'illicéité dans la responsabilité civile extracontractuelle*, cit., 52 s.; para os ambientes de *common law*, é sempre fundamental a consulta a LAWSON, *The Duty of Care in Negligence*, em 21 *Tul. Law Rev.* 1947, 111 ss.; L. GREEN, *The Duty Problem in Negligence Cases*, em 28 *Col. Law Rev.*, 1928, 1014 ss.; *idem, The Duty Problem in Negligence Cases. II. The Moral, Economic, Preventive and Justice Factors*, em 29 *Col. Law Rev.*, 1929, 255 ss.), já com referência ao "homem médio", acaba-se admitindo que (fora dos critérios de imputação objetiva) a individuação do modelo de comportamento exigível só pode ser desenvolvida em termos diferenciados, segundo o tipo de interesse lesado, e protegido, a cada vez, por aquela mesma conduta: sobre o ponto, *infra*, cap. III, notas 2-5. No mesmo sentido, v. até agora, C. MAIORCA, *op. ult. cit.*, cit., 584; CIAN, *Antigiuridicità e colpevolezza*, cit., 199; BUSNELLI, *op. ult. cit.*, 8 s. (e v. também *Id.*, *Itinerari europei nella "terra di nessuno tra contrato e fatto illecito": la responsabilità da informazioni inesatte*, em *Contratto e impresa*, 1991, 539 ss. - e sobre o tema cf. F. RANIERI, *La responsabilità da false informazioni*, em *Giur. comm.*, 1976, I, 630, 653 ss.; SALVI, *Responsabilità extracontrattuale*, cit., 1222; DEUTSCH, *Fahrlässigkeit*, cit., 62 ss., 157 ss., 171; RUTSAERT, *Le fondement de la responsabilité civile extracontractuelle*, Bruxelles-Paris, 1930, 30 ss.; SAVATIER, *Traité de la responsabilité civile*, I, Paris, 1951, 54 s.; DELYANNIS, *La notion d'acte illicite considéré en sa qualité d'élément de la faute délictuelle*, Paris, 1952, 57 ss., 119 s., 129; P. ESMEIN, em PLANIOL e RIPERT, *Traité pratique de droit civil*, VI, *Obligations*, 1, cit., 696 e nota 1, 813 s.; SEAVEY, *Negligence - Subjective or Objective?*, cit., 7; TERRY, *Proximate Consequences in the Law of Torts*, em 28 *Harv. Law Rev.* 1914, 15 s., 27; FLETCHER, *Fairness and Utility in Tort Theory*, 85 *Harv. Law Rev.* 1972, 537 ss., 543; PROSSER e KEETON, *On Torts*, cit., 20 ss., 169 ss., 208 ss.; FLEMING, *The Law of Torts*, cit., 96, 104; W. F. SCHWARTZ, *Objective and Subjective Standards of Negligence: Defining the Reasonable Person to Induce Optimal Care and Optimal Populations of Injurers and Victims*, em 78 *Geo L. J.* 1989, pp. 241 ss.

escolha de qual premiar), dos interesses submetidos à comparação, no conflito específico.

2. Desenvolvimento da questão

Nesta perspectiva, não é difícil individualizar os pontos que merecem ser evidenciados passo a passo.

Em primeiro lugar, é necessário livrar o terreno de alguns possíveis equívocos. É o objetivo a que se propõe o presente capítulo, em atenção - por um lado - a atual improponibilidade do antigo dilema acerca da apreciação da culpa, *in abstracto* ou *in concreto*; por outro lado, com referência às razões que permitem excluir do objeto da nossa investigação toda e qualquer busca dos modelos utilizados pelos intérpretes para apreciação da chamada culpa contratual.

Depois trataremos de salientar (no capítulo III) que mais de uma das funções tradicionalmente atribuídas à noção objetiva de culpa acabam não sendo cumpridas, quando esta é aplicada aos sujeitos dotados de características "inferiores", ou "superiores" à média dos concidadãos.

Só então se tornará possível comparar (capítulo IV) as razões que militam a favor da articulação do modelo de referência, com a vasta gama de argumentos que os intérpretes costumam levantar em sentido contrário a qualquer variação "subjetiva" do mesmo *standard*.

Naquele ponto será satisfeita a exigência de oferecer um termo de comparação operativo para os resultados da investigação. Portanto, será necessário examinar detalhadamente, segundo o tipo de interesses envolvidos no conflito, qual a relevância que os juízes competentes para a apreciação da culpa já tenham atribuído às várias peculiaridades psicofísicas que, caso a caso, possam ter incidido sobre o comportamento expresso em concreto pelo agente (capítulos V e VI).

As conclusões (capítulo VII) estão destinadas à catalogação e, depois, à sistematização dos resultados até lá obtidos. Assim, trataremos *(a)* de esclarecer para quais categorias de sujeitos (e para qual gênero de atividades por eles exercida) seja oportuna a adoção de um parâmetro diferente do habitual; *(b)* de precisar em que medida os dados de natureza "objetiva", e os de natureza "subjetiva", estão destinados a combinar-se na elaboração de um paradigma alternativo.

As peculiaridades da NOÇÃO DE CULPA

3. Por um uso inequívoco da noção de culpa

O que pode ficar à margem do nosso discurso é, ao contrário, o dilema relativo ao emprego de uma noção, e de uma avaliação da culpa, a ser realizada *in concreto* ou *in abstracto*.[2]

A alternativa, como é sabido (promovida, nos últimos dois séculos, pelas escolhas de alguns codificadores[3]), há muito tempo tem cansado os estudiosos, indicando uma tendência para atribuir ou negar a responsabilidade por culpa, à capacidade de responder às "exigências sociais", ou aos "sentimentos de justiça", ou para clamar por justiça nesta ou naquela direção.[4] E todas estas constituíam chaves interpretativas cujo emprego - por outro lado - não cessou nem mesmo quando o fenômeno assegurador e assistencial havia se estendido de modo a falsear intimamente a relevância da escolha a favor de uma ou outra opção.[5]

Nas análises e nas recomposições históricas da noção de culpa, o dilema do passado, abstrato *versus* concreto, acaba por vencer e, assim, "tornava-se" o dilema do presente. As pesquisas privilegiavam o encontro entre concepções opostas, ilustrando as discussões dos decênios ou dos séculos precedentes como uma espécie de apêndice das exigências dogmáticas contemporâneas. Daí a tendência a reduzir o conhecimento do passado a uma tensão entre "barbárie" e "civilização", entre visões lembradas ou

---

[2] É importante ressaltar que são em grande medida superponíveis os argumentos que têm caracterizado o debate acerca da dicotomia *subjective-objective* no âmbito da apreciação da *negligence*, nos ambientes de *common law*. V., até agora, e por todos, SEAVEY, *Negligence*, cit., pp. 1 ss.

[3] Em relação à adoção de modelos de apreciação da conduta inspirados na *diligentia quam in suis rebus*, cânone com o qual se tem habitualmente confrontado a reflexão acerca da possibilidade de emprego da noção de culpa *in concreto*, cf. a título exemplificativo: art. 1843 CC italiano de 1865, art. 1927 CC francês, § 690 do BGB, art. 2674 CC mexicano de 1871, art. 1435 CC português de 1867, em matéria de responsabilidade do depositário; art. 30 Código das Obrigações suíço e § 708 BGB em tema de inadimplemento das obrigações cujo titular é o sócio (e v., ainda, recentemente, na Alemanha, em matéria de contratos concluídos pelos consumidores fora dos estabelecimentos comerciais, o § 3, 2º co. do *Gesetz über den Widerruf von Haustürgeschäften* de 1986).

[4] Sobre o ponto, por todos, sinteticamente e em sincronia, CAZZETTA, *Responsabilità aquiliana e frammentazione del diritto comune civilistico (1865-1914)*, em *Pubblicazioni dell'Università di Firenze-Centro di studi "Per la storia del pensiero giuridico moderno": Biblioteca "Per la storia del pensiero giuridico moderno"* promovida e dirigida por P. GROSSI, 40, Milano, 1991, pp. 301 ss.; VISINTINI, *Dottrine civilistiche in tema di colpa extracontrattuale*, em *Studi in memoria di Giovanni Tarello*, vol. II, *Saggi teorico-giuridici*, Milão, 1990, pp. 707 ss.; P. BETTREMIEUX, *Essai historique et critique sur le fondement de la responsabilità civile en droit français*, th. Lille, 1921, p. 68; M. J. HORWITZ, *The Transformation of American Law, 1870-1960. The crisis of Legal Orthodoxy*, New York, 1992, pp. 125, 127 ss.

[5] Cf. PONZANELLI, *La responsabilità civile. Profili di diritto comparato*, Bologna, 1992, cap. IV-VII; CASTRONOVO, *La nuova responsabiltà civile*, 2ª ed., Milano, 1997, pp. 33 ss., 379 ss.; Procida MIRABELLI di LAURO, *Dalla responsabilità civile alla sicurezza sociale*, Napoli, 1992, p. 8 ss.; Aur. CANDIAN, *Responsabilità civile e assicurazione*, Milano, 1993, p. 1s., 25 s.; M. J. HORWITZ, *The Transformation of American Law, 1870-1960*, cit., p. 138 s.

esquecidas dos princípios da moral, ou a um jogo de deduções lógicas, de funcionalidade milimétrica entre a dada noção de culpa e os interesses em jogo. Assim, esboçar uma história da culpa feita de correspondências mecânicas da noção pré-escolhida, seja à "tradição", seja ao "progresso" e a inevitável afirmação de uma idéia "justa". Ou, numa perspectiva igualmente discutível, cada nuance do debate (fora e dentro das cortes judiciárias) é lida como imediatamente funcional a uma série de interesses, os "estáticos", mais ou menos em declínio, os "dinâmicos", mais ou menos em expansão, os relativos à propriedade contra os empresariais, e assim por diante.[6]

É claro que as observações acima desenvolvidas parecem ser - e efetivamente são - brutalmente simplificatórias de um debate denso, freqüentemente refinado, às vezes apaixonado. Mas o que se quer enfatizar é que o fato de se ter reduzido - como se vem fazendo há tanto tempo - o problema da culpa subjetiva aos termos de uma comparação entre culpa *in abstracto* e *in concreto* representa uma operação que, ao invés de colaborar para o esclarecimento, muito tem obstaculizado o próprio conhecimento do desenvolvimento das regras operativas neste setor.

Trata-se de uma postura que, partindo do pressuposto de que a uma dada noção correspondesse automaticamente um dado modelo de avaliação da culpa, tem promovido a sistematização de cada um dos "blocos" (compostos de noções e avaliações, *in abstracto* e *in concreto*) dentro de um quadro conceitualmente nítido e desprovido de sutilezas. Com a manutenção da atenção fixa naqueles termos de comparação, acabou-se por negligenciar, não só a "construção" do direito nas Cortes de Justiça, mas também toda consideração pelas (de outro modo inevitáveis) vinculações entre determinações relativas à avaliação da culpa e as soluções a serem oferecidas com atenção aos outros elementos do suporte fático.[7]

É precisamente no rastro destas observações que agora parece oportuno, no prosseguimento da investigação, liberar-se de uma visão da culpa encerrada numa dimensão monolítica. A contraposição entre um *standard* rígido e um flexível não poderá ser compreendida como contraposição entre partidários de uma sagrada (e imaginária) culpa "objetiva" e defensores de uma terrena (e igualmente irreal) culpa "subjetiva". Do mesmo modo - desta vez do ponto de vista teórico -, aqui não valeria a pena apresentar propostas de compromisso, ou construções em busca de um ponto de equilíbrio formal, cujos méritos geométricos depois correriam o risco, como

---

[6] A respeito disso tudo, e para uma apreciação crítica, CAZZETTA, *Responsabilità aquiliana e frammentazione del diritto comune civilistico*, especialmente p. 301 s.; ALPA, *Responsabilità civile e danno*, cit., p. 87 ss.; I. ENGLARD, *The Philosophy of Tort Law*, Aldershot-Brookfield, 1993, p. 21 ss., 29 ss., 93 ss.

[7] Ademais, trata-se de uma postura característica difundida entre os estudiosos da responsabilidade civil, que ultrapassa o setor específico da culpa. Voltaremos a este ponto: v. *infra*, cap. IV, nᵒˢ 2-5, 9.

freqüentemente tem acontecido, de desaparecer diante da bem mais inevitável lógica do juízo: ou seja, do momento em que a régua e o compasso do intérprete estão sendo postos à prova diante das exigências a que ele deve responder - a mutável realidade dos fatos, a variedade de posições e dos interesses que possam se tornar objeto de valoração.

Definitivamente, neste estudo não se trata - nem mesmo excluído o objetivo didático - de refazer a história da noção e dos critérios de avaliação da culpa. Dentro dos limites impostos ao nosso trabalho, a questão que assume relevo proeminente é uma outra. Ela diz respeito ao modo de entender a culpa e o seu papel no suporte fático de responsabilidade subjetiva; concerne a própria capacidade do critério de avaliação da culpa para responder às exigências subentendidas ao seu emprego. Resultados que aqui se consideram possíveis de serem atingidos somente numa perspectiva que, tendo firmes as razões do(s) sistema(s), saiba avaliar de que modo a presença de sujeitos diversos do modelo de referência ordinário incide sobre a dinâmica "técnica" do conflito, como aquela presença recai sobre a determinação e depois sobre a ponderação das posições, como agem sobre aquelas contínuas inter-relações entre os elementos do suporte fático de que se compõe o juízo de responsabilidade.

4. A culpa "contratual"

Antes de iniciarmos o exame das soluções para todos os problemas até aqui apresentados, de qualquer modo é oportuno livrar o campo de investigação de uma ulterior possível fonte de mal-entendidos. Trata-se da idéia segundo a qual questões idênticas àquelas analisadas na nossa perspectiva poderiam igualmente ser colocadas em matéria de avaliação da culpa contratual.

Pois bem[8], antes de mais nada é conveniente dizer que a escolha de orientar a reflexão para os conteúdos subjetivos da culpa aquiliana não se

---

[8] Para o recorrente debate acerca da unicidade ou duplicidade da noção de culpa nos dois âmbitos, v., entre outros, CARNELUTTI, *Sulla distinzione fra colpa contrattuale e colpa extracontrattuale*, em *Riv. dir. comm.*, 1912, 743; idem, *Appunti sulle obbligazioni. Distinzione tra colpa contrattuale e colpa extracontrattuale*, em *Riv. dir. comm.*, 1915, I, 67 ss.; A. SACCO, *Colpa contrattuale e aquiliana. Concorso o incompatibilità*, em *Mon. trib.*, 1926, 801 ss.; PACCHIONI, *Colpa contrattuale e colpa aquiliana*, em *Riv. dir. comm.*, 1905, II, 258 ss.; CHIRONI, *La colpa nel diritto civile odierno. Colpa contrattuale*, I, Torino, 1903, 1 ss.; GIORGI, *Teoria delle obbligazioni nel diritto moderno italiano*, V, Firenze, 1909, 215 ss.; VENEZIAN, *Danno e risarcimento fuori dei contratti*, em *idem, Opere giuridiche. Studi sulle obbligazioni*, Roma, 1919, 12 ss.; C. VIVANTE, *Colpa contrattuale e colpa aquiliana*, em *Riv. dir. comm.*, 1905, II, 117 ss.; mais recentemente, C. MAIORCA, *Colpa civile*, cit., 565 ss., 581 s.; e, após, MENGONI, *Responsabilità contrattuale*, cit., 1091; VISINTINI, *I fatti illeciti*, II, cit., 55 ss.
Sobre diferenças de disciplina entre os dois regimes de responsabilidade, recentemente, na França, VINEY, *Introduction à la responsabilité*, cit., p. 275 ss. Na perspectiva do direito compa-

explica, unicamente, com a hodierna impraticabilidade de um cânone (aquele apoiado na *diligentia quam in suis rebus*[9]) que, uma vez empregado na avaliação do comportamento do devedor, podia oferecer-se como termo geral de comparação para o desenvolvimento de modelos subjetivos de conduta, também no âmbito extracontratual. E muito menos bastaria - acrescente-se -, para justificar aquela escolha, o apelo à opinião de quem ressalta as dificuldades de um cotejo entre os dois termos, dadas as imprecisões existentes no emprego da locução "culpa contratual":[10] observação que, para nossos fins, de qualquer modo não seria decisiva, tendo em vista a grande variedade de acepções e de conteúdos que (como verificaremos mais adiante) são atribuídos à própria noção de culpa em matéria aquiliana.

Na perspectiva aqui adotada, o problema é outro.

Comecemos por recordar um dado bem conhecido, ou seja, que - à diferença do que se passa no âmbito aquiliano, onde freqüentemente só *ex post*, *i.e.*, no momento do juízo, é possível desvendar a exceção que condiciona, seja a relevância jurídica do dano, seja a imputação deste último à culpa de um sujeito determinado[11] -, em matéria de responsabilidade do devedor, a solução dos conflitos depende de uma série de valorações, cujo objeto (uma vez apurado o fato a ser imputado, ou seja, o inadimplemento) é usualmente definido já de início: isto é o que vale habitualmente não só

---

rado, MONATERI, *Cumulo di responsabilità*, cit., *passim*; SERIO, *La responsabilità complessa*, Palermo, 1988, 54 ss. ; MENGONI, *Responsabilità contrattuale*, cit., 1080, 1090 ss., 1094; CASTRONOVO, *Problema e sistema*, cit., 512 ss.; sobre o diferente papel exercido, nos dois âmbitos, pelo elemento da "previsibilidade", como seletor do *quantum* do ressarcimento CENDON, *Danno imprevedibile e illecito doloso*, em VISINTINI (cur.), *Risarcimento del danno contrattuale ed extracontrattuale*, cit., 23 ss.; P. TRIMARCHI, *Causalità giuridica e danno*, ivi, 5 ss.. Sobre o assunto, de qualquer modo, é instrutivo reler as conclusões elaboradas pela doutrina e jurisprudência (não só entre nós) à luz das reflexões de BESSONE, *Teoria oggettiva della responsabilità contrattuale, il dogma della "consideration" e la politica del diritto dell' "emerging capitalism"*, em ALPA e BESSONE (cur.), *Causa e "consideration"*, Padova, 1984, 229 ss.; e - numa perspectiva diferente - de MONATERI, *Cumulo di responsabilità*, cit., *passim*, em particular, 285 ss.

[9] V. *retro*, neste mesmo capítulo, nº 3.

[10] Às vezes expressando uma sinédoque para "elemento subjetivo da responsabilidade por inadimplemento"; outras vezes indicando, genericamente, a violação de uma obrigação derivada de contrato ou de outras fontes; outras vezes, ainda, referindo-se à negligência (ou à imprudência, à imperícia) na execução da prestação: para estas observações, por fim, VISINTINI, *Inadempimento e mora del debitore. Arts. 1218-1222*, em *Comm. cod. civ.*, dirigido por SCHLESINGER, Milano, 1987, 222 ss.; MENGONI, *Responsabilità contrattuale*, cit., 1086 s., 1090 ss.; e, depois, *idem, Obbligazioni "di risultato" e obbligazioni "di mezzi"* em *Riv. dir. comm.*, 1954, I, n. 39 s. (do sumário) - para a observação segundo a qual as condições habituais de emprego da palavra "culpa" acabam por conferir a ela um caráter "anfibológico", tanto no terreno da responsabilidade pelo inadimplemento quanto no âmbito aquiliano, v., respectivamente, MENGONI, *op. loc. ult. cit.*, e MONATERI, *La sineddoche*, Milano, 1984, 62 e notas 133, 108 s.

[11] Nestes termos, RODOTÀ, *Il problema*, cit., 76 s.; e logo VENEZIAN, *Danno e risarcimento*, cit., 46 s.; por fim, P. BARCELLONA, *Formazione e sviluppo del diritto privato moderno*, Napoli, 1987, 416 ss.

para a individualização do candidato responsável (o sujeito obrigado[12]), mas também - e é o que aqui mais interessa assinalar - para o que se refere aos fatores de inferioridade, ou de superioridade subjetiva, de que é oportuno se ter em conta na definição da controvérsia.

Ora, a pouca relevância assumida, em sede de juízo, pelas características subjetivas da debilidade ou da superioridade individual do devedor, é explicada pelo seu contexto normativo, mas também pelo quadro de interesses em que o juiz do inadimplemento é chamado a realizar as próprias valorações.

Antes de mais nada, consideremos o tratamento reservado pelo direito dos contratos a algumas categorias de sujeitos "débeis": os menores e os indivíduos privados de lucidez mental. Não passa despercebido que também o ordenamento contratual visa atribuir um "estatuto" especial a tais indivíduos: contudo, o objetivo não é perseguido na perspectiva própria do direito aquiliano (onde, em sede de juízo, não só torna-se indispensável um exame do comportamento revelado pelo autor do dano,[13] mas ali está a possibilidade de que seja este último, ou um representante, a ser responsabilizado pelo custo do prejuízo ocasionado à vítima), porém *a)* eliminando qualquer necessidade de um juízo sobre a conduta exigível do incapaz "contratual", a respeito da execução do acordo por ele concluído; e *b)* atribuindo a este um remédio apto a paralisar, ou mesmo tornar nulo, o compromisso assumido em estado de incapacidade.[14]

Depois, quanto às peculiaridades subjetivas que, diferentes da incapacidade, possam caracterizar (em direção ao mínimo ou ao máximo) os níveis

---

[12] Cf. ainda RODOTÀ, *op. loc. ult. cit.*; BETTI, *Teoria generale delle obbligazioni*, I, Milano, 1953, 148 s.; e, mais em geral, para uma investigação acerca dos modos como operam os critérios de imputação, PUGLIATTI, *Autoresponsabilità*, em *Enc. dir.*, IV, Milano, 1959, 452; C. MAIORCA, *Responsabilità (teoria gen.)*, em *Enc. dir.* XXXIX, Milano, 1988, 1007 ss., 1039.

[13] Neste sentido, entre outros, SALVI, *La responsabilità civile dell'infermo di mente*, em CENDON (cur.), *Un altro diritto per il malato di mente*, cit., 821 ss.; CENDON *et al.*, *La responsabilità civile degli operatori e dei servizi psichiatrici*, em *Pol. dir.*, 1990, 580 s.; sobre o ponto, com maior amplitude, *infra*, cap. V, seção I, nᵒˢ 2 ss.

[14] Sobre o ponto, recentemente, em perspectiva comparatística, P. STANZIONE, *Capacità, 1) Dir. privato*, em *Enc. giur.*, V, Roma, 1988, 11 s.; Id., *Capacità, V) Diritto comparato e straniero*, ibidem; G. A. STANZIONE, *La protezione civilistica del disabile per infermità mentale nell'ordinamento francese*, em *Riv. dir. civ.*, 1991, I, 523 ss.; A. VENCHIARUTTI, *Incapaci in diritto comparato*, em *Dig. IV, Disc. priv., Sez. civ., IX*, Torino, 1993, Tortorici PASTOR, *Minor età e "handicaps" nel diritto civile spagnolo. Profili comparatistici con il sistema italiano*, Napoli, 1990, pp. 58 ss.; LISELLA, *Fondamento e limiti dell'incapacitación nell'ordinamento spagnolo*, em *Rass. dir. civ.*, 1985, pp. 771 ss.; CHITTY, *On Contracts*²⁶, 1, London, 1989, pp. 400 ss.; CALAMARI e PERRILLO, *The Law of Contracts*³, St. Paul, Minn., 1987, pp. 323 ss. Reflexões aprofundadas sobre questões de direito contratual relativas aos sujeitos em idade avançada podem ser encontradas em PERLINGIERI, *Diritto della persona anziana, diritto civile e stato sociale*, cit., pp. 80, 83 ss.; P. STANZIONE, *Le età dell'uomo e la tutela della persona: gli anziani*, em *Riv. dir. civ.*, 1989, I, pp. 439, 445; e v. as contribuições reunidas em Id.(org.), *Anziani e tutele giuridiche*, Napoli, 1991; e, do ponto de vista jus-econômico, CONSENTINO, *Autonomia privata e paternalismo del legislatore nella prospettiva dell'analisi economica del diritto*, em *Riv. crit. dir. priv.*, 1988, pp. 480 ss.

de diligência exigíveis do devedor, todos sabem que a importância de tais nuanças está vinculada ao conteúdo do programa negocial concreto: mais precisamente,[15] o juiz será chamado a derrogar o cânone de valoração objetivo e abstrato, somente quando a particular inaptidão psicofísica ou, ao invés, as qualidades especiais individuais de uma, ou mais de uma das partes, tenham sido (explícita ou implicitamente) consideradas, pelas mesmas partes, como elemento qualificante do próprio regramento de interesses.

Portanto, revelando que as exigências de ordem geral ou, de qualquer modo, superindividual, que concorrem para fixar o conteúdo e o próprio papel da culpa, nos conflitos aquilianos que têm como protagonistas sujeitos dotados de qualidades diferentes das do homem médio (exigências que, como vimos e agora melhor veremos,[16] determinam a oportunidade de apreciar, caso a caso, não só a utilidade social da ação danosa, a intensidade do risco criado, ou o valor do bem prejudicado, mas também o relevo jurídico e as características específicas da "debilidade", ou da "superioridade" do agente), são todas referências do juízo que, em matéria de responsabilidade contratual, acabam por ser despotencializadas, ou porque absorvidas pela diversidade normativa dos setores (é o caso da incapacidade negocial), ou porque subordinadas à necessidade de conferir evidência - ao menos preliminarmente - a indicadores diferentes,[17] atinentes aos interesses

---

[15] Quanto a diferente questão (porque não implica de *per se* qualquer relevo às peculiaridades psicofísicas do devedor), concernente à possibilidade de que as disposições, com as quais o juiz é convidado a avaliar com "menor rigor" a responsabilidade por culpa do obrigado (v., por exemplo, art. 1710, § 1º; e 1768, § 2º, CC italiano), incidam ou não sobre a definição do modelo de conduta que pode ser exigido ao devedor, v., para a negativa - opinião em virtude da qual se atribui ao juiz unicamente a faculdade de modelar o *quantum* de ressarcimento, devido pelo devedor inadimplente - ZANA, *Valutazione con "minor rigore" della responsabilità per colpa*, em *Riv. trim. dir. proc. civ.*, 1974, 19 ss.; NATOLI, *L'attuazione*, II, cit., 96 s.; VISINTINI, *La responsabilità contrattuale*, Napoli, 1979, 121 e nota 4; para a afirmativa, DI MAJO, *Delle obbligazioni*, cit., 428 s.; MONATERI, *Cumulo*, cit., 312 s. (segundo o qual a oportunidade de variar o metro de avaliação explica-se pela consideração de que, no mandato, assim como no depósito - e, em geral, em todos os contratos estipulados a título gratuito - encontramos um sujeito, Tício, que adquire um bem sem retribuição e um outro sujeito, Caio, que voluntariamente suporta uma perda, sem pretender qualquer remuneração por ela: e, por isso - observa M. -, se o primeiro isenta-se da conclusão de uma operação do gênero, isto não acontece porque Tício pensa poder sacrificar parte da sua riqueza frente a uma negligência de Caio, mas em razão do fato de que, na economia do credor, resulta conveniente renunciar aos níveis de diligência "média" exigíveis do devedor a título oneroso, para confiar a própria coisa, ou o próprio negócio, a um grau de segurança menor do que aquele que é normalmente oferecido por quem - cada devedor, no caso concreto - executa a prestação a título gratuito.

[16] V. *retro*, cap. I; *infra*, cap. IV, nⁿˢ 2-6; e depois capítulos V e VI.

[17] "Do contrato (interpretado segundo a boa-fé) se deduz quais especiais capacidade e conhecimento o devedor deve prestar, quais são as tecnologias por que responde, em caso de falta ou emprego defeituoso, e, em geral, com quais meios se obrigou alcançar aquele tipo de resultado, perante o credor; e, ainda, quando se trate de obrigações de gênero, do contrato se deduz se o devedor tinha prometido obter uma certa quantidade de coisas do mercado ou apenas da sua provisão ou da sua produção": nestes termos, MENGONI, *op. ult. cit.*, 1088. Para uma reflexão acerca dos critérios de racionalidade econômica em que é possível modelar

particulares que as partes pretenderam perseguir com o próprio projeto negocial.

Com relação aos problemas postos ao centro de nossa indagação, em definitivo, é possível observar que *a*) entre os dois institutos, resultam bastante diferentes as "condições de emprego" da noção de culpa: esta, em âmbito aquiliano, funciona como elemento de conexão (entre dano injusto e obrigação de ressarcir) no interior de um conflito de interesses, cuja definição e comparação é freqüentemente possível somente em sede de juízo; sobre o terreno contratual, ao contrário, os conteúdos da culpa (lá onde seja possível concretizar a avaliação: v. ainda o caso da incapacidade) são voltados a garantir o respeito de um arranjo de interesses - aqueles visados pelas partes ao assumir o vínculo - que muitas vezes é planejado de modo completo antes, e fora da controvérsia judicial.

Porém, o que mais importa relevar é a diversidade de problemas cuja solução, em sede de avaliação da culpa, é atribuída ao juiz do ilícito: visto que *b*) é somente a este que é demandada *per intero* a decisão de atribuir relevo, ou não, às peculiaridades fisiopsíquicas do agente; e que *c*) é no juízo extracontratual, à diferença do juízo *ex contractu*, que uma decisão do gênero torna-se capaz de influenciar o equilíbrio (mas também a escolha de qual premiar) entre os interesses em conflito.

Assim, é a exigência de oferecer uma resposta aos quesitos específicos postos ao intérprete aquiliano - e originados daquele entrelaçamento entre características subjetivas de cada categoria de agentes, natureza dos interesses em jogo e avaliação da culpa - que justifica a escolha do objeto desta indagação.

---

a escolha das regras operativas em matéria de responsabilidade contratual, v. em particular P. TRIMARCHI, *Sul significato economico dei criteri di responsabilità contrattuale*, em *Riv. trim. dir. proc. civ.*, 1970, 512 ss.; *idem*, *L'analisi economica del diritto: tendenze e prospettive*, em *Quadr.*, 1985, 15 ss.; PARDOLESI, *Analisi economica del diritto*, em *Dig. IV*, Disc. priv., Sez. civ., I, Torino, 1987, 317 s.; *idem*, *Tutela specifica e tutela per equivalente nella prospettiva dell'analisi economica del diritto*, em *Quadr.*, 1988, 76 ss.; POLINSKY, *Un'introduzione all'analisi economica del diritto*, trad. ital. aos cuidados de PARDOLESI - do qual se lê o *Postfazione*, *ivi*, 121 ss. - Bologna, 1986, 25 ss., 55 ss., 117 ss.; COSENTINO, *Efficienza economica dell'inadempimento e diritto delle obbligazioni: una verifica delle norme sull'inadempimento del contratto*, em *Quadr.*, 1988, 484 ss.; ALPA, *Rischio contrattuale*, em *Contr. e impr.*, 1986, 616 ss.; preciosas as reflexões de STAPLETON, *The Normal Expectancies Measure in Tort Damages*, em 113 *Law Quartely Review*, 1997, pp. 257 ss.; *e* depois os ensaios de HIRSH, BARTON, KRONMAN, WILLIAMSON, mas também de PARDOLESI, BESSONE, MACAULAY, G. FERRARINI, reunidos no cap. III do volume aos cuidados de ALPA, PULITINI, RODOTÀ e ROMANI, *Interpretazione giuridica e analisi economica*, Milano, 1982, 301 ss. Por fim, v. MATTEI, *Comparative Law and Economics*, Ann Arbor, 1997, pp. 32 ss., 150 ss., 160 ss., 179 ss.

Capítulo III

Razões e limites da culpa "objetiva"

SUMÁRIO: 1. Premissas; 2. Os sujeitos inferiores à média. Disparidade de tratamento; 2.1. Um contraste entre discursos; 3. Os sujeitos superiores à média. A correção do *standard* e as dificuldades probatórias.

1. Premissas

Comecemos por nos ocupar dos motivos pelos quais, na elaboração do modelo de conduta, usualmente é premiada uma regra de caráter objetivo.

Na opinião dos intérpretes, estas razões são encontradas, fundamentalmente, na exigência de garantir a economicidade do sistema da justiça aquiliana (com referência à agilidade e à segurança das valorações), e também na oportunidade de assegurar a vigência de uma noção de culpa "social": uma noção desvinculada da acepção psicológico-voluntarista, e assim mais capaz de aderir aos princípios que atribuem ao instituto aquiliano uma finalidade de natureza essencialmente compensatória.[1]

Trata-se - falta apenas reuní-las - das mesmas considerações sobre as quais se costuma traçar a linha de demarcação que separa a técnica de demonstração da culpa civil, de um lado, e aquelas utilizadas para a avaliação da culpa penal, de outro.[2]

Pois bem, na grande maioria dos casos é incontestável que os argumentos há pouco mencionados preenchem plenamente as necessidades práticas do sistema. Todavia, não é assim tão seguro - e este é o ponto que deve ser esclarecido - que um emprego indiscriminado do parâmetro do homem médio permita (ou tenha permitido) sempre, isto é, em todas as hipóteses

---

[1] Entre outros, SALVI, *Responsabilità extracontrattuale*, cit., 1192 ss., 1225 ss.; VISINTINI, *I fatti illeciti*, II, cit., 5 ss.; P. TRIMARCHI, *Illecito*, cit., 110 s.; I. ENGLARD, *The Philosophy of Tort Law*, cit., pp. 11 ss, 109 ss.; VINEY, *Introduction à la responsabilité*, cit., pp. 11 ss.

[2] Por todos, ZENO-ZENCOVICH, *La responsabilità civile da reato*, cit., 54 ss.; VINEY, *Introduction à la responsabilité*, cit., pp. 260 ss.

de responsabilidade por culpa, a satisfação dos objetivos e pressupostos em virtude dos quais a escolha daquele modelo de juízo se declara justificada.

2. Os sujeitos inferiores à média. Disparidade de tratamento

São considerados por primeiro os indivíduos mais débeis do que a média, ou seja, os menores, os anciãos, os portadores de doenças físicas ou psíquicas.

Não há dúvida de que impor a eles um *standard* de diligência expresso - embora com variedade de acentos[3] - sempre em termos objetivos, significa incentivar a adoção de uma regra do tipo "pague ou não se manifeste"[4], para esses sujeitos[5]. É um cânone seguramente bem alinhado com as exigências de desenvolvimento do comércio e de promoção da "segurança social", mas bastante difícil de harmonizar com uma série de dados que, podendo ser encontrados em variados componentes do sistema (nos níveis normativo, jurisprudencial e doutrinário), tendem a salvaguardar o princípio da igualdade substancial entre os concidadãos: visando não só a garantir o respeito à personalidade (ou a reforçar a tutela dos direitos fundamentais) dos menores, anciãos ou deficientes, mas também a promover, de qualquer

---

[3] Em tema de enfermidade física, a fórmula mais comumente repetida é aquela segundo a qual a pessoa portadora de uma deficiência é chamada a alcançar, no desenvolvimento da própria atividade, o mesmo grau de diligência - mesmo se isto representa para eles uma fadiga maior - exigido de quem goza de uma saúde plena ou de uma condição somática perfeita: cf. H. L. MAZEAUD e TUNC, *Traité théorique et pratique*, I, cit., 500 ss. 503; também, para as referências, no mesmo sentido, à jurisprudência transalpina, DEJEAN DE LA BATIE, *Appréciation*, cit., 31 ss. V., além disso, ATIYAH, *Accidents, Compensation and the Law*, cit., 57 s., 477, 479. Para outras referências à literatura e à jurisprudência anglo-americana, H. STREET, *The Law of Torts*, London, 1972. 122 s.; FLEMING, *The Law of Torts*, cit., 102 s., 257 ss.; WINFIELD e JOLOWICZ, *On tort*, London, 1971, 66 s.; e cf. *Restatement of The Law of Torts*, 1934, cit., II, 289 h.
A respeito da oportunidade de retocar parcialmente a máxima oficial - no sentido de que ao portador de doença física seria exigido o mesmo tipo de diligência requerido do homem médio, se este fosse limitado pela mesma deficiência (a este respeito, é significativo o contraste entre *Restatement of the Law of Torts*, 1934, cit., II, 289 e o *Restatement of the Law of Torts*, 2d, St. Paul Minn., 1965, 2d, 283 C (a), para o qual o *standard* de conduta para um cego torna-se o de um homem sensato que é cego) - v. em sentido contrário PROSSER e KEETON, *On Torts*, cit., 175 ss.; FLEMING, *An Introduction to the Law of Torts*, Oxford, 1969, 32; DIAS, em CLERCK e LINDSELL, *On Torts*, cit., 991; igualmente (com um enfoque mais geral, ou com referência a toda categoria dos sujeitos débeis) também CALABRESI, *Ideals, Beliefs, Attitudes, and the Law*, cit., 25 ss.; HARPER, F. JAMES Jr. e GRAY, *The Law of Torts*, cit., 421 ss. Uma posição análoga em DEJEAN DE LA BATIE, *Appréciation*, cit., 36; WINFIELD, JOLOWICZ e ROGERS, *On Tort*, London, 1989, 161; CATANEO, *Il concorso di colpa del danneggiato*, cit., 501 ss.; DI PRISCO, *Concorso di colpa e responsabilità civile*, cit., 388 ss.; v. ainda CIAN, *Antigiuridicità e colpevolezza*, cit., 204 s., 218 s.; P. TRIMARCHI, *Illecito*, cit., 110 s.

[4] Na mesma ordem de idéias, T. HONORÉ, *Responsibility and Luck*, em 104 *Law Q. Rev.* 1988, 530 ss.

[5] Nota do tradutor: Esta máxima do Direito italiano (no original: "pague o resta inerte") não possui equivalente no nosso sistema jurídico.

maneira, a integração desta categoria de sujeitos no seio das relações de natureza social (sem atenção ao seu conteúdo: seja ele educativo, recreativo, "existencial", laboral ou outro).[6]

Em breve retornaremos a estes aspectos de nossa exposição. Por enquanto, é bom recordar que os mesmos argumentos usados em tema de culpa "primária" são usualmente empregados para justificar a adoção do cânone objetivo - em relação aos sujeitos débeis -, mesmo quando estes sejam chamados a responder por um comportamento omissivo, ou que simplesmente tenham contribuído para a produção do evento danoso. Contudo, não é difícil identificar quais sejam, na realidade, os possíveis inconvenientes de uma postura do gênero.

Quanto ao concurso de culpas, antes de mais nada, a verdade é que o cânone da diligência objetiva - uma vez estendido às crianças, aos anciãos, ou aos deficientes - em muitas hipóteses corre o risco de fornecer um

---

[6] Sem falar no direito à saúde, sempre mais explicitamente entendido (e com especial atenção aos sujeitos débeis) como direito que "pode não ser aquele ao *livre* desenvolvimento da personalidade, mas deve ser aquele ao *máximo* desenvolvimento da personalidade", (os grifos são do autor) ZATTI, *Infermità di mente e diritti fondamentali della persona*, em CENDON (cur.) *Un'altro diritto per il malato di mente*, Napoli, 1988, 120; no mesmo sentido, CENDON *et. al., Il settimo libro del codice civile. Il diritto dei soggetti deboli*, em *Pol. dir.*, 1990, 137 ss.

Para as referências ao debate entre *tortmen*, em matéria de igualdade de tratamento, v. *infra*, nota 22.

Quanto às reformas legislativas recentemente aprovadas no Exterior - nos países europeus v. em geral C. LOUZOUN (org.), *Legislations de santé mentale en Europe*, Paris, 1992 - e destinadas a melhorar a condição jurídica e social de uma, ou mais de uma, das categorias de sujeitos ora examinados (acerca das diretivas adotadas por organismos supranacionais v., por exemplo, O.N.U., *Dichiarazione sui diritti delle persone ritardate mentale*, n. 2027, de 10 de dezembro de 1971; *Dichiarazione sui diritti delle persone disabili*, nº 3447, de 9 de dezembro de 1975; *Risoluzioni in tema di salute mentale*, nº 46/199, de 17 de dezembro de 1991; Parlamento europeu, *Risoluzione sui diritti dei minorati mentali*, nº A3-0231/92, de 16 de setembro de 1992; e v. CONETTI, *Le fonti Internazionali*, em CENDON (org.), *I bambini i loro diritti*, Bologna, 1991, pp. 33 ss.) cabe ressaltar, entre outras, a lei austríaca de 2 fevereiro 1983, n. 136, "Über die Sachwalterschaft für Behinderte Personen" - a respeito da qual v. Ena-Marlis BAJONS, *La posizione giuridica del malato di mente in Austria*, em CENDON (cur.), *Un altro diritto*, cit., 405 ss.; VECCHI, *La riforma austriaca della tutela degli incapaci*, em *Riv. dir. civ.*, 1987, I, 37 ss. -; a l. espanhola 24 outubro 1983, n. 13, "De reforma del Código Civil en materia de tutela" - para a qual v. TORTORICI PASTOR, *Minore età e "handicaps" nel diritto civile spagnolo. Profili comparatistici com il sistema italiano*, Napoli, 1990, 124 ss.; LISELLA, *Fondamento i limiti della incapacitión nell ordinamento spagnolo*, em *Rass. dir. civ.*, 1985, 771 ss.-; as leis belgas de 26 de junho de 1990 (sobre a proteção da pessoa dos doentes mentais) e de 18 de julho de 1991 (sobre a proteção dos bens das pessoas incapazes de geri-los por razões físicas ou mentais), sobre as quais v. INGBER, *De Saedeleez*, RENARO, *Chronique de droit civil belge*, em *Rev. tr. dr. civ.*, 1992, pp. 830 ss.; e a lei alemã 12 setembro 1990, "Gesetz zur Reform des Rechts der Vormundschaft und Pflegschaft für Volljährige (Betreuungsgesetz - BtG)" - sobre a qual, em comentário, v. JÜRGENS, KRÖGER, MARSCHNER, WINTERSTEIN, *Das neue Betreuungsrecht*. 1991, München; BIENWOLD, *Kommentar zum Gesetz zur Reform des Rechts der Vormundschaft und Pflegschaft für Volljörhige*, Bielefeld, 1992; E. V. NAPOLI, *La Betreuungsgesetz*, em *Riv. dir. civ.*, 1995, I, pp. 539 ss.; para as primeiras referências ao debate suscitado pelo *Mental Health Act* inglês de 1983 (a respeito do qual v. também C. LOUZOUN, ob. cit., pp. 17 ss.) e pelo *American's with Disabilities Act*, promulgado nos EE.UU.A. em 1990, v. VENCHIARUTTI, *Incapaci in diritto comparato*, cit., n. 8 ss.

privilégio, dificilmente justificável, ao co-responsável são e ao adulto. Imputar ao sujeito mais débil uma porção de evento que ele não teria podido de qualquer modo evitar, significa, de fato, aliviar a posição do primeiro agente daquela fatia de responsabilidade que de outro modo lhe seria imposta, em virtude dos indicadores - atinentes à previsibilidade e à evitabilidade do evento de dano - habitualmente utilizados na verificação da culpa do homem médio.[7] Conclusão que na espécie se justifica levando-se em conta a fácil identificação das condições de um indivíduo enfermo (ou de tenra ou avançada idade), e a conseqüentemente simples previsibilidade que a conduta destes assume, em inúmeras ocasiões, aos olhos de qualquer homem de diligência ordinária.[8]

Em seguida, no que concerne à omissão, é o próprio núcleo de origem das argumentações correntes que merece uma revisão, em relação às hipóteses que envolvam os sujeitos débeis. E sua importância pode ser explicada sob um duplo aspecto.

Em primeiro lugar, parecem bem diferentes entre si as premissas de política do direito sobre que se apóia a atribuição de um direito de abstenção ao homem médio (adulto e são) e, por outro lado, as razões de necessidade que muitas vezes constrangem os indivíduos débeis a uma verdadeira e própria inércia forçada. Além disso, (e é uma observação válida mesmo para aqueles que atribuem à omissão uma base de responsabilidade mais ampla, de cunho solidarístico[9]) todas são como o dever de agir surgido de norma por uma pré-valoração, que o ordenamento realiza em termos de maior utilidade de um comportamento ativo, em relação a um passivo, diante de uma situação dada.

Então, deste modo não evita que os parâmetros habitualmente usados para avaliar a utilidade social, juntamente com o custo individual de um esforço para agir, se conciliem mal com as obrigações de agir atribuídas ao enfermo ou à criança. Para estes últimos, de fato, a obediência ao preceito não só se destina a produzir um dispêndio de energia muito mais gravoso

---

[7] Por todos, C. MAIORCA, *Colpa civile*, cit., 551 s., 572 ss.

[8] Cf., recentemente, CAFAGGI, ob. cit., *passim;* VISINTINI, *I fatti illeciti*, II, cit., 16 ss.; sobre este ponto, bastante precisos, HART e HONORÈ, *Causation in the Law*, Oxford, 1985, 153 ss.

[9] Cf. ALPA, *Il problema dell'atipicità dell'illecito*, cit., 127 ss.; HEYMAN, *Foundations of the Duty to Rescue*, 47 Vanderbilt Law Rev. 1994, pp. 673, 738 ss. (e *ivi* v. também as referências ao debate nortea-americano); *SALVI, Responsabilità extracontrattuale*, cit., 1227 (e, para a conclusão equilibrada a que chega este último autor, ou seja, para a idéia segundo a qual o contemperamento entre o princípio da liberdade individual e o da solidariedade social deveria ser retomado "na configuração de um peculiar grau de culpabilidade, fundado na desproporção entre a entidade do esforço requerido para evitar o dano e a do perigo do dano, e normativamente baseado sobre a analogia com as disposições que prevêem obrigações específicas de agir para evitar o dano" - v., na literatura menos recente, APPLETON, *L'abstension fautive en matière délictuelle civile et pénale*, em *Rev. trim. dr. civ.*, 1912, 593, 606 s.; ou BEUDANT e CAPITANT, *Théorie génerale de la responsabilité civile*, em *Annales de l'Université de Grenoble*, 1906, 164; e, sobre este ponto específico, cf. G. ROTONDI, *Da "Lex Aquilia"*, cit., 245 ss.).

do que para o homem médio, mas se trata de um esforço que freqüentemente pode corresponder a: *a*) um resultado ineficiente para as potenciais vítimas; *b*) uma elevação do risco de dano para os terceiros, como conseqüência do cumprimento inevitavelmente imperfeito da atividade considerada.[10]

2.1. Um contraste entre discursos

Conclusões desse gênero merecem ser inseridas numa perspectiva mais ampla.

Há pouco recordávamos que a salvaguarda da personalidade e a integração "social" dos indivíduos mais débeis são metas promovidas por uma rica e articulada série de dados doutrinários, jurisprudenciais e normativos. E vimos que estes indicadores devem permanecer sempre estranhos à avaliação comparativa dos interesses contrapostos no juízo de responsabilidade; isto é, que as razões da fragilidade do agente devem ser constantemente sacrificadas a favor das exigências de proteção da vítima (cujos interesses gozariam o privilégio de ser os únicos dignos de tutela), conclusão que seria difícil de aceitar em termos absolutos: em outras palavras, como regra operativa que prescinde de toda consideração, seja pelo tipo de "diversidade" do autor do prejuízo, seja pelo gênero de atividade em que ele estava empenhado no momento da produção do dano.

As razões desta nossa observação são fáceis de explicar. Não se trata unicamente de apontar como, raciocinando naqueles termos, o exame da posição do agente-débil acabaria por permanecer insensível à consideração pelos próprios dados - aqueles postos de modo a tutelar as prerrogativas do indivíduo - que tanta relevância tiveram, e ainda têm, na extensão (no lado oposto do juízo, isto é, por parte da vítima) da gama de interesses merecedores da proteção aquiliana.[11] E não se observa apenas que, na mesma perspectiva, a hipótese de responsabilidade acabaria "aberta" à consideração, pelos valores jurídicos expressos no sistema, somente quanto à individuação de novas figuras de dano injusto, e (ao contrário, se deveria entender) "fechada" a toda definição que não seja técnico-formal, tendo

---

[10] Para considerações análogas, DEJEAN DE LA BATIE, *Appréciation*, cit., 149 s.; CIAN, *Antigiuridicità e colpevolezza*, cit., 255 ss.; e LÉGAL, *De la négligence et de l'imprudence comme source de la responsabilité civile délictuelle*, cit., 207 ss.; na mesma direção se situam as observações, elaboradas do ponto de vista jus-econômico, de COOTER e ULEN, *Law and Economics*, Glenview e London, 1988, 410 ss.; W. F. SCHWARTZ, *Objective and Subjective Standards of Negligence*, cit., pp. 241 ss.; e PARISI, *Sviluppi dell'elemento soggettivo*, cit., 575 ss.

[11] Com relação à progressiva ampliação dos interesses da "pessoa" considerados suscetíveis de uma salvaguarda aquiliana, é suficiente a remissão à síntese (também às avaliações) realizada por BUSNELLI, *La parabola della responsabilità civile*, em *Riv. crit. dir. priv.*, 1988, 661 ss.; e CASTRONOVO, *Le frontiere mobili della responsabilità civilil*, em *Riv. crit. dir. priv.*, 1989, 539 ss.; agora em *Idem, La nuova responsabilità civile. Regole e metafora*, Milano, 1991, (lugar de onde se tira a citação), 3 ss., 86 s.

em vista a valoração de qualquer outro elemento do esquema, que não esteja compreendido naquele primeiro grupo de dados.[12]

Aqui se deve insistir sobretudo a respeito de um ponto. É o momento de esclarecer que o intérprete, e o comparatista, em particular, estejam em condições de reler as várias indicações esparsas no sistema, do seu próprio país e de outrem (e voltadas à mais ampla proteção-promoção da personalidade e das atividades dos sujeitos "débeis"), unificando-as sob a égide de um princípio comum: uma diretiva de alcance geral que, no juízo de responsabilidade, orienta não somente a valoração das razões da vítima, mas também aquelas relacionadas à debilidade subjetiva do agente.

É por este caminho que se torna possível reconhecer, dentre os interesses objeto de cotejo no conflito, aqueles que, expressão da debilidade individual, mereceram um juízo de valor positivo por parte do ordenamento. Não se tratará agora de destituir o modelo compensatório do instituto aquiliano - esquema que, de resto, no campo do ilícito continua a ser utilizado somente após a verificação de uma medida (para além disso variável) de culpabilidade, em relação a cada agente individualmente considerado[13] -, mas de atingir e utilizar o princípio da igualdade substancial como "critério de integração da disciplina aquiliana, também quando venha a expressar uma valoração do comportamento ou do interesse protegido"[14] do agente-débil. Em outros termos, trata-se de adequar os conteúdos da reflexão, acerca da avaliação da culpa aquiliana em relação a categorias especiais de sujeitos, ao relevo que o próprio ordenamento atribua, seja à inevitabilidade biológico-existencial de algumas atividades, seja (especialmente para os doentes) ao direito de gozar de um bem-saúde, hoje sempre mais claramente entendido "como máxima expansão possível das potencialidades características 'daquela' pessoa bem determinada".[15]

---

[12] A referência encontra-se em RODOTÀ, *Il problema*, cit., 139 s.; e - se substituímos os adjetivos "fechado" e "aberto" por "elástico" e "inelástico" - em CASTRONOVO, *Problema e sistema nel danno da prodotti*, Milano, 1979, 109 ss.; *Idem*, *La nuova responsabilità civile. Regola e metafora.*, cit., 41 ss., 97 s. e nota 8. Sobre este ponto específico - ou seja, para a inter-relação corrente entre os diversos modos de entender a hipótese e, portanto, a definição do papel, mas também dos conteúdos, que são atribuídos à culpa em vista do juízo de responsabilidade - *infra*, cap., n°s 2-6.

[13] Entre outros, SALVI, *Responsabilità extracontrattuale*, cit., 1222; CENDON, *Il dolo nella responsabilità extracontrattuale*, cit., 415 s.; BUSNELLI, *La parabola*, cit., 658 ss.; SACCO, *L'ingiustizia di cui all'art.* 2043, em *Foro pad.*, 1960, I, 1430 s.; SCHLESINGER, *La "ingiustizia"*, cit., 336 ss., 347 s.

[14] SALVI, *Responsabilità extracontrattuale*, cit., 1198; para um argumento neste sentido, PONZANELLI, *Ingiustizia del danno e colpa*, em *Resp. civ. prev.*, 1977, 709 s.; SOUDART, *Traité général de la responsabilité ou de l'action en dommage-intérêts en dehors des contrats*, Paris, 1852, II, n° 659, p. 17; numa perspectiva análoga, no que concerne à definição da diligência exigível no adimplemento das obrigações, DI MAJO, *Delle obbligazioni*, cit., 416 ss., 476 ss.

[15] Neste sentido, CENDON, bastante incisivos de ZATTI, *Il settimo libro del codice civile*, cit., 146 ss; e, na mesma direção, v. as observações bastante incisivas de ZATTI, *Infermità di mente e diritti fondamentali della persona*, cit., 117 ss.

Nasce, em definitivo, a necessidade de compreender que o parâmetro do comportamento devido deve ser um *standard* flexível, em condições de considerar as diferentes características, mas também as diferentes exigências, próprias de cada tipo de debilidade (e um exemplo da variedade de opções possíveis, nesta direção, é dado pelas questões relativas à categoria dos doentes mentais, em atenção aos quais é a própria ciência psiquiátrica que encoraja, ao menos tendencialmente, o emprego de uma noção objetiva de culpa, para o fim de consentir, com a responsabilização do enfermo, uma maturação mais eficaz da sua personalidade e da capacidade de "integração" no contexto das relações sociais[16]).

E, acrescente-se, é na mesma perspectiva que se poderá oferecer definitivo reconhecimento, e sistematização, a necessidades e interesses até hoje esquecidos, ou muitas vezes subvalorizados, pela doutrina "oficial" da responsabilidade civil: deste modo colhendo a oportunidade de traduzir em regras operativas aquela que parece ser uma exigência irrenunciável dos tempos atuais (também) do ilícito, vale dizer, a efetiva atuação de "um direito parcialmente diferente para os diferentes, que ambiciona tornar cada um destes menos desigual: seja como for, cada um portador de uma característica quotidiana o menos afastada possível das margens de potencialidade existencial que aquela fragilidade específica admite".[17]

---

[16] Cf., para as avaliações do jurista, VISINTINI, *La nozione di incapacità serve ancora?*; FALZEA, *Infermità di mente e problemi di capacità della persona*: todos, em CENDON (cur.), *Un altro diritto per il malato di mente*, cit., respectivamente, 121 ss., 141 ss., 159 ss., 391 ss., 93 ss., 17 ss.

[17] CENDON, *Il settimo libro del codice civile*, cit., 147; e é na mesma direção que parece possível aplicar, especificamente com referência ao ilícito aquiliano, as observações mais gerais de P. BARCELLONA, *Il capitale come puro spirito*, Roma, 1990, 107 s., 132 ss.; ou (com pressupostos diferentes) de FALZEA, *Introduzione generale*, em *Cinquanta anni di esperienza giuridica in Italia*, Milano, 1982, 15 ss.; e, depois, as reflexões de PERLINGIERI, *Diritti della persona anziana, diritto civile e stato sociale*, em *Rass. dir. civ.*, 1990, 83 ss.; *Idem, Il diritto civile nella legalità costituzionale*, Napoli, 1984, 79 ss.; *Idem, Scuole, tendenze e metodi. Problemi di diritto civile*, Napoli, 1989, 137 ss., 235 ss., 259 ss.; MENGONI, *La tutela giuridica della vita materiale nelle varie età del'uomo*, em *Riv. trim. dir. proc. civ.*, 1982, 1124 ss., 1127; IRTI, *L'età della codificazione*, Milano, 1973, 3 ss.; *Idem, Diritto civile*, em *Dig. IV*, Disc. priv., Seção civ., VI, Torino, 1990, 150 s.; também em *idem, La cultura del diritto civile*, Torino, 1990, 51 ss. E. RUSSO, *La protezione giuridica dell'insufficiente mentale*, em Id. (org.), *La protezione giuridica dell'insufficiente mentale*, Napoli, 1990, pp. 13 ss. A respeito dos termos em que até agora foi posta a questão da igualdade de tratamento em matéria aquiliana - ou seja, com exclusiva atenção às vítimas do dano - e sobre os limites de tal perspectiva, cf. ATIYAH, *Accidents, Compensation and Law*, London, 1980, 247, 332, 498; FLEMING, *The Law of Torts*, cit., 369 ss.; *idem, The American Tort Process*, Oxford, 1988, 26 ss., 265 ss.; TUNC, *Responsabilité, assurance et solidarité sociale dans l'indemnisation des dommages*, em *Études de droit contemporain*, Paris, 1970, 57 ss., 66; *Idem, La responsabilité civile*, cit., 163 ss; na Itália, SALVI, *Responsabilità extra-contrattuale*, cit., 1198 s., 1257 ss.; BUSNELLI, *La parabola*, cit., 664 s. Conferir, ainda, as reflexões mais abrangentes de J. UNGER, *Handel auf eigene Gefahr. Ein Beitrag zur Lehre vom Schadenersatz*, Jena, 1893, em particular p. 140.

3. Os sujeitos superiores à média. A correção do *standard* e as dificuldades probatórias

Os limites do *standard* comum são fáceis de descobrir, quando está em evidência a conduta dos sujeitos portadores de potencialidades, físicas ou intelectuais, superiores às do homem médio.

Desejando manter estável, também para esses, o parâmetro de avaliação usual, por outro lado há que responder a seguinte questão: pode ser eximido da responsabilidade aquele que possui dotes ou inclinações tais que lhe teriam permitido prever e impedir facilmente - diferentemente de outro sujeito qualquer - o evento danoso?

Uma negativa segura a esta pergunta surge a partir de uma consideração de ordem geral. Efetivamente, não passa despercebido que - diversamente das hipóteses em que se encontra em jogo o valor normativo reconhecido aos interesses "biológicos" protegidos do agente-sujeito débil, no curso da atividade danosa - neste caso não há interferência de qualquer motivo para desnaturar a importância comumente atribuída à função reintegratória do instituto, ou seja, à exigência de proteger os interesses de qualquer vítima de um dano injusto. Não haverá, então, necessidade de salientar que a regra de valoração referente às qualidades do homem médio acaba por responder de modo totalmente inadequado aos problemas nascidos destes conflitos, sempre mais numerosos - basta pensar no setor dos *business torts*,[18] ou no dos ilícitos cometidos por meio da informática[19] -, onde o modelo de conduta exigível de cada agente está destinado a variar continuamente, em razão do específico patrimônio de conhecimentos básicos, informações e experiências, à disposição do autor concreto do dano. Nem convém que nos detenhamos mais demoradamente sobre o verdadeiro, e próprio, anacronismo de um critério de avaliação sempre objetivo e sempre indiferente às características individuais, diante de um sistema propenso a graus de especialização crescentes, e em relação aos quais o reenvio aos *standards* próprios da atividade específica, mostra-se totalmente inadequado para analisar os níveis de competência, hoje bastante diversificados, que ordinariamente são registrados entre os concidadãos - mesmo entre aqueles pertencentes ao mesmo setor produtivo ou profissional.[20]

A única verdadeira objeção a uma perspectiva do gênero nasce, em definitivo, sobre um terreno mais amplo - escapando a qualquer correção, tanto no seu mínimo quanto no máximo, frente ao modelo de diligência

---

[18] Para o emprego desta expressão, PEDRICK, *Does Tort have a Future?*, 39 *Ohio St. Law J.* 1978, 788.

[19] Sobre o ponto, v. as contribuições contidas no volume da coleção organizada por ALPA, *Computers e responsabilità civile*, Milano, 1985.

[20] V., com variedade de tendências, RODOTÀ, *Diligenza*, 545 s.; *idem, Il tempo delle clausole generale*, em Aa. Vv., *Il principio di buona fede*, Milano, 1987, 258 ss.; M. GIORGIANNI, *Buon padre di famiglia*, cit., 597 s.; DI MAJO, *Delle obbligazioni in generale*, cit., 415 ss.

eleito à base do juízo -, ou seja, aquele concernente à dificuldade de prova das características subjetivas que são peculiares ao indivíduo, e que muitas vezes não se manifestariam de modo tangível ao observador externo.[21]

No capítulo seguinte examinaremos até que ponto estas preocupações têm fundamento. Contudo, por ora fica registrado que uma objeção do gênero efetivamente não tem impedido os juízes, na série de casos supramencionados - e em outros, que abordaremos mais adiante -, de conduzir investigações bastante precisas acerca das peculiaridades subjetivas da vítima ou do agente. Causa espécie, pois, a tenacidade com que se evidenciam as dificuldades de ordem probatória, mesmo sobre o terreno da responsabilidade civil, quando se considere como são numerosas as hipóteses, espalhadas em todo o ordenamento privatístico, em que (não apenas argumentos semelhantes não assumem o mesmo relevo perante a doutrina, mas onde, ao contrário, é fácil observar que) freqüentemente os julgadores mostram uma pronunciada sensibilidade pelas peculiaridades subjetivas das partes.

É o que vemos acontecer habitualmente, por exemplo, não só em matéria de separação entre cônjuges, como também em tema de pátrio poder, ou no setor da boa-fé subjetiva;[22] e os exemplos podem continuar recordando como a recorrente necessidade de investigar o perfil subjetivo da conduta acaba por diminuir toda a importância da dificuldade de prova, em algumas hipóteses de responsabilidade pré-contratual[23] ou no campo do próprio ilícito aquiliano, se este tem origem numa fraude ou numa coação negocial[24] - ou, ainda, quando esteja em jogo a reparação extracontratual de um prejuízo causado no âmbito das relações familiares[25] (ou pré-familiares: pensemos na sedução[26]), ou se apresente duvidosa a capacidade de entender e querer do agente.[27]

---

[21] Por todos, P. TRIMARCHI, *Illecito*, 110 s.; e FORCHIELLI, *Colpa, cit.*, cit., 3; sobre este ponto cf., até agora, LÉGAL, *De la negligence et de l'imprudence*, cit., 127 s.

[22] Para a importância que, neste último setor, pode assumir o exame da personalidade do indivíduo, caso a caso, v. R. SACCO, *L'arrichimento ottenuto mediante fatto ingiusto*, Torino, 1959, *passim*; BUSNELLI, *Buona fede in senso soggetivo e responsabilità per fatto ingiusto*, em *Riv. dir. civ.*, 1969, I, pp. 427 ss.

[23] Sobre o ponto, v. as observações e notas de PATTI, *Prove. Disposizioni generali*, em *Comm. del cod. civ.*, aos cuidados de SCIALOJA e BRANCA, *Art. 2697-2698*, Bologna-Roma, 1988, *sub* art. 2697, 128 s.; as indicações de NANNI, *La buona fede contrattuale*, em *I grandi orientamenti della giurisprudenza civile e commerciale*, coleção dirigida por GALGANO, Padova, 1988, 121 s.; e, para algum comentário ulterior, BUSSANI, *De certains instruments qui protègent la liberté de contracter valablement en Italie*, em *Liber Amicorum à Jacques Georgel*, Paris, 1998.

[24] Bastante precisas as observações de M. GIORGIANNI, *Buon padre di famiglia*, cit., 598; VON TUHR, *Partie générale*, I, cit., p. 69, p. 277, p. 330.

[25] V. os dados mencionados por PATTI, *Famiglia e responsabilità civile*, Milano, 1984, *passim*, em particular, 26 ss., 46 ss., 73 ss., 97 ss., 110 s., 121 ss.

[26] Cf. CENDON e GAUDINO, *Il dolo*, cit., 113 ss.

[27] VISINTINI, *I fatti illeciti*, I, cit. 465 ss., 480 ss.

Capítulo IV

A superação das objeções tradicionalmente levantadas contra a articulação subjetiva do *standard*

SUMÁRIO: 1. Variedade das críticas; 2. A culpa como variável independente do suporte fático de responsabilidade; 3. Inter-relações entre os elementos do ilícito; 4. O juízo de responsabilidade: papel e significados da culpa; 5. A determinação dos interesses em conflito; 6. "Normalidade" dos comportamentos sociais; 7. Parâmetros subjetivos e incerteza dos juízos; 8. As finalidades retributivas; 9. A indiferença da doutrina; 10. O problema da prova.

1. Variedade das críticas

É do conhecimento de todos que os intérpretes costumam levantar uma série de objeções, dos mais variados conteúdos, às razões que dão fundamento à oportunidade de uma articulação subjetiva do *standard*.

Contudo, examinando essas críticas, logo nos damos conta de que nem todas levam a um confronto com os problemas postos no centro da nossa reflexão: grande parte das oposições à modificação do paradigma acaba, portanto, baseando-se numa série de argumentos de ordem geral. Algumas destas, como veremos, derivam de uma leitura do suporte fático de responsabilidade, segundo a qual seria destinado à culpa papel e conteúdos sempre invariáveis, e de forma a serem reproduzidos automaticamente em todo juízo concreto. Outras originam-se da idéia de que as variações ao modelo objetivo traduziriam as expectativas que o sistema deposita na previsibilidade e na certeza dos veredictos aquilianos; outras, ainda, nascem da convicção de que, à base da escolha de adotar parâmetros subjetivos, existem os mesmos pressupostos que davam suporte à adoção de algumas antigas teorias (como a "psicológica" da culpa), hoje consideradas totalmente inadequadas a enfrentar a realidade da responsabilidade civil.

Objeções de natureza diversa - atinentes à administração processual do *standard* - oferecerão, por fim, a oportunidade de esclarecer quais são as efetivas dificuldades de ordem probatória (previsíveis pelas partes) de um juízo que, em sede de apreciação da culpa, utiliza modelos distintos daquele do bom pai de família.

2. A culpa como variável independente do suporte fático de responsabilidade

Iniciemos com as resistências que a adoção dos parâmetros subjetivos têm levantado, por parte daqueles que formulam argumentos de caráter geral.

O primeiro que merece um exame fixa suas raízes no tradicional, e ainda bastante difundido, modo de conceber o suporte fático de responsabilidade subjetiva. Em particular, trata-se da atitude dos intérpretes em representar os vários componentes do ilícito como dados totalmente autônomos entre si, cada um deles a ser considerado, a seu turno, como uma variável independente: em suma, um esquema onde todo elemento concorre, por sua conta, para a construção do suporte fático.[1]

Esta postura (não se reduz a perseguir objetivos de natureza descritiva, mas) acaba por legitimar a exigência de uma série de demonstrações analíticas - uma sobre a causalidade, uma outra sobre a capacidade natural, uma outra sobre a culpabilidade, uma outra, ainda, sobre a injustiça, ou sobre a ilicitude, ou sobre o dever de cuidado, e assim por diante -, todas indagações que se revelam bastantes em si mesmas, e fechadas a qualquer inter-relação recíproca. Por tal via, é fácil se chegar à conclusão de que um *standard* objetivo resulta sempre necessário.

---

[1] Cf., por exemplo, na literatura menos recente, SOURDAT, *Traité général de la responsabilité*, I, Paris, 1872, 417 ss., 458; GIANTURCO, *Sistema di diritto civile italiano*, I, Napoli, 1894, 227; CHIRONI, *Colpa extracontrattuale*, I, cit., 48 ss., 76 ss.; G. ROTONDI, *Dalla "Lex Aquilia" all' art. 1151 cod. civ.*, cit., 284 ss.; M. ROTONDI, *La teorica dell'abuso di diritto nella dottrina*, em *Riv. dir. civ.*, 1923, 425; e depois BUTERA, *Commentario al codice civile italiano*, Torino, 1943, *sub* art. 2043, 562; RUTSAERT, *Le fondement*, cit., pp. 52 ss.; SAVATIER, *Traité de la responsabilité civile*, I, Paris, 1951, 5; CASETTA, *L'illecito degli enti pubblici*, Torino, 1953, 45 s., 59 s.; em épocas mais recentes, FORCHIELLI, *Lesione dell'interesse, violazione del diritto, risarcimento*, em *Riv. dir. civ.*, 1964, I, 347; RODOTÀ, *Il problema della responsabilità civile*, cit., 183 ss.; DEVOTO, *La concezione analitica dell'illecito*, em *Riv. dir. civ.*, 1965, I, *passim*, em particular, 516 ss.; TUCCI, *La responsabilità del danno da atto lecito nel diritto civile*, em *Riv. dir. civ.*, 1967, I, 257; R. SCOGNAMIGLIO, *Risarcimento del danno*, em *Noviss. dig. it.*, XVI, Torino, 1969, 11 (mas ver já idem, *Il danno morale. Contributo alla teoria del danno extracontrattuale*, em *Riv. dir. comm.*, 1957, 307 s.); CARBONE, *Il fatto danoso nella responsabilità civile*, Napoli, 162 ss.; DI PRISCO, *Concorso di colpa e responsabilità civile*, cit., 257 ss.; por fim, ZENO ZENCOVICH, *Responsabilità civile da reato*, cit., 64. Sobre o ponto, v., até agora, as observações de ALPA e BESSONE, *Atipicità dell'illecito*, I, Milano, 1980, 101 ss.; e as reflexões críticas de C. MAIORCA, *I fondamenti della responsabilità*, Milano, 1990, 377 ss.

Efetivamente, raciocinando naqueles termos, estamos sobre o terreno da responsabilidade abstrata do dano concreto sofrido pela vítima, que, se considera resolvido o problema relativo à definição dos interesses em conflito, é unicamente na vertente da imputabilidade que merecem ser examinadas as qualidades psicofísicas do agente: nenhum resultado pode ser atribuído às características subjetivas do autor do dano, em ordem à demonstração do interesse por este feito valer; assim como parece ineficaz o peso que o interesse protegido pode assumir (sobre a avaliação da culpa, ou seja) no modelo de comportamento exigível do agente.[2]

Daí, em suma, *a*) a irrelevância do juízo a respeito da culpa, com vista à demonstração dos outros elementos do suporte fático; *b*) a inutilidade de um exame da conduta - e das razões - do agente, realizado à luz da diversidade psicofísica deste último.

3. Inter-relações entre os elementos do ilícito

Pois bem, é importante dizer que uma postura do gênero, embora provida de uma simplicidade escolástica, mostra-se de todo inadequada (não só a compreender, mas) até para descrever a realidade atual do ilícito.

Consideremos, antes de mais nada, o papel que é possível atribuir ao pronunciamento sobre o elemento subjetivo, com vista ao êxito final da controvérsia. Na perspectiva de que falamos há pouco, torna-se árduo explicar um fenômeno bem conhecido, ou seja, a repetição dos juízos em que a variação de um dos componentes - tal como emerge do confronto entre o esquema típico e a situação de fato - vem a "ser medida pelo comportamento diferente, em concreto, de um dos outros elementos necessários; de modo a levar à conclusão de que, através de uma combinação distinta, o suporte fático de responsabilidade é igualmente realizado".[3]

Mais especificamente, torna-se difícil compreender porque nunca o fato que, por exemplo, o nexo causal se tenha revelado indireto, ou que o direito lesado seja relativo, ou que seja invocável, em abstrato, uma causa de justificação, representem todos circunstâncias que não servem para assegurar a irresponsabilidade do agente[4]; ou como jamais, em outras hipóte-

---

[2] Observações análogas, denunciando o peso exercido, por este modo de entender o suporte fático, na obstaculização da superação de um outro postulado: aquele que afirma - em atenção, tanto aos resultados, quanto aos conteúdos do juízo de responsabilidade - o princípio de equivalência entre o dolo e a culpa, em CENDON, *Il dolo nella responsabilità extracontrattuale*, cit., *passim*, em particular, 203 ss., 353 ss.; ZICCARDI, *L'induzione all'inadempimento*, Milano, 195, pp. 143 ss.

[3] Assim, CENDON, *op. ult. cit.*, 225.

[4] V., por exemplo, os casos ilustrados *retro*, cap. I, nos 5-7; ou *infra*, cap. VI; e cf. CENDON, *op. loc. ult. cit.*

ses, para chegar a uma solução de condenação, nem mesmo baste ter demonstrado a lesão de um direito absoluto, a causalidade imediata e direta, ou a culpabilidade abstrata do autor do dano.[5] A questão é que, muitas vezes, em casos como esses, a valoração dos interesses de que são portadores, respectivamente, o autor e a vítima do dano, é feita (quer sobre a avaliação dos outros elementos do suporte fático, quer, depois) a partir da conclusão do juízo a respeito da relevância atribuída a um elemento ulterior - o único em condições de determinar uma alocação do dano adequada ao conflito específico. Então, será decisiva, precisamente, a consideração dos perfis subjetivos da conduta realizada pelo agente, isto é, das maneiras com que o agente concreto soube - conforme as ocasiões - avaliar os próprios meios de reação ao ataque de outrem,[6] estimar a necessidade da resposta ao perigo,[7] ou apreciar as circunstâncias em que a vítima assumiu o risco do dano,[8] ou aproveitar-se das informações de que o autor dispunha a respeito do provável curso causal da própria ação,[9] ou, ainda, evitar de incorrer naquela especial medida de culpabilidade, cuja configuração por vezes é

---

[5] V. a casuística referida *retro*, cap. I, n°s 2, 3; e aquela indicada *infra*, cap. V.

[6] Para alguns exemplos, BRASIELLO, *I limiti della responsabilità per danni*, Milano, 1956, 170 ss.; DEMOGUE, *Traité des obligations*, 1, III, Paris, 1923, 378 s.; AMES, *How far an act may be a tort*, em 18 *Harv. Law Rev.*, 1905, 412.

[7] SEAVEY, *Negligence - Subjective or Objective?*, cit., 135; *Restatement of the Law of Torts*, 2ª ed., cit., § 298 *d*; DEJEAN DE LA BATIE, *obs.* - em nota a METZ, 14 abril 1975 - em *J.C.P.*, 1977, II, 18624; sobre o ponto v. também TROISI, *L'autonomia della fattispecie di cui all' art.* 2045 *CC*, Napoli, 1984, 9 ss., 19 ss., 56 s.; e INZITARI, *Necessità (dir. priv.)*, em *Enc. dir.*, XXVII, Milano, 1977, 860 s.

[8] Para uma resenha das hipóteses em exame (além das exemplificações fornecidas *infra*, cap. V, em particular n°s 15 ss.) v., até agora, DE PAGE, *Traité élémentaire de droit civil belge*, II, cit., 1012 ss.; SOURDAT, *Traité générale de la responsabilité civile*, I, cit., 614 ss.; DI PRISCO, *Concorso di colpa e responsabilità civile*, cit., 402 ss. (segundo o qual, entre outros, se deveria fazer a distinção entre "normalidade" e "anormalidade" do risco assumido pela vítima; sobre o ponto, cf. também VINEY, *La responsabilité*, cit., 689 s.); DURRY, *obs.*, em *Rev. trim. dir. civ.*, 1975, 310 s.; e, depois, as considerações de HONORAT, *L'idée d'acceptation des risques dans la responsabilité civile*, Paris, 1969, *passim*, em particular, 28 ss., 89, 230 - para uma reflexão aprofundada sobre o papel que, na hipótese de responsabilidade médica, pode ser atribuído ao consentimento dado pelo paciente, G. CRISMOLI, *Ragionevolezza e consenso informato del paziente*, em *Rass. dir. civ.*, 1995, pp. 480 ss.; NANNINI, *Il consenso al trattamento medico*, Milano, 1989, *passim*, e, com referência à conduta exigível do médico, v., em particular, 245 ss., 277 ss., 341 ss., 449 ss., 479 ss. Mais especificamente, ou seja, a propósito da categoria das chamadas causas de justificação, para a conclusão segundo a qual a demonstração de uma correspondência entre o comportamento exterior de um sujeito, e o conteúdo abstrato da previsão normativa (ou do indicador sistemático) não é sempre suficiente para impor uma solução favorável à irresponsabilidade do mesmo indivíduo - a tal fim tornando-se freqüentemente necessário, não só um balanceamento entre o peso dos interesses contrapostos no conflito, mas também uma verificação das modalidades subjetivas da conduta que, com vista à defesa daqueles mesmos interesses, foi assumida pelos antagonistas, no caso concreto - entre outros, VINEY, *La responsabilité*, cit., 666 ss., 678 ss., 683 ss.; CENDON, *Il dolo nella responsabilità extracontrattuale*, cit., 375 ss.; FLEMING, *The Law of torts*, cit., 69 ss., 265 ss.

[9] *Retro*, cap. I, n°s 5-7; *infra*, cap. VI, n°s 4.2 e ss.; na doutrina, para a importância a ser atribuída às informações que o agente possuía (ou deveria ter possuído) acerca da seqüência causal que determinou o evento, v., sobretudo, Gorla, *Sulla cosiddeta causalità giuridica: "fatto dannoso" e*

necessária a fim de fazer atuar a resposta aquiliana (para estes últimos casos, pensemos no habitual escrutínio jurisprudencial acerca do fundamento subjetivo da ação do agente, por exemplo, em hipóteses de dupla alienação imobiliária, despedida de trabalhadores subordinados, responsabilidade processual, frustração de promessa de venda, sedução com promessa de matrimônio, e assim por diante).[10]

"conseguenze", em *Riv. dir. comm.*, 1951, I, 410 ss.; ANTOLISEI, *Il rapporto di causalità nel diritto penale*, Padova, 1934, 115 ss., 185 ss.; ATIYAHH, *Accidents, Compensation and the Law*, cit., 5, 95; HART e HONORÈ, *Causation in the law*, cit., 40 s., 77, 149 ss., 482 ss.; CHABAS, *L'influence de la pluralité de causes sur le droit à réparation*, Paris, 1967, 92 ss.; P. TRIMARCHI, *Causalità e danno*, cit., 26 ss., 45 ss., 160 s.; CENDON, *Il dolo nella responsabilità extracontrattuale*, cit., 47 ss., 96 ss.; REALMONTE, *Il problema del rapporto di causalità nel risarcimento del danno*, Milano, 1967, 177 ss. Mais recentes, S. SHAVELL, *Economic Analysis of Accident Law*, Harvard, 1987, pp. 5 ss; POZZO, *Il criterio di imputazione della responsabilità per danno all'ambiente nelle recenti leggi ecologiche*, em P. TRIMARCHI (org.), *Per una riforma delle responsabilità civile per danno all'ambiente*, Milano, 1994, pp. 3 ss.; CAFAGGI, *Profili di relazionalità della colpa*, cit., pp. 121 ss.

[10] A respeito destas hipóteses - e para as observações complementares acerca das hipóteses ulteriores, em que o nascimento da responsabilidade é vinculado pelo juiz (sobre a base, ou também na ausência de uma expressa indicação normativa) à verificação de uma postura subjetiva diferente e mais intensa do que a simples *culpa levis*, da parte do autor do dano - v. para as referências em CENDON, *Il dolo*, cit., *passim*. Se é verdade que se trata de dados bem conhecidos, em que se indaga porque, inobstante os recorrentes problemas de "mensuração" do comportamento devido (questões surgidas precisamente da diversidade de títulos a que é conexa a imputação da responsabilidade subjetiva), os intérpretes não realizaram qualquer aprofundamento (excetuando-se o confronto com a antiga teoria dos "graus" da culpa: a respeito da qual, para as primeiras observações, TALAMANCA, *Colpa civile (storia)*, cit., 520 ss.; CANCELLI, *Diligenza (dir. rom)*, cit., 523 ss.; BELLOMO, *Diligenza (dir. interm.)* cit., 530 ss.; G. ROTONDI, *Dalla "Lex Aquilia"*, cit., 942 ss.; GIORGI, *Teoria delle obbligazioni*, II, cit., 36 ss.; J. B. V. PROUDHON, *Traité des droits d'usufruit*, cit., I, pp. 179 ss. - e cf. J. G. HEINECCIUS, *Elementa juris civilis secundum ordinem Institutionum, commoda auditoribus, methodo adornata*, Venetiis, 1770, § 787, p. 362; G. F. PUCHTA, *Pandekten (Elft neue vermehrte Auflage. Nach dem Tod des Verfassers besorgt von A. F. RUDORFF)*, Leipzig, 1872, § 266, p. 408; B. KÜBLEZ, *Les dégrés de faute dans les systémes juridiques de l'antiquité*, trad. alem. de MANKIEWICZ, em *Recueil E. Lambert*, (Paris, 1938, rist.:) Glashütten i. Taunus, 1973, I, pp. 175 ss.; úteis, depois, as observações de DE ROBERTIS, *Responsabilità contrattuale (dir. rom.)*, cit., 1054 ss.; MASSETTO, *Responsabilità extracontrattuale (dir. interm.)*, cit., 1127 ss.; as considerações de BIROCHI e PETRONIO, *Responsabilità contrattuale (dir. interm.)*, cit., 1061 ss., 1064; GAZZANIGA, *Notes sur l'histoire de la faute*, em *Droits*, n° 5, 1987, 21 ss., e, sobretudo, as observações de CHIRONI, *Colpa contrattuale*, cit., 33 ss., 57 ss.; para uma avaliação de síntese, DI MAJO, *Delle obbligazioni*, cit., 410 ss., 419 ss.; BUSNELLI, *Illecito*, cit., 8 s.; divergindo, em posição isolada, DE CUPIS, *Il danno*, I, cit., 183 ss.; quanto à recepção desta teoria nos ambientes de *common law*, W. JONES, *An Essay on the Law of Bailments*, cit., 6 ss., 122 ss.; J. STORY, *Commentaries on the Law of Bailments with Illustrations from the Civil and the Foreign Law*, London, 1839, § 63, 42 s.; sobre o ponto, observações de especial utilidade em M. GRAZIADEI, *Changing Images of the Law in XIX Century English Legal Thought. The Continental Impulse*, de publicação recente em M. REIMANN (org.), *The Reception of Continental Ideas in XIX Century Anglo-American Law*) em torno dos conteúdos do modelo de conduta que pode ser exigido do agente, quando o título necessário à relação da responsabilidade situa-se no limite da culpa grave. Neste tema, as poucas e breves notícias doutrinárias, substancialmente variando entre a necessidade de reconhecer um comportamento reprovável do autor do dano (por exemplo, SALVI, *Responsabilità extracontrattuale*, cit., 1220, v. também 1227; C. MAIORCA, *Colpa civile*, cit., 574 s.) e a suficiência de uma adequação da noção de culpa leve às circunstâncias do caso concreto (assim, CATTANEO, *La responsabilità del professionista*, cit., 79; e v. FCIAN, *"Lata culpa dolo aequiparatur"*,

4. O juízo de responsabilidade: papel e significados da culpa

A simples constatação da existência de semelhantes entrelaçamentos, entre o componente subjetivo e o objetivo da responsabilidade civil permite evidenciar um primeiro resultado,[11] ou seja, a inconsistência de qualquer leitura que, vendo o ilícito como um sistema de módulos independentes entre si, tenciona atribuir ao juízo sobre a culpa um papel sempre invariável, e sempre insensível às particularidades do conflito.

Porém, aqui há um aspecto ulterior sobre o qual é necessário refletir. As interações entre culpa e "injustiça do dano" (na Itália, ou entre culpa e ilicitude, na França, ou entre *standard* de conduta e dever de cuidado, ou entre culpa e valorações feitas em tema de causalidade, ou de eximentes) demonstram como uma distinção entre os elementos estruturais do ilícito torna-se praticável exclusivamente em função da efetiva autonomia que cada um de tais elementos está em condições de possuir, no juízo concreto: no curso daquela operação em que todas as distintas subdemonstrações são destinadas a encontrar expressão unitária (e definitiva), através da escolha do interesse a premiar.[12]

---

cit., 152, e nota 14: "violação da diligência mínima"; na mesma ordem de idéias, DERNBURG, *Das Bürgerliche Recht des Deutschen Reichs un Preussens*, II, *Die Schuldverhältnisse*, 1, *Allgemeine Lehren* (aos cuidados de Engelmann), 4ª ed., Halle, 1909, p. 162; DE PAGE, *Traité*, II, cit., p. 1019, nota 7; WALTON, *Motive as an element in torts in the common law and in the civil law*, *Harv. Law Rev.* 1909, p. 501. Para a mesma fórmula, em âmbito contratual, C. M. BIANCA, *Dell'inadempimento*, cit., 142; depois, FORCHIELLI, *Colpa*, cit., 4: "negligência apreciável pelo juiz 'com menor rigor'"; ou, em matéria possessória, MENGONI, *Gli acquisti "a non domino"*, Milano, 1975, 340: ausência de uma "diligência ao menos sumária"), evidentemente não bastam para oferecer uma resposta satisfatória à questão de ordem teórica, nem a fornecer uma orientação certa aos pronunciamentos judiciais. De outra parte, é do conhecimento de todos que a jurisprudência (pondo de lado os setores em que é chamada a intervir) não mostra mão segura ao esboçar os contornos da culpa grave: como de fato veremos, brigando com a avaliação deste elemento do suporte fático, às vezes as Cortes se limitam a estimar a amplitude da distância corrente entre o comportamento do agente e o módulo abstrato do homem médio (v., por exemplo, na Itália, Cass., 18 abril 1978, nº 1845, em *Resp. civ. prev.*, 1978, 591); outras vezes, empurram as próprias valorações até limiares muito avançados de introspecção psicológica (por exemplo, Cass., 18 fevereiro 1966, nº 516, em *Foro pad.*, 1966, I, 984; e em *Riv. giur. ed.*, 1966, I, 746); e, ainda outras vezes, utilizam a noção ora em exame como simples termo de fechamento de uma motivação em que a verdade é que, não a gravidade do comportamento, mas só a das conseqüências danosas (em particular, se sofridas por um sujeito débil: Cass., 4 agosto 1987, nº 6707, em *Foro it.*, 1988, I, 1629) levou o juiz a escolher a culpa grave como título final para a responsabilidade do autor do prejuízo (v. Cass., 29 março 1976, nº 1132, em *Giur. it.*, 1977, I, 1, 1980). Sobre o ponto, comparações preciosas para o enfoque de uma incerteza que não é apenas hodierna - mas também em LALOU, *La gamme des fautes*, em *D. H.*, 1940, *Chr.* p. 20; e em J. B. V. PROUHON, HEINECCIUS, PUCHTA, KÜBLER, citt. *retro* nesta nota - em STARCH, *Essai*, cit., p. 423; RODIÈRE, *La responsabilité civile*, cit., p. 22; SAVATIER, *Traité*, I, cit., p. 37, p. 216 ss.

[11] Para o qual já SALVI, *Responsabilità extracontrattuale*, cit., 1222, 1225 ss.; VISINTINI, *I fatti illeciti*, II, cit., 4 ss., 294.

[12] Cf. CENDON, *op. ult. cit.*, 415; observações análogas em SALVI, *op. ult. cit.*, 1990, 1199, 1259; C. MAIORCA, *Colpa civile*, cit., 579 s.; P. TRIMARCHI, *Illecito*, cit., 98 ss.; ZICCARDI, *L'indu-*

É somente tendo firme esta perspectiva que se torna possível indivi-duar um outro dentre os limites revelados pelas leituras indicadas anterior-mente[13]: o de não compreender que não apenas o papel, mas também os conteúdos da noção de culpa são destinados a modelar-se de acordo com as exigências próprias de cada juízo concreto de responsabilidade.

Se no passado outros autores já ressaltavam que, no ordenamento italiano, nenhuma posição pode afirmar-se protegida, em abstrato, contra qualquer sorte de comportamento negligente, e nem mesmo perante um título sempre igual de culpabilidade de outrem,[14] aqui apenas insistiremos na evidência de um dado empírico: aquele que aponta, no sistema aquiliano, a circulação de modelos de valoração da conduta apoiados em graus de objetividade bastante variáveis entre si.

A ninguém passa despercebido que, às vezes, são registrados: *a*) juízos sobre a culpa formulados em termos de mera recondução causal de um evento ao seu próprio autor - isto é o que acontece habitualmente: quando não é chamado a responder, ao menos num primeiro momento, aquele que produziu o dano, mas um outro sujeito (por exemplo, *ex* art. 2047 e 2048 CC

---

zione, cit., pp. 53 e 158; RODOTÀ, *Il problema*, cit., 30, 131 s. (que entende oportuno precisar que, salientando a natureza judiciária da responsabilidade civil, não se soluciona um malfor-mulado "problema de ontologia", mas se torna possível, entre outros, o desenvolvimento de "uma consideração puntual da articulação histórica de cada sistema"); WEIR, *A casebook on Tort*, cit., 189, 397; Chr. VON BAR, *A Common European Law of Torts*, em *Quaderni del Centro di studi e ricerche di diritto comparato e straniero*, dirigido por BONNEL, 19, Roma, 1996, p. 4 s.

[13] V. os autores citados *retro*, nota 1, a que *adde*, sobre este ponto, CORSARO, *L' imputazione dell fatto illecito*, Milano, 1969, 95; GAUDENZI, *Lineamenti della colpa nel diritto penale e civile*, em *Riv. trim. dir. proc. civ.*, 1953, 806; H. L. MAZEAUD e TUNC, *Traité*, I, cit., 68, 493; SALEILLES, *Les accidents de travail et la responsabilité civile*, Paris, 1897, 53.

[14] CENDON, *op. loc. ult. cit.*; ou SALVI, *op. ult. cit.*, 1222, segundo os quais, a elasticidade do critério de imputação, na culpa, requer do intérprete "uma apreciação na qual a consideração da exigibilidade " de um ou do outro nível de conduta, está destinado a variar "segundo as características do agente e da atividade danosa"; assim, já P. TRIMARCHI, *Illecito*, cit., 1015 ss.; C. MAIORCA, *Colpa civile*, cit., 584; ainda antes, BARASSI, *La teoria generale*, II, cit., 538, nota 1; e, embora numa perspectiva diversa, FERRINI, *Danno (azione di)*, em *Enc. giur. it.*, IV, 1, Milano, 1911, 64. Nos ambientes de *common law*, entre outros, COLYER, *A Modern View of the Law of Torts*, Pergamon Press, 1966, 30 ("some interests are protected against certain types of conduct, others against other types of conduct"); TERRY, *Proximate Consequences in the Law of Torts*, em 28 *Harv. Law Rev.* 1914, 15 s., 26 s.; PAYNE, *Foresight and Remoteness in Negligence*, em 25 *Mod. Law Rev.*, 1962, 16; PROSSER e KEETON, *On Torts*, cit., 205 ss., 296 ss.; WELLS, *Tort Law as Corrective Justice: A Pragmatic Justification for Jury Adjudication*, em 88 *Mich. Law Rev.*, 1990, 2348, 2388; e, depois, na Alemanha, DEUTSCH, *Fahrlässigkeit und erforderliche Sorgfalt*, cit., 62 ss, 157 ss., 171; na França, por exemplo, DELYANNIS, *La notion d'acte illicite considéré en sa qualité d'élément de la faute délictuelle*, Paris, 1952, 119: "a diligência requerida em relação aos bens garantidos é muito maior do que aquela requerida para os interesses pura-mente econômicos ou morais dos demais (nota do tradutor: pessoas, sócios ou garantes)" (para a difusão deste último ponto de vista - como é notório, característico, sobretudo, da tradição do *common law* - v., recentemente, o estudo comparatístico de P. Gallo, *L'elemento oggetivo del tort of negligence*, Milano, 1988, *passim*, em particular, 203 ss., 264 ss.; também o apanhado feito por ZWEIGERT e KÖTZ, *An Introduction to Comparative Law*, II (trad. inglesa de WEIR) Oxford, 1987, 298 s., 308 ss., 318 ss.

italiano, a título de responsabilidade supletiva);[15] ou quando o prejuízo se verifica em conseqüência da inobservância de uma norma legal.[16] Outras vezes, ao contrário, *b*) a imputação da culpa é fruto da comparação entre o comportamento do agente e o modelo, objetivo e abstrato, representado pela conduta do bom pai de família - o que constitui a norma, todas as vezes (obviamente numerosas) que o comportamento do agente lesa um interesse juridicamente relevante, mas cuja posição hierárquica no sistema não pode ser considerada subordinada àquela atribuída ao interesse protegido pelo agente.[17] Até mesmo se percebe *c*) que uma noção de culpa tanto mais atenta ao dado pessoal-subjetivo freqüentemente é utilizada, não só quando os juízes se convencem que o requerimento de tutela alegado pelo autor é legítimo, e que o emprego de um critério objetivo, na avaliação da conduta do agente, acabaria por exonerar este último da responsabilidade;[18] mas também quando o interesse relativo à posição do agente merece uma consideração privilegiada: em virtude da relevância que pode ser atribuída, no caso específico, às peculiaridades psicofísicas de que podia dispor.[19]

5. A determinação dos interesses em conflito

Com base nestas observações - já bastante conhecidas,[20] mas muitas vezes não adequadamente valorizadas no debate -, é possível agora firmar

---

[15] A "culpa" a que se faz referência é, obviamente, aquela do menor, ou do sujeito privado de lucidez mental: sobre o ponto, v. *retro*, cap. I, n°s 3; e *infra*, cap. V, seções I e II.

[16] É apenas o caso de acrescentar que deve tratar-se de "leis, regulamentos, ordens ou disciplinas" (cf. art. 43 CP) tendo como escopo a prevenção de eventos danosos: sobre o ponto, v. as observações e comentários de VISINTINI, *I fatti illeciti*, II, cit., 10 ss.; FIGONE e SPALLAROSSA, *La colpa*, em ALPA e BESSONE (cur.), *La responsabilità civile*, I, cit., 53 ss.; e entre os penalistas - além do clássico MARINUCCI, *La colpa per inosservanza di leggi*, Milano, 1965, *passim*, (mas v. em particular 250 ss.) - recentemente, FORTI, *Colpa ed evento nel diritto penale*, cit., especialmente, 309 ss.

[17] Para algumas observações neste sentido, já, MARTON, *Les fondements de la responsabilité civile*, Paris, 1938, 83 ss., 105 ss., 127 s.; GORPHE, *Le principe de la bonne foi*, Paris, 1928, 1265 s.; DELYANNIS, *La notion d'acte illicite consideré en sa qualité d'élément de la faute délictuelle*, cit., 34; B. STARCK, *Essai d'une théorie générale*, cit., 201, 440 ss.; CIAN, *"Lata culpa dolo equiparatur"*, cit., 174; *idem*, *Antigiuridicità e colpevolezza*, cit., 146, notas 22, 211; PROSSER e KEETON, *op. loc. ult. cit.*; H. MAZEAUD, *La "faute objective" et la responsabilité sans faute*, em D., chr., 1985, 14.

[18] É o caso das superioridades subjetivas: v. *retro*, cap. I, n°s 5-7; *infra*, cap. VI, em particular n°s 4 ss.

[19] É o caso da inferioridade subjetiva, v. *retro*, cap. I, n°s 2-4; *infra*, cap. V.

[20] Cf., por exemplo, inobstante a variedade de perspectivas - SALVI, *op. ult. cit.*, 1222; segundo o qual as várias hipóteses de responsabilidade "situam-se ... em uma escala muito ampla e graduada, em que a apreciação do comportamento danoso do responsável assume uma importância progressivamente decrescente, mas sem que seja possível verificar-se uma separação precisa e clara" entre os seus diversos níveis; e, depois, CENDON, *op. ult. cit.*, 194: que entrevê uma trajetória ininterrupta no álveo da culpabilidade aquiliana, "que, progressivamente, parte dos fenômenos em que a mais leve negligência é relevante, até chegar às hipóteses em que apenas o dolo mais sutil é importante"; ver também P. ESMEIN, em PLANIOL e RIPERT, *Traité*

duas conclusões: a primeira destina-se a reforçar que o discurso sobre a unicidade do *standard* de comportamento nasce do não-reconhecimento de que só no momento do juízo é possível (sopesar os fatores que permitem) determinar os conteúdos da conduta exigível. A segunda diz respeito ao papel assumido pela diversidade psicofísica do agente, na definição das razões deste, em meio ao conflito.

No início, afirmamos que, dentre as orientações resistentes ao reconhecimento da existência de uma inter-relação recíproca entre os elementos do suporte fático, a importância dos interesses - que são objeto de confronto em juízo - anuncia-se como uma variável sempre independente em relação às peculiaridades subjetivas (ou seja, a idade, a experiência, a força psicofísica, os conhecimentos ou as atitudes) presentes no indivíduo titular daquele interesse.

Pois bem, os dados a que há pouco fazíamos remissão - *sub c)* - evidenciam, ao contrário, que as valorações subjetivas da culpa originam-se da consideração das qualidades pessoais do agente, que o juiz realiza precisamente ao definir os interesses em jogo. Em mais de uma ocasião - e já vimos que se trata dos casos que envolvem os indivíduos mais débeis ou mais fortes do que a média -, são as características subjetivas do agente que estabelecem qual seja (e que relevância assuma) o interesse que o autor defendia com a própria atividade, no momento da produção do dano.

Por isso, e em definitivo, o que vale a pena sublinhar é que a relevância atribuída às peculiaridades psicofísicas do sujeito destina-se a incidir sobre o juízo de comparação dos interesses - e, portanto, sobre a técnica de avaliação da culpa[21] -, independentemente do tipo de hierarquia que acaba-

---

politique de droit civil, VI, 1, cit. 695 s. e nota 1; FLETCHER, *Fairness and Utility in Tort Theory*, cit., 537 ss., 542 s.; ou IHERING, *L'esprit du droit romain dans les diverses phases de son dévelopement* (trad. francesa de DE MEULENAERE), I, Paris, 1886, 128 ss. Na mesma perspectiva se colocam as observações de TERRÉ, *Propos sur la responsabilité civile*, em *Archives de philosophie du droit*, XXII, *La responsabilité*, Paris, 1977, 42 ss.; e v. depois FRANK, *Law and the Modern Mind*, Gloucester, Mass., 1970 (rist. ed. 1963; a edição original é de 1930), 30: onde o autor critica as condições de emprego corrente dos termos como "negligência" - palavra com o mais vago significado, utilizada como se tivese uma definição clara e precisa, que de fato não existe. (sobre este ponto ver também JOLOWICZ, *Procedural Questions*, em *Int. Enc. Comp. Law*, XII, cit., ch. 13, nº 93, 34; BRECCIA, *Relazione*, cit., 326 s.).

[21] A propósito da inter-dependência dos fatores, entre valores dos interesses em jogo e critério de verificação da culpa, v. os autores citados *retro*, nota 14; a que se *adde* SALMOND, HEUSTON e BUCKLEY, *Law of Torts*, London, 1987, 251 ss.; HARPER, F. JAMES jr. e GRAY, *The Law of Torts*, III, cit., 469 ss.; entre os italianos, R. SACCO, *L'ingiustizia*, cit., 1421 s.; DI MAJO, *Profili dei diritti della personalità*, em *Riv. trim. dir. proc. civ.*, 1962, 109 ss.; SCHLESINGER, *La "ingiustizia"*, cit., 337 s.; REALMONTE, *Il problema*, cit., 11; na mesma direção, bastante claros os jus-economistas: v., por exemplo, POSNER, *Tort Law. Cases and Economic Analysis*, Boston-Toronto, 1982, 5 ss., 229 ss.; ou as indicações e observações de PARISI, *Sviluppi dell'elemento soggetivo*, cit., 567 ss.

ria por revelar-se entre as posições em conflito, por meio de um raciocínio em abstrato.

É assim que se explica como podem ser precisamente as qualidades pessoais do agente que venham a determinar o êxito da controvérsia, quando a atividade lesiva expressa um valor abstratamente equiparável ao do bem ofendido. Pensemos num dano leve, provocado no curso de uma intervenção cirúrgica urgente e arriscada: nesta hipótese, certas a dificuldade da prestação e a importância do interesse à integridade física do paciente, a solução é freqüentemente condicionada - às vezes de modo exclusivo - à apreciação da habilidade e das capacidades peculiares àquele profissional, em particular.[22] E é na mesma perspectiva que se compreende como a consideração das características subjetivas do autor possa valer, para este, a exoneração da responsabilidade, não apenas quando o valor da atividade danosa supera, logo à primeira vista, o do bem lesado (é o caso do mínimo agravamento das condições de saúde de um rapaz, dano ocasionado pelo desastrado socorro prestado à vítima, por um eminente professor de botânica, reconhecidamente privado das noções médicas necessárias[23]), mas até onde - julgando sempre em abstrato - o interesse protegido pelo autor do dano pareça hierarquicamente inferior ao contravalor atribuível ao bem sacrificado (efetivamente, recordem-se as decisões citadas anteriormente, relativas aos conflitos que enfrentavam as exigências ligadas a um desenvolvimento rápido e econômico do serviço de transporte público e, por outro lado, os interesses daqueles - o concreto autor do dano - que podiam usufruir daquele serviço somente se adaptado às suas deficiências[24]).

6. "Normalidade" dos comportamentos sociais

Fizalizamos neste momento o exame das conclusões daqueles que, quanto ao papel e conteúdos a atribuir à culpa, são movidos por uma reconstrução "rígida" do suporte fático de responsabilidade subjetiva.

Contudo, o estímulo a uma reflexão sobre a oportunidade de articular os *standards* valorativos sempre encontrou, junto aos intérpretes, uma série de resistências ulteriores, fundadas em motivos de ordem teórico-prática.

---

[22] V., até agora, por exemplo, os casos análogos decididos em sentido contrário - ou seja, no sentido da exoneração da responsabilidade para o "simples" especialista, e no da condenação para o clínico de alto valor profissional, autor de numerosas publicações científicas a respeito do mesmo gênero de intervenções cirúrgicas - respectivamente, Cass. civ. 21 fevereiro 1961, *Dr. X c. D.lle Rivero*; e Cass. civ. 21 fevereiro 1961, *dame Rousselin, v.ve Augamarre c. Dr. Y:* ambas em *J.C.P.*, 1961, II, 12129.

[23] Anger, 3 março 1936, em *D.H.* 1936, 245; sobre a importância que pode assumir, no juízo de responsabilidade, o motivo altruístico de que era inspirado o agente, v. os autores citados *retro*, cap. I, nota 50.

[24] *Retro*, cap. I, nº 2; e v., mais adiante, a casuística citada no cap. V, em particular, nºs 19 e s.

Já sabemos do que se trata. A adoção de modelos subjetivos para o comportamento "devido" torna-se inaceitável - afirma-se -, por um lado, porque a administração cotidiana do ilícito civil não poderia deixar de considerar a relação entre anormalidade e normalidade (ou entre freqüência e raridade estatística) de uma certa conduta; por outro lado, porque a personalização do critério de juízo, relativo aos interesses e ao comportamento do agente, favoreceria uma fragmentação dos veredictos aquilianos, considerada excessiva e incontrolável.

Pois bem, deve-se antecipar que nenhuma destas críticas resiste a um confronto com a realidade.

Vejamos detalhadamente como isto ocorre. A primeira justifica a constante preferência pelo cânone objetivo, em nome da confiança que todo concidadão deve poder depositar sobre a fácil e segura previsibilidade dos comportamentos dos outros: expectativa que estaria garantida somente com a adoção judicial de um *standard* equiparado à normalidade dos comportamentos observados na prática, igual para todos, e modelado sobre as capacidades médias (ou da maioria) dos componentes da coletividade.[25]

Ora, não serve repetir que - no que diz respeito aos sujeitos débeis, acima de tudo -, na grande maioria dos contatos potencialmente danosos, as reações possibilitadas pela idade, ou pela deficiência fisico-psíquica, são de todo normais: no sentido de rapidamente reconhecíveis e previsíveis aos olhos do homem médio.[26] Tampouco ressaltar - mais em geral - as inúmeras perplexidades provocadas, acerca dos possíveis conteúdos (mas também a própria aceitabilidade) de um cânone valorativo que pretenda fiar-se cegamente no parâmetro da normalidade dos comportamentos adotados na prática das relações sociais, ou econômicas.[27]

---

[25] Entre outros, FORCHIELLI, *Colpa I) Diritto civile*, cit., 2; idem, *La colpa lievissima*, em *Riv. dir. civ.*, 1963, I, 193, 214; C. MAIORCA, *Colpa civile*, cit., 580; VINEY, *La responsabilité*, cit. 556; H. e L. MAZEAUD e TUNC, *Traité*, I, cit., 486 ss.; B. B. STARCK, ROLAND e BOYER, *Introduction au droit*, Paris, 1988, 339; e já PREDELLA, *La figura dell'uomo medio*, cit., 57 ss., 141 ss.; FROMAGEOT, *De la faute comme source de responsabilité en droit privé*, Paris, 1891, p. 40; RIPERT, *L'exercise des droits et la responsabilité civile*, em *Rev. crit. lég. jur.*, 1906, 366 s.; M. PLANIOL, *Études sur la responsabilité civile, ivi*, 1905, 283 ss.; E. Lévy, *Responsabilité et contrat, ivi*, 1889, 361 s.

[26] Assim, em geral ou com atenção a alguma categoria particular de indivíduos débeis, VISINTINI, *I fatti illeciti*, II, 16 ss.; SALVI, *La responsabilità civile dell'infermo di mente*, em CENDON (cur.), *Un'altro diritto per il malato di mente*, cit., 825; C. M. BIANCA, *Dell'inadempimento delle obbligazioni*, cit., 421; HART e HONORÉ, *Causation and the Law*, cit., 105 s.; e, para a casuística orientada na mesma direção, v., *infra*, cap. V.

[27] Particularmente claros, RODOTÀ, *Diligenza*, cit., 545 s.; idem, *Il tempo delle clausole generali*, cit., 253 ss., 265 ss.; MENGONI, *Spunti per una teoria delle clausole generali*, cit., 9 ss., 17 s.; CATTANEO, *La responsabilità del professionista*, cit., 61; CIAN, *Antigiuridicità e colpevolezza*, cit., 201 ss.; PROSSER e KEETON, *On Torts*, cit., 194 ss.; TREBILCOCK, NEEWES e DUFF, *Malpractice Liability: A Cross cultural Perspective*, em Schuck (ed.), *Tort Law and the Public Interest*, New York-London, 1991, pp. 205, 219 ss.; DEUTSCH, *Fahrlässigkeit*, cit., 126 ss., 157 s.; sobre o ponto, v. depois as observações de C. M. BIANCA, *Negligenza*, cit., 195; e DI MAJO, *Delle obbligazioni*, cit., 438 ss; as considerações de VINEY, *La responsabilité*, cit., 551 ss.; DEJEAN DE

Antes, deve-se acrescentar que uma argumentação semelhante perde grande parte da própria persuasividade logo que é confrontada com a quantidade de ocasiões em que, atualmente, se admite que os juízos de responsabilidade se perfectibilizem com o emprego de técnicas (bastante atentas à importância dos interesses concretos em jogo, e) totalmente indiferentes a uma valoração em termos de normalidade, acerca dos conteúdos do comportamento a ser exigido. Surgem, então, as soluções judiciais inclinadas a sopesar a variação subjetiva representada pela debilidade,[28] e depois - a propensão a aceitar sem resistências a subjetivação do *standard*, seja em doutrina ou em jurisprudência,[29] quando estejam em discussão as anomalias positivas - ou seja, os dotes particulares e superiores à média - do agente.

Mas isto não é tudo. O fato de que, em sede aquiliana, se possa expressar indiferença pela "anormalidade" subjetiva de algumas categorias de agentes, na verdade, é um dado que acaba por surpreender, se comparado à sensibilidade, bastante distinta, mostrada habitualmente pelos intérpretes, a propósito de todas as relações caracterizadas por equilíbrios, ou diferenciações quanto às posições subjetivas em jogo: basta pensar na discussões correntes sobre a disparidade de poder contratual entre partes "débeis" e "fortes",[30] ou em tema de respeito à personalidade - do sujeito que resulta menos livre na escolha da direção na qual orientar a própria atividade - nas relações de trabalho[31] ou nas relações familiares.[32]

Mostra-se difícil de aceitar, em suma, que mesmo a matéria extracontratual - em nome da "normalidade" dos comportamentos sociais, ou em vista da rapidez dos tráficos, ou em virtude de uma recondução apriorística da vítima ao papel de sujeito (sempre) débil do conflito - deva renunciar à consideração de algumas evidentes disparidades intersubjetivas: e, mais

---

LA BATIE, *Appréciation*, cit., 173 s.; e, mais em geral, os autores e as obras citados *retro*, cap. II, nota 66.

[28] *Retro*, cap. I, nos 2-4, *infra*, cap. V.

[29] Para os estudiosos, v. os autores citados *retro*, cap. I, nota 44; a casuística é aquela mencionada *retro*, cap. I, nos 5-7, *infra*, cap. VI.

[30] Sobre o ponto, para as primeiras referências sobre o amplo debate em curso, também além das fronteiras nacionais, v., recentemente, ALPA, *I "valori" nel diritto contrattuale*, em *Riv. crit. dir. priv.*, 1990, 666 ss.

[31] No tema, é suficiente remeter às considerações de R. SCOGNAMIGLIO, *Lavoro subordinato. I) Disciplina costituzionale*, em *Enc. juríd.*, XVIII, Roma, 1990, 3 ss.; ou as desenvolvidas por MENGONI, em mais de um dos ensaios reunidos em idem, *Diritto e valori*, Bologna, 1985: por exemplo, 127 ss., 379 ss., 387 ss., 400 ss.

[32] Para alguns exemplos, *infra*, cap. IV, seção I; até agora, indicativamente - com particular atenção às escolhas "existenciais" do menor - v. GIARDINA, *I rapporti personali tra genitori e figli alla luce del nuovo diritto di famiglia*, em *Riv. trim. dir. proc. civ.*, 1977, 1357 ss., 1382 ss.; P. STANZIONE, *Scelte esistenziali e autonomia del minore*, em *Rass. dir. civ.*, 1983, 1145; ou, sempre com referência ao menor, e mais em geral, BUONCRISTIANO, *Profili della tutela civile contro i poteri privati*, Padova, 1986, 55 ss., 73 ss.; BELVEDERE, *L'autonomia del minore nelle decisioni familiari*, em DE CRISTOFARO e BELVEDERE (cur.), *L'autonomia dei minori tra famiglia e società*, Milano, 1980, 321 s.; MENGONI, *op. ult. cit.*, 127 ss.

especificamente, negar-se a oportunidade de favorecer soluções em condições de reequilibrar as divergências "anômalas" que se registram, entre alguns protagonistas dos juízos de responsabilidade, acerca do respectivo patrimônio de conhecimentos, de reatividade, habilidade, faculdade de dar curso às próprias intenções, possibilidade[33] de impedir ou prevenir o dano.

Tanto mais que, é necessário acrescentar, para precisar o contexto a que hoje pode remeter qualquer noção de normalidade dos comportamentos sociais, mas também para sublinhar a exigência de consentir modos de expressão menos penalizantes, a respeito das inferioridades subjetivas (como acontece, ao invés, sob a imposição de *standards* de conduta rigidamente objetivos), será suficiente remeter ao plano estatístico da situação: escala que se refere às cifras da debilidade difusa em razão da idade (tenra ou avançada) ou de outras dificuldades fisiopsíquicas.[34]

7. Parâmetros subjetivos e incerteza dos juízos

A segunda objeção, anteriormente referida, merece considerações em muitos sentidos análogas: aquela segundo a qual a cooptação de indicadores valorativos personalizados, em sede de definição dos interesses em conflito, representa uma operação que corre o risco de desorientar excessivamente o prático, e de fragmentar de maneira incerta e incontrolável os resultados dos juízos.[35]

---

[33] Também de natureza econômico-organizativa: bastante precisos, sobre este ponto, os jus-economistas, cf. PARISI, *op. cit.*, 582 ss., 598 s., e *ivi* referências posteriores que é possível acrescentar, para alguma observação de caráter mais geral, P. GOLLO, *Appunti in tema di colpevolezza, colpa soggettiva ed efficienza economica*, em *Quadr.*, 1993, pp. 712 ss.; W. F. SCHWARTZ, *Objective and Subjective*, cit., pp. 241 ss.; COOTER, *Punitive damages for Deterrence: When and How Much?*, em 40 *Ala. Law Rev.*, 1989, 1144 ss., 1159 ss.; a frequência estatística com que se mostra a equação doença mental = pobreza (ou para dizer com FERRINI - *Delitti e quasi delitti*, cit., p. 789 - a freqüência das hipóteses em que "a desgraça da demência acompanha a da miséria", é percebida e ressaltada por BUSNELLI, *Osservazioni generali*, cit., 896; CENDON *et al.*, *La responsabilità civile degli operatori*, cit.

[34] De fato, e mesmo a título indicativo - sem subvalorizar a articulação da realidade subjetiva subjacente a todo conjunto numérico - é oportuno recordar que, no que concerne exclusivamente à idade - portanto, sem considerar qualquer outra "debilidade" física ou psíquica -, em 1995 a soma dos percentuais de pessoas com menos de 14 anos e com mais de sessenta e cinco anos é aproximadamente a mesma ou supera, em qualquer parte do mundo, a cota de um terço da população total. Cf. *Commission européenne, L'Europe des quinze: chiffres clés*, Luxembourg, 1996, p. 8.

[35] Nesta ordem de idéias, por exemplo, DEJEAN DE LA BATIE, *Appréciation in abstracto*, cit., 144 ss.; HOLMES, *The common law*, Boston-Toronto, (rist. da edição de 1881), 1963, 108; RODOTÀ, *Il problema*, cit., 32 s. e nota 59, 164 ss.; R. SCONAMIGLIO, *Responsabilità civile*, cit., 642. Sobre os limites desta posição, v., até agora, e em geral, LIPARI, *Il problema dell'interpretazione giuridica*, em Id. (org.), *Diritto privato. Una ricerca per l'insegnamento*, Bari, 1972, pp. 49 ss., 56.

De fato, a verdade é que incertezas e imprevisibilidade, nos resultados subseqüentes a uma valoração dos perfis subjetivos do juízo, constituem os riscos de menor importância dentre aqueles que podem preocupar uma reflexão que tenha por objeto os modelos com que se avalia um elemento como a culpa. Perigos daquele tipo parecem historicamente inerentes à operatividade de uma noção cujos limites e conteúdos, na ausência de uma descrição normativa pormenorizada, são sempre remetidos por inteiro à discricionariedade do julgador[36] - a este cabendo apenas determinar o tipo de negligência que é reconhecida na conduta do agente, a fim de que, depois, o interesse lesado por aquela conduta assuma relevo significativo na solução do conflito.[37]

E é justamente nesta perspectiva - precisamente em vista de um esclarecimento acerca do modo como é hoje possível interpretar a aspiração à previsibilidade e à certeza dos juízos sobre a culpa - que se deve refletir a respeito das indicações que habitualmente são fornecidas pela jurisprudência, no que concerne à avaliação da diligência exigível de algumas categorias de sujeitos.

De resto, torna-se indiscutível - para trazer um único exemplo das hipóteses em que é considerada a superioridade subjetiva do agente - que um juízo judicial enriquecido pela consideração de *standards* de conduta especiais, que podem ser exigidos de alguns profissionais (particularmente especializados e competentes), seria capaz de assegurar o respeito a uma exigência de ordem geral: a de ver a decisão fundada sobre uma conexão (se não automática, menos incerta e imprevisível do que, nestes casos, o emprego do paradigma objetivo e abstrato propiciaria) entre a verificação da disponibilidade de dotes técnicos relevantes e a exigibilidade, por parte do mesmo profissional, de um comportamento conforme àquela capacidade e àquelas características de excelência.[38]

---

[36] CENDON, *Il dolo nella responsabilità extracontrattuale*, cit., 419; CORNU, *Etude comparée*, cit., 230 s.; JOSSERAND, *De l'esprit des droits et de leur relativité*, Paris, 1939, 351; RUTSAERT, *Le fondement de la responsabilité civile extracontratual*, cit., 30; SOUDART, *Traité général de la responsabilité*, II, cit., nº 659, p. 18; e v. WINFIELD, JOLOWICZ e ROGERS, *On Tort*, cit., 111 ss.

[37] CENDON, *op. loc. ult. cit.*; e v. já GIORGI, *Teoria delle obbligazioni nel diritto moderno italiano*, V, cit., 243; LÉGAL, *De la négligence et de l'imprudence*, cit., 6: "there is no such thing as negligence in the abstract"; *Restatement of Torts*, I, cit., 12: "... the actor's duty in torts is often to conduct himself in a manner, the prosperty of which is to be determined *ex post facto* by the jury"; STEELE, *Scepticism and the Law of Negligence*, 52 *Cambridge Law J.* 1993, pp. 437 ss.

[38] A respeito do assunto (e também em ordem às razões que justificam a indesejabilidade de uma reverência judicial ao costume corporativo: ou seja, à prática que, diante dos dotes técnicos possuídos por um indivíduo, faz corresponder a este, com certeza a disponibilidade de uma posição profissional e socioeconômica - mas também, no terreno contratual, a possibilidade de reclamar, pela sua própria prestação, uma contrapartida - mais elevada, mas não a oportunidade, para a vítima do dano ocasionado pelo mesmo sujeito, de punir a falta de adequação da conduta deste último aos níveis de profissionalismo de que ele era normalmente capaz), v., em geral, os autores citados *retro* nota 27, os jus-economistas referidos na nota nº 33; e os exemplos fornecidos *infra*, cap. VI, nº 9 e s. Para alguma observação ulterior, os rápidos

E o que dizer, depois, dos sujeitos mais débeis do que a média? Na apreciação destes casos, é evidente que unicamente a identificação de cânones distintos do ordinário, e mais precisos (quanto à articulação dos dados subjetivos e objetivos a serem considerados automaticamente significativos em sede de juízo), pode impedir que as soluções produzidas em matéria aquiliana continuem a apoiar-se em vacilantes exigências "sociais" - argumento expendível, como sabemos,[39] tanto a favor quanto contra a debilidade - ou sobre vagos apelos à "eqüidade". Todas posturas (que não só parecem difíceis de ser controladas do ponto de vista técnico, mas) que nas motivações dos intérpretes acabam agindo como verdadeiros filtros para o confronto com um dos problemas centrais do juízo: isto é, a explicitação do parâmetro com que se escolhe avaliar a conduta do agente.

Portanto, será apenas o caso de acrescentar, por fim, que sem uma reflexão que procure colocar diretivas precisas nas mãos do julgador - acerca dos indicadores subjetivos utilizáveis nas controvérsias que envolvem como protagonistas indivíduos "débeis", ou "portadores de superioridade" - é incongruente temer, e afinal irrealístico (pensar em poder) evitar o perigo que oscilações judiciais em torno do *standard* do bom pai de família, seja em direção ao máximo quanto ao mínimo, possam encontrar justificação exclusiva - e esta sim imprevisível - na especial sensibilidade do juiz responsável pela decisão do caso concreto, ou na particular diligência dos advogados das partes, mais ou menos prontos e preparados a fazer valer, ou a negar, a importância das características individuais do agente.[40]

8. As finalidades retributivas

Tampouco menos justificados pareceriam, assim - a respeito das objeções doutrinárias que temos examinado até aqui -, os temores de que um retoque para o *standard* de conduta, na perspectiva subjetiva, acaba fazendo ressurgir no debate um pólo dialético, do qual se desejava o afastamento definitivo: aquele relativo à noção psicológica da culpa.

Não será difícil alcançar um entendimento sobre este ponto. Com efeito, é sabido que a insistência sobre conteúdos psicológicos da culpa é

---

e incisivos comentários de GAMBARO, *Ancora in tema di falsa luce agli occhi del pubblico*, em *Quadr.*, 1988, 309 s.; as considerações de DEJEAN DE LA BATIE, *Appréciation*, cit., 70 s.; e, ainda, CATTANEO, *La responsabilità del professionista*, cit., 69 ss.; SERIO, *La responsabilità del professionista in Common Law*, em L. VACCA (org.), *La responsabilità civile da atto illecito nella prospettiva storico-comparatistica*, Torino, 1995, pp. 333, 335 ss.; BRECCIA, *Relazione*, cit., 320 ss.; ATIYAH, *Accidents, Compensation and the Law*, cit., 41, 564.

[39] V. *retro*, cap. I, nºs 1, 4; cap. II, nºs 3.1., 3.2.

[40] Em geral, e com referência à experiência norteamericana, cf. N. R. FEIGENSON, *The Rhetoric of Torts: How Advocates Help Jurors Think About Causation, Reasonableness and Responsability*, em 47 *Hastings Law J.*, 1995, pp. 61, 62 ss.

patrimônio daquelas leituras que fundam a imputação da responsabilidade sobre a sanção pelo inadequado direcionamento da vontade, ou pelo esforço intelectivo insuficiente, expressos pelo agente nos casos de ilícito civil.[41]

Portanto, não se deixa de notar que, em consideração a orientações desse gênero, as distâncias assumidas da nossa perspectiva somente podem ser diminuídas com o perdão de um equívoco.[42] Mais precisamente, se deveria abandonar a idéia segundo a qual toda proposta de variação subjetiva para o parâmetro de comportamento - a prescindir dos pressupostos técnicos sobre que se fundam tais variantes - visaria a assentar a responsabilidade por culpa nas mesmas finalidades de caráter retributivo perseguidas pela teoria psicológica.

Pois bem, já esclarecemos que o relevo atribuído, nesta sede, às peculiaridades psicofísicas do agente, (a) - quanto às regras operativas a que confiar a solução do conflito - serve para evidenciar uma série diferenciada de modelos de conduta que permanecem abstratos: isto é, não só "externos" em relação ao centro de valoração representado pela psique do autor do dano, mas aplicáveis à série abstratamente indefinida de indivíduos que pertencem à mesma categoria subjetiva (desde que desenvolvam a mesma atividade no curso da qual o agente concreto ocasionou o prejuízo);[43] e (b) - quanto à inspiração originária - efetivamente não se fundamenta em exigências de natureza retributiva, tendentes a avaliar a reprovabilidade moral da atitude psíquica adotada pelo agente, mas sobre a necessidade de verificar o papel que algumas peculiaridades subjetivas podem assumir, na definição do relevo dos interesses protegidos pelos mesmos indivíduos portadores dessas peculiaridades,[44] no juízo de responsabilidade.

---

[41] Assim, com variedade de acentos, IHERING, *Das Schulmoment im römischen Privatrecht*, Giessen, 1867, 20 s., 54 s.; LEONHARD, *Fahrlässigkeit*, cit., 13 ss.); e, entre outros, CHARLESWORTH, *On Negligence*[3], cit., 1 s.; RUTSAERT, *Le fondement de la responsabilité civile extracontractuelle*, cit., 19 s.; CHIRONI, *Colpa extracontrattuale*[2], cit., I, 128 s., e II, 550; CARNELUTTI, *Teoria del falso*, Padova, 1935, 91; DE CUPIS, *Problemi e tendenze attuali della responsabilità civile*, em *Riv. dir. comm.*, 1970, I, 97; Id., *Il danno*, I, cit., 185 s.

[42] A respeito deste (diferentemente de SALVI, *Responsabilità extracontrattuale*, cit., 1226, que o entende muito bem) v., por exemplo, HOLMES, *The Common Law*, cit., 107 ss.; CHABAS, *Responsabilité civile et responsabilité pénale*, Paris, 1975, 26 s., 37 ss., 57; LAURROUMET, *Réflexions sur la responsabilité civile*, cit., 111 ss.; MARTY e P. RAYNAUD, *Droit civil. Les obligations*, cit., 512 s.; LE TOURNEAU, *La responsabilité civile*, cit., 108 s.; FORCHIELLI, *La colpa lievissima*, cit., 195 ss.; DALCO, *Propos sur la responsabilité civile*, em *Rev. interdisc. ét. jur.*, 1989, 46 s.; com uma opinião ligeiramente mais indefinida, DEJEAN DE LA BATIE, *op. ult. cit.*, 22 ss., 142 ss.

[43] Nesta ordem de idéias, já DEUTSCH, *Fahrlässigkeit*, cit., 126 ss., 299 ss.; DE VAREILLE-SOMMIÈRES, *Les principes fondamentaux du droit*, Paris, 1889, 8 s.; DABIN, *La philosophie de l'ordre juridique positif*, cit., 52 ss.; sobre o ponto, v. as considerações de CIAN, *Antigiuridicità e colpevolezza*, cit., 212 ss., notas 58 e 62; e LÉGAL, *De la négligence*, cit., *passim*, em particular, 114 ss.

[44] Naturalmente, é desnecessário dizer que uma componente psicológica é mesmo sempre reconhecida como "substrato da disciplina jurídica da culpa" (C. MAIORCA, *Colpa civile*, cit., 535) - situando tal substrato na referibilidade do fato a ser avaliado à conduta de um sujeito determinado - é uma consideração não distante do óbvio (sobre o ponto, v. as preciosas

Em suma, na nossa perspectiva o objetivo é individualizar as ocasiões em que as qualidades pessoais possuídas pelo agente determinam, em relação a este, o surgimento de uma posição de interesse diferente da que teria sido própria do "homem médio", no mesmo conflito. Para os fins de demonstração da culpa, e para a comparação destes interesses (com base naquelas características), por um lado, e das razões contrapostas da vítima, por outro, é que o julgador será chamado a atribuir relevo: nenhuma indagação psicológica, orientada por critérios morais, será agora consentida, e o juiz poderá limitar-se a avaliar a recorrência da culpa à luz do distanciamento reconhecido entre o comportamento manifestado em concreto pelo agente, e o modelo imposto, para aquela atividade, à categoria de sujeitos a que pertence o autor do dano.

9. A indiferença da doutrina

Chegados a este ponto, e antes de passar a um outro problema, concernente à administração processual do *standard,* é necessário ressaltar que, no enfrentamento das questões ligadas à articulação subjetiva da noção de culpa, uma porção majoritária da doutrina contemporânea adota a mesma postura (que pelos mesmos autores é) reservada a todo tema relativo ao elemento subjetivo do ilícito: trata-se de uma verdadeira indiferença.

É sabido que a postura em questão certamente não pode ser reconduzida a pouca atenção que os intérpretes teriam dedicado, recentemente, aos problemas da responsabilidade civil. Ao contrário, a desconsideração dos juristas aquilianos por estes aspectos do ilícito civil acaba assumindo uma importância muito particular, quando se constata quanta atenção tem sido dedicada, pela mesma doutrina, por exemplo, a temas como o dano ressarcível, ou a responsabilidade objetiva (da empresa, do fabricante, ou pelo "risco"); dedicação sustentada por uma atenção constante pelas diferenciações, assim

---

reflexões de FALZEA, *Comportamento,* em idem, *Voci di teoria generale del diritto,* cit., 711 ss., 813): o que importa insistir é como aqui não é admitido que o objeto do juízo possa tornar-se a repreensibilidade do "intangível estado de ânimo" (BUSNELLI, *Illecito civile,* cit., 9) em que se encontrava o agente, no momento da produção do dano. Cf., além de BUSNELLI, *op. loc. ult. cit.;* C. MAIORCA, *op. ult. cit.,* também 547 ss., 569 ss.; e, entre outros, SALVI, *op. ult. cit.,* 1226; R. SACCO, *La buona fede nella teoria dei fatti giuridici di diritto privato,* cit., 22 ss.; RODOTÀ, *Il problema della responsabilità civile,* cit., 168 s.; R. SCONAMIGLIO, *Responsabilità civile,* cit., 641; PENNEAU, *Faute et erreur en matière de responsabilité médicale,* cit., 136; ENGISCH, *Introduzione al pensiero giuridico,* trad. it. de BARATTA e GIUFFRIDA-REPACI, Milano, 1970, 44; POLLOCK, *The Law of Torts,* London, 1923, 443 s.; DALCO, *Propos sur la responsabilité civile,* cit., 46 s.; ou MILLNER, *Negligence in Modern Law,* London, 1967, 174 (Com relação à responsabilidade civil por negligência, a palavra "negligência" não descreve um estado de ânimo, mas uma conduta que não consegue atingir um *standard);* TERRY, *Negligence,* em 28 *Harv. Law Rev.,* 1914, 10 ss., 13; FLEMING, *The Law of Torts,* cit., 96 ss.

como pelas imprecisões e exceções: a propósito dos setores de operatividade de uma regra, a prova liberatória, os fatos originadores da imputação, ou as opções de política do direito subentendidas em toda e qualquer motivação.

Assim, é verdadeiro que nem mesmo o interesse pelos temas ligados à "pessoa" se pode afirmar ultrapassado, no horizonte do debate aquiliano: basta recordar a contínua consideração voltada aos problemas do dano à saúde física e psíquica, às questões concernentes ao dano moral, ou à articulação dos perfis da "personalidade" merecedores de tutela aquiliana. Contudo, não se pode deixar de perceber que mesmo este gênero de questões sempre girou em torno da individualidade que foi prejudicada pela atividade danosa de outrem[45]: a posição do agente permanece, no entanto, estranha à reflexão dos intérpretes, que mantiveram a figura do agente (no máximo, diferente segundo a profissão por ele exercida) restrita aos contornos de um "sujeito único",[46] imaginário protagonista de todo juízo ressarcitório.

Para compreender as razões de uma postura do gênero, é necessário sublinhar que a confiança numa incontestada rigidez objetiva do modelo de conduta certamente desempenhou um papel importante - permitindo que, no debate, fosse negligenciada toda diferenciação entre os autores materiais dos prejuízos - na construção daquelas perspectivas que, sobretudo no curso dos últimos decênios, pretenderam responder ao desafio lançado pelos problemas, sociais e econômicos, surgidos do incremento das ocasiões produtoras de dano.

De outra parte, é notória a eficiência econômica do sistema,[47] a ampliação da área do dano ressarcível e o confronto com os modelos de

---

[45] Para a importância que as características subjetivas da vítima pode assumir, na definição do *standard* utilizado como parâmetro na avaliação do comportamento do agente v., de qualquer maneira, *infra*, cap. V, seção III; cap. VI, em particular n⁰s 4.2, 10.1. e, por fim, CAFAGGI, *Profili*, cit, *passim*, em particular, pp. 72 ss.

[46] A expressão é utilizada por A. J. ARNAUD, *Essai d'analyse structurale du Code civil français. La règle du jeux dans la paix bourgeoise*, Paris, 1973, 64 ss. (para mostrar como a elaboração da regra de direito civil surja, na verdade, com referência constante ao sujeito "másculo, adulto e saudável"); sobre o ponto (e em consideração ao livro de ARNAUD) TARELLO, *Code civil e regola del gioco borghese*, em *Soc. dir.*, 1974, I, 145 s.; agora em idem, *Cultura giuridica e politica del diritto*, Bologna, 1988, 135 s.; depois, MENGONI, *La tutela giuridica della vita materiale nelle varie età dell'uomo*, em *Riv. trim. dir. proc. civ.*, 1982, 1135 s.; agora em *idem*, *Diritto e valori*, cit., 144; também P. Barcellona, *Il capitalismo come puro spirito*, cit., 129 ss.

[47] Incidentemente, é importante assinalar como a descentralização da culpa, dentre os critérios de imputação da responsabilidade, represente uma opção que encontra resistências tenazes exatamente entre alguns jus-economistas: por exemplo, POSNER, *Economic Analysis of Law*, Boston-Toronto, 1977, 119, 137 ss.; LANDES e POSNER, *The Economic Structure of Tort Law*, Cambridge (Mass.)-London, 1987, 54, 64 ss.; sobre o assunto, v. também as reflexões de P. TRIMARCHI, *Rischio e responsabilità oggettiva*, cit., 37 ss.; *idem*, *La responsabilità del fabbricante*, em COMPORTI e SCALFI (cur.), *Responsabilità civile e assicurazione obbligatoria*, Milano, 1988, 55 ss.; idem, *L'analisi economica del diritto*, cit., 569 ss. e, depois, de P. BOWLES, *Diritto e economia*, (trad. it. aos cuidados de ALPA, *Law and Economy*, Oxford, 1982), Bologna, 1985, 172 ss., 184 s.; P. GOLLO, *Appunti in tema di colpevolezza*, cit., pp. 712 ss.

indenização que representam os referenciais culturais a serem utilizados, mas também os objetivos essenciais a serem perseguidos, para grande parte dos debates a respeito do direito aquiliano, desenvolvidos recentemente.[48]

Todavia, o que ocorreu é que o fenômeno (e as razões que em alguns setores justificam a escolha) da objetivização dos critérios da relação de responsabilidade foi transformado de objeto de estudo em uma espécie de método para a investigação, instrumento de seleção entre as questões relevantes e aquelas destinadas a viver à margem do debate.

E, portanto, que a noção "social" e objetiva da culpa pode ser apresentada como uma exigência irrenunciável, no interior de um processo maior de despersonalização - expresso em termos de progressiva indiferença por todo obstáculo valorativo de natureza subjetiva - que estaria em curso nas estruturas de sustentação da responsabilidade civil: processo necessário, afirma-se, a fim de permitir que a responsabilidade civil cumpra os deveres, sempre mais onerosos, que lhe são atribuídos no quadro "complexo" das sociedades modernas.[49]

Ou a freqüente reconstrução, em termos parabólicos, da história do modelo de conduta exigível: paradigma que, hoje, resultaria cristalizado em termos objetivos e abstratos, como nas origens do nosso sistema jurídico, com o longo parênteses de um arco de tempo rico de soluções desconexas e inclinadas a desvios subjetivizantes.[50]

---

[48] A respeito do tema, e para uma visão de conjunto dos desenvolvimentos do debate, v. as considerações de BUSNELLI, *La parabola della responsabilità civile*, cit., 652; *idem, Problemi di inquadramento sistematico del danno alla persona*, em *Riv. crit. dir. priv.*, 1987, 27 ss.; LIPARI, *Una ricerca per l'insegnamento del diritto "privato"*, em Id. (org.), *Diritto privato*, cit., p. XX; SERIO, *La responsabilità complessa*, cit., p. 21 ss.; SALVI, *Responsabilità extracontrattuale*, cit., 1187 ss., 1257 ss.; GALGANO, *La commedia della responsabilità civile*, em *Riv. crit. dir. priv.*, 1987, 191 ss.; ALPA, *Ingegneria sociale e amministrazione del danno. Quindici anni di dottrina della responsabilità civile*, em ALPA e BESSONE (cur.), *La responsabilità civile*, I, cit., 4 ss., 20 ss.; CASTRONOVO, *La nuova responsabilità civile*, cit., 3 ss., 337 ss.; I. ENGLARD, *op. cit.*, pp. 7 ss., 93 ss.; VINEY, *Introduction à la responsabilité*, cit., pp. 23 ss., 94 ss.; J. STAPLETON, *Tort, Insurance and Ideology*, em *Mod. Law Rev.* 1995, pp. 820 ss. (e nota nº 24, p. 828: "é tão banal e enganoso afirmar que a 'função' ou o 'propósito' da responsabilidade civil é indenizar, quanto dizer que a 'função' ou o 'propósito' de uma estação petrolífera é distribuir petróleo: o cerne da questão é saber quem está legitimado a receber o benefício e porque").

[49] COMPORTI, *Considerazioni generali e introdutive*, em COMPORTI e SCALFI (cur.), *Responsabilità civile e assicurazione obbligatoria*, cit., 8 ss.; TUCCI, *Responsabilità civile e danni ingiusti*, cit., 449 s.; VINEY, *La responsabilité*, cit., 24 ss., 555 ss.; e v. também R. SCONAMIGLIO, *Considerazioni conclusive*, em COMPORTI e SCALFI (cur.), *op. cit.*, 359 ss; F. MACIOCE, *L'evoluzione della responsabilità civile nei paesi di common law*, em idem (cur.), *La responsabilità civile nei sistemi di Common Law*, Padova, 1989, 26 ss.; ZENO-ZENCOVICH, *La responsabilità civile da reato*, cit., 57 ss.; TUNC, *La responsabilité civile*, cit., 169 s.; CHABAS, *Conclusion*, em H. L. MAZEAUD e CHABAS, *Traité théorique et pratique de la responsabilité civile délictuelle et contractuelle*, III, 2, Paris, 1983, 510 s.

[50] SALVI, *op. ult. cit.*, 1192 ss.; RUFFOLO, *Il problema della responsabilità vicaria*, em *Riv. trim. dir. proc. civil*, 1973, 860 s., 870 s.; P. BARCELLONA, *Gli istituti fondamentali del diritto privato*, Napoli, 1972, 306; *idem, Formazione e sviluppo del diritto privato moderno*, Napoli, 1987, 410 s.

Na verdade, nem mesmo é o caso de contestar analiticamente o maniqueísmo subentendido nesta leitura - quase a dizer, objetividade e evolução do sistema, de uma parte; subjetividade e imobilismo, de outra[51] - e, para tal fim, seria de qualquer modo suficiente remeter aos argumentos até aqui examinados.

---

[51] V. CENDON, *Il profilo della sanzione nella responsabilità civile*, em *Contr. e impr.*, 1989, 889; e, especialmente, G. T. SCHWARTZ, *The Character of Early American Tort Law*, 36 *U.C.L.A. L. Rev.*, 1989, 641 ss.; Id. *The Vitality of Negligence and the Ethics of Strict Liability*, 15 *Ga. L. Rev.*, 1981, 963 ss.; R. L. RABIN, *The Historical Development of the Fault Principle: A reinterpretation, ivi*, 925 ss. - estas duas últimas contribuições podem ser encontradas agora em R. L. RABIN (ed.), *Perspectives on Tort Law*, 2ª ed., Boston-Toronto, 1983, 71 ss. e 44 ss., respectivamente -; TERRÉ, *Propos sur la responsabilité civile*, em *Arch. phil. du dr.*, XXII, Paris, 1977, 39 ss.; FLOUR, *Faute et responsabilité civile: déclin ou renaissance?*, *Droits*, nº 5, 1987, 29, 42 s.; LE TORNEAU, *La verdeur de la faute*, cit., *passim*; CAFAGGI, *Profili di relazionalità della colpa*, cit., 11 ss., 339 ss.; M. BUSSANI, *La colpa*, cit., 31 ss., 75 ss.; Id., *Responsabilité des sujets atteints de troubles mentaux en Italie et en Common Law*, loc. cit.; Id., *Perfiles comparativos sobre la responsabilidad civil: La culpa al servicio de los débiles*, em Palomino Manchego e Velasquez Ramirez (eds.), *Modernas tendencias del derecho en América Latina. Actas de la I Convención Latinoamericana de Derecho*, Lima, 1997, p. 393 ss.; BUSSANI e U. MATTEI, *Making the Other Path Efficient. Economic Analysis and Tort Law in Less Developed Countries*, em Buscaglia, Ratliff e Cooter (eds.), *The Law and Economics of Development*, Greenwich, Ct.-London, 1997, pp. 149, 162 ss.. A seguir, com variedade de pontos de vista, VISINTINI, *Dottrine civilistiche in tema di colpa extracontrattuale*, cit., 714 ss., 720 ss., 730 ss.; FLETCHER, *Fairness and Utility in Tort Theory*, cit., 537 ss., 542 ss.; WEINRIB, *The Insurance Justification and Private Law*, 14 *J. L. Studies*, 1985, 681, 686 ss.; Id., *The Monsanto Lectures: Understanding Tort Law*, 23 *Val. Law Rev.* 1989, 485, 491, 541 ss.; Id., *Law as a Kantian Idea of Reason*, 87 *Cal. Law Rev.* 1987, 472, 508; HONORÉ, *Responsibility and Luck*, cit., 531 ss.; WOLCHER, *The Many Meanings of "Wherefore" in Legal History*, 68 *Wash. L. Rev.*1993, 559, 565 ss., 595 ss.; ZIMMERMANN, *The Law of Obligations*, cit., 908 ss., 1007 ss., 1130 ss.; HORWITZ, *The Transformation of American Law. 1870-1960. The Crisis of Legal Ortodoxy*, New York, N. Y., 1992, 13 s., 42, 45 ss., 54 ss., 110 ss., 123 ss.; I. ENGLARD, *The Philosophy of Tort Law*, cit., 1993, 22 s., 46 ss., 64 ss.; G. BRANCA, *Struttura costante della responsabilità extracontrattuale attraverso i secoli*, em *Studi in onore di E. Volterra*, I, Milano, 1975, 99, 108 ss.; CAZZETTA, *Responsabilità aquiliana*, cit., 9 ss., 230 s., 236 ss., 377 ss. Ainda, POSNER, *A Theory of Negligence*, I *Journ. Leg. Studies* 1972, 29 ss.; Id., *The Concept of Corrective Justice in Recent Theories of Tort Law*, 10 *Journ. Leg. Studies* 1981, 187 ss.; com um vigor que não surpreende, BALKIN, *The Rhetoric of Responsibility*, 76 *Va. Law Rev.* 1990, 197, 199 ss.; e as reflexões de COLEMAN em *Tort Law and the Demands of Corrective Justice*, 67 *Ind. Law Journ.* 1992, 349 ss.; Id., *Risks and Wrongs*, Cambridge, Mass., 1992, *passim*, especialmente a Parte III. Conferir, também, com relação à história recente dos critérios de imputação do dano na China Popular, TCHE-HAO TSIEN, *La notion de responsabilité en droit chinois*, em *Arch. phil. du dr.*, XXII, Paris, 1977, 161, 173 s. Ou a respeito do pretenso sincronismo entre escolha do regime político e prevalência de um ou de outro critério de responsabilidade - remete-se às evoluções do direito aquiliano nos sistemas, na época, socialistas, do Leste europeu - AJANI, *Le fonti non scritte nel diritto dei paesi socialisti*, Milano, 1985, 199 ss. E, aqui, diga-se de passagem, um balanço muito similar - cético, acerca de encontrar simetrias entre objetividade, ou subjetividade e "evolução" ou "imobilismo", no sistema - é dado, mais uma vez, por quem se aprofundou nas mutações das regras de responsabilidade na perspectiva da antropologia jurídica: cf. , por exemplo, U. WESEL, *Frühformen des Rechts in Vorstaatlichen Gesellschaffen*, Frankfurt a.M, 1985, Cap. XII, 317 ss.; ROULAND, *Antropologia giuridica*, trad. ital. - de Id., *Anthropologie juridique*, 1988 - por Aluffi Beck-Peccoz, Milano, 1992, 140 s., 268 ss.; R. L. ABEL, *Theories of Litigation in Society. "Modern" Dispute Institutions in "Tribal" Society and "Tribal" Dispute Institutions in "Modern" Society as Alternative Legal Forms*, em *Jahrbuch für Rechtssoziologie un Rechtstheorie*, VI, 1980, 165-191.

É importante assinalar que perspectivas deste gênero têm alimentado a busca contínua de soluções - adequadas àquele prognóstico e, às vezes, destinadas a parecer simplificadoras: ou seja, dotadas de um alto grau de linearidade teórica, mas, ao mesmo tempo, ricas de contradições na formulação de regras operativas que se revelam distantes da inspiração originária.[52]

A fim de obter uma prova destas oscilações, basta lembrar a postura de quem demonstra forte oposição ao tradicional cânone "nenhuma responsabilidade sem culpa" e, na mesma perspectiva, acaba afirmando a necessidade de uma investigação sobre a culpa, ainda quando considera (impossível, ou de qualquer modo) irrelevante identificar pessoalmente o autor da lesão;[53] ou refuta a relevância aquiliana da *culpa levissima*;[54] ou se revela crítico a respeito da conclusão que quer o *quantum* de reparação, a ser atribuído à vítima,[55] sempre impermeável às circunstâncias de espécie, assinala o caráter punitivo atualmente próprio da responsabilidade subjetiva[56] e propõe a exoneração das pessoas fisicamente frágeis da imputação da culpa concorrente,[57] isto é, sugere a requalificação da culpa como critério

---

[52] Incongruências inevitáveis, no confronto com uma realidade (a normativa e aquela própria do juízo de responsabilidade) que expressa valores e promove soluções nem sempre sintonizadas com as palavras de ordem da objetividade, do inatacável primado da função compensatória, ou da inclusão do instituto no rol dos intrumentos de engenharia "social". De outra parte, não é um caso que - também com referência às contradições análogas em que, no passado, incidiam mais de uma daquelas referências que, confiando à culpa o governo de todo instituto aquiliano, depois chegavam a propor regras detalhadas de natureza superobjetiva - seja observado muitas vezes, como muitos dos contrastes que animam o debate entre *tortmen* que parecem apoiar-se num fundamento misto de idéias e petições de princípios, terreno no qual a obrigação de fidelidade ao enunciado original muitas vezes acaba por submeter a congruência das conclusões particulares a uma verificação apenas nominalística ou, de qualquer modo, de cunho lógico-formal: cf. CENDON, *Il dolo nella responsabilità extracontrattuale*, cit., 431; ou FLETCHER, *Fairness and Utility in Tort Theory*, cit., 540; e depois B. STARCK, *Essai d'une théorie générale*, cit., 8 (: "On concède tout en fait pourvu qu'ou adhère à un certain système philosophique"); na mesma ordem de idéias, com variedade de acentos, C. MAIORCA, *Colpa civile*, cit., 549 ss.; P. TRIMARCHI, *Rischio e responsabilità oggettiva*, cit., 20 s., 39 s.; VISINTINI, *I fatti illeciti*, II, cit., 5 s., 290 ss.; DEUTSCH, *Fahlässigkeit und erforderliche Sorgfalt*, cit., 390; CARVAL, *La responsabilité civile dans sa fonction de peine privé*, Paris, 1995, p. 5 ss.; e ainda VENEZIAN, *Danno e risarcimento*, cit., 306; V. GIORGIANNI, *L'abuso del diritto nella teoria della norma giuridica*, Milano, 1963, 208 ss.; B. ACKERMAN, *Diritto, economia ed il problema della cultura giuridica*, em *Riv. crit. dir. priv.*, 1988, 449, 451 ss.; Albert EHRENZWEIG, *Psychoanalytic Jurisprudence*, Leiden-New York, 1971, 247 s., 252 ss.

[53] SALVI, *op. ult. cit.*, 1244.

[54] COMPORTI, *Esposizione al pericolo*, cit., 257; CARNELUTTI, *Appunti sulle obbligazioni*, em *Studi di diritto civile*, Roma, 1916, 310 s.; *Restatement of Torts*, II, cit., § 282, comentários, p. 741.

[55] SALEILLES, *Les accidents de travail et la responsabilité civile (Essai d'une theorie objective de la responsabilité délictuelle)*, Paris, 1897, p. 26 ss.; L. BARASSI, *Contributo alla teoria della responsabilità per fatto non proprio*, *Riv. it. per le scienze giuridiche*, XXV, 1, abril 1898, p. 56 ss., 78 ss.

[56] VINEY, *Le déclin de la responsabilité individuelle*, Paris, 1965: para o *quantum*, 310 s., 318 s. (e v. também EAD., *La responsabilité: effets*, em GHESTIN (org.), *Traité de dr. civ.*, V, Paris, 1988, 8 ss.); para o caráter aflitivo da responsabilidade por culpa, 193.

[57] VINEY, *La responsabilité: conditions*, cit., 516 s.

de imputabilidade moral,[58] ou defende pesquisas de repercussões éticas ou psicológicas, em matéria de culpa grave,[59] ou até mostra a desejabilidade de uma modulação do *standard* de conduta, em relação às características pessoais de cada agente em particular.[60]

Obviamente, contradições e incongruências, até mesmo entre soluções destinadas a hipóteses distintas de responsabilidade, podem ser apenas aparentes e, de qualquer modo, não são inexplicáveis - ou seja, indicadores de uma capacidade reconstrutiva que, de fato, não evita as particularidades dos casos concretos, individualmente considerados.

Mais difícil se anuncia a tentativa de teorizar, sobre aquelas bases, a inutilidade de qualquer aprofundamento em torno dos problemas que envolvem o parâmetro subjetivo a ser utilizado na avaliação da conduta: como se a articulação do instituto - seguramente reforçada pela adoção de uma regra mais elástica em sede de apreciação da culpa - fosse uma característica a ser banida, e não a ser defendida e garantida, mesmo em vista da possibilidade de oferecer respostas adequadas a grande variedade de situações, de sujeitos e de interesses que caracterizam cada conflito.[61]

10. O problema da prova

Resta agora examinar se as variações subjetivas do *standard* verdadeiramente revelam-se (segundo uma opinião bastante difundida[62]) de emprego excessivamente árduo na administração da justiça aquiliana.

O argumento, é sabido - quando não versa sobre equivocadas interpretações do princípio de economia processual[63] -, deve a própria capacidade de persuasão à dificuldade de prova que as peculiaridades psicofísicas encontrariam em sede de juízo.

---

[58] COMPORTI, *op. ult. cit.*, 45 e nota 34.

[59] SALVI, *op. ult. cit.*, 1220.

[60] Cf. VON CAEMMERER, *Die Absoluten Recht in § 823 Abs. 1 BGB*, em *Gesammelte Schriften*, I, Tübigen, 1968, p. 554, 574 s.; P. TRIMARCHI, *Illecito*, cit., 111.

[61] No que toca ao quadro global do instituto, na mesma ordem de idéias, WILLIAMS e HEPPLE, *Foundations of the Law of Torts*, London, 1984, 131 ss.; SALVI, *Il danno extracontrattuale*, cit., 283 ss.; TUNC, *La responsabilité civile*, cit., 157 s.; TERRÉ, *Propos sur la responsabilité civile*, cit., 43 s. CASTRONOVO, *La nuova responsabilità civile*, cit., 372 ss.

[62] Cf. por todos, P. TRIMARCHI, *Illecito*, cit., 110 s.; FORCHIELLI, *Colpa*, cit., 3; COLYER, *A Modern View of the Law of Torts*, cit., 33 s.; DI PRISCO, *Concorso di colpa*, cit., 364 ss.

[63] Para os oportunos esclarecimentos sobre o ponto, PATTI, *Prove*, cit., *sub* art. 2697, 38 ss. (também para as referências, dentre as quais são úteis, aqui, em especial: COMOGLIO, *Il principio di economia processuale*, I, Padova, 1980, 200 ss.; TARUFFO, *Il diritto alla prova nel processo civile*, em *Riv. dir. proc.*, 1984, 77 ss., 97 ss.).

Pois bem (admitindo - como a nem todos parece razoável, ou seguindo os ensinamentos da História - que uma regra de natureza substancial possa ser contrastada por uma objeção originária do terreno probatório[64]), os motivos pelos quais um argumento do gênero não preocupa o desenvolvimento da nossa perspectiva são facilmente identificáveis.

Mesmo sem insistir sobre todos os casos em que, fora ou dentro da responsabilidade civil, uma parte deve demonstrar (ou o juiz é levado a investigar) as características subjetivas de um determinado comportamento, por exemplo, do dolo,[65] de um motivo de agir, ou do valor de um conhecimento, aqui bastará examinar quais são os pontos a serem confrontados.[66]

As hipóteses úteis para exemplificar os problemas propostos são substancialmente redutíveis a duas categorias: aquela em que é protagonista um indivíduo dotado de qualidades superiores à média e a outra, em que, ao contrário, é relevante a particular "debilidade" do agente.

Contudo, aqui se percebe facilmente como o tema da dificuldade de prova não merece considerações particulares, quando o juízo acaba por apoiar-se na demonstração da responsabilidade primária, ou concorrente, de um sujeito débil. Efetivamente, é de todo evidente que o menor, o ancião, o deficiente, não encontram qualquer dificuldade - exceto aquelas superáveis com o auxílio habitual da perícia[67] - para demonstrar a consistência, e

---

[64] Para as observações segundo as quais são historicamente freqüentes as tentativas de fazer apelo aos intrumentos processuais, a fim de favorecer - mais do que combater - a implantação de novas regras de direito substancial, promovidas "mais ou menos conscientemente, pelas exigências econômicas e sociais, ou por um novo senso de justiça", P. TRIMARCHI, *Rischio e responsabilità oggetiva*, cit., 21; sobre o ponto v. também as considerações de DENTI, *Le ideologie del processo di fronte al problema sociale*, 26 s., e idem, *Il processo come strumento*, 54 s., 67 s., ambos os trabalhos publicados em idem, *Processo civile e giustizia sociale*, Milano, 1971; e depois as observações - das quais merece acolhida sobretudo o sentido programático - de JOSSE-RAND, *De l'esprit des droits et de leur relativité*, cit., 351: "de qualquer maneira, o juiz tem por missão investigar as vontades e sondar os corações; em todos os países, em todas as épocas o têm legislador e a opinião pública a ele têm concedido um amplo poder para fazê-lo; ao mesmo tempo mestre soberano do fato e intérprete da lei ... e ele os explora com toda a liberdade".

[65] Sobre o tema, CENDON, *Il dolo nella responsabilità extracontrattuale*, cit., 141 ss., 155 ss., 258 ss., 331 ss.

[66] E então não será necessário remeter as numerosas hipóteses em que - *retro*, cap. I, nos 2-7; *infra*, capítulos V e VI - nenhum obstáculo de natureza probatória impediu o juiz de apreciar, mesmo em vista da demonstração da culpa, particularidades bastante íntimas da personalidade do agente. De outra parte, que, mesmo na nossa perspectiva, o cenário a ser evitado seja aquele no qual o ator "representado indeciso e hesitante, abandona o próprio direito" e todo "o debate a respeito da responsabilidade civil torna-se um jogo, em que os malandros com prazer se arriscam mais do que os honestos, porque não tendo nada a perder, só têm a ganhar" (assim, VENEZIAN, *Danno e risarcimento*, cit., 112) é um ponto sobre o qual é inútil insistir.

[67] Para as observações de ordem geral, PATTI, *Prove*, cit., 175 ss.; quanto às perícias de natureza psiquiátrica, v. por todos, NOVELLO, *Il problema della perizia psichiatrica*, em CENDON (cur.), *Un'altro diritto per il malato di mente*, cit., 431 ss., e numa perspectiva mais ampla, VAN DE KERCHOVE, *Le juge e le psychiatre. Evolution de leurs pouvoirs respectifs*, em GÉRARD, VAN DE KERCHOVE e OST, *Function de juger et pouvoir judiciaire*, Bruxelles, 1983, 311 ss. Sobre o ponto,

(freqüentemente até mesmo) a fácil previsibilidade, da parte de terceiros, daquelas condições psíquicas ou físicas que podem assumir relevância no juízo sobre a índole culposa do comportamento adotado pelo próprio sujeito débil.[68]

É somente no outro grupo de hipóteses, portanto, que o problema pode ser colocado concretamente. Mais especificamente, trata-se das ocasiões em que o reconhecimento de uma culpa a cargo do agente vem a depender, exclusivamente, da demonstração de que este deixou de utilizar-se das qualidades de que dispunha, para evitar a ocorrência do evento danoso.

Ora, se nestas hipóteses as dificuldades de prova, que vão ao encontro da vítima, à primeira vista parecem substanciais, é oportuno todavia que o problema seja considerado na sua justa dimensão.

Acima de tudo, não passa despercebido que, diante daquelas dificuldades, a vítima não goza de qualquer possibilidade realística de escolha: se a alternativa é posta entre o adimplemento de um ônus probatório, embora árduo, e o risco de ver consideravelmente aumentada a probabilidade de sucumbir em juízo, é inútil dizer que será sempre preferível empenhar-se em demonstrar as "superioridades" do antagonista, do que suportar os efeitos da regra tradicional - de outro modo, operante -, segundo a qual o agente, tendo adequado a própria conduta àquela habitualmente expressa pelo homem médio, seria isentado de qualquer obrigação de ressarcimento, perante a vítima.

Entretanto, o ponto a ser ressaltado é que a própria onerosidade daqueles esforços não pode ser exagerada. De fato, dificilmente o sujeito que possui qualidades superiores à norma geral costuma esconder (ou diminuir) os próprios dotes, aos olhos dos concidadãos - sejam tais dotes de natureza física ou psíquica, de ordem manual ou intelectual -: por isso, raramente características do gênero deixam de ser expressas, e também de fácil identificação, por aqueles que entram em contato com o titular daquelas prerrogativas.[69]

E se, junto a estas observações, coloca-se a consideração dos freqüentes ajustamentos realizados em sede processual - quando razões de "justiça" substancial (também em ordem às hipóteses que aqui nos interessam[70])

---

de resto, já DEMOLOMBE, *Cours de Code Napoléon*, t. VIII, *Traité de la minorité*, 2ª ed., t. 2, Paris, 1861, nº 422 s., p. 315 ss., e nº 643, p. 434-436.

[68] Cf. os autores citados *retro*, nota 26.

[69] Para estas considerações, já DEJEAN DE LA BATIE, *Appréciation in abstracto et appréciation in concreto*, cit., 70 s.

[70] Cf., com relação à facilidade probatória de que goza correntemente a vítima de uma *malpractice* (*favor* que os juízes dispensam em consideração às dificuldades que, na espécie, o amador encontraria, a fim de demonstrar a culpabilidade do profissional, ou mesmo a existência do nexo causal entre a conduta deste último e o evento de dano), v. os exemplos e as referências de jurisprudência e doutrina fornecidos por PATTI, *op. ult. cit.*, 19, 21 s., 116 s., 121 s., 168, 172; algumas observações posteriores em MARTEAU, *De la notion de causalité dans la*

sugerem ao juiz a facilitação da tarefa à parte mais desfavorecida -, pelo critério que preside a distribuição do ônus probatório,[71] não será difícil concluir que, na grande maioria dos casos de que nos estamos ocupando, o esforço probatório da vítima poderá ser coroado de sucesso não apenas quando sufragada a existência de alguns perfis "exteriores" da personalidade do agente. Portanto, serão as regras comuns da experiência[72]

---

responsabilité civile, Marseille, 1914, 245 s.; HARPER F. F. JAMES jr. e GRAY, *The Law of Torts*, cit., IV, 40 ss.; ABERKANE, *Du dommage causé par une personne indéterminée dans un groupe déterminé de personnes*, em *Rev. trim. dir. civ.*, 1958, 547; BRECCIA, *Relazione*, cit., 326 s.; P. TRIMARCHI, *Causalità e danno*, cit., 13.

[71] É isso o que habitualmente ocorre, por exemplo, na criação judicial de "presunções" destinadas a favorecer uma das partes no cumprimento do próprio ônus probatório (sobre o ponto, CHIARLONI, *Riflessioni sui limiti del giudizio di fatto nel processo civile*, em *Riv. trim. dir. proc. civ.*, 1986, 849 ss.; e v. os exemplos fornecidos por VERDE, *L'onere della prova*, Napoli, 1974, 137 ss.; as avaliações de MICHELI, *L'onere della prova*, Padova, (rist.) 1966, 198 ss.; COMOGLIO, *Le prove*, em *Tratt. dir. priv.*, dirigido por P. RESCIGNO, XIX, 1, Torino, 1985, 204, 212 s.; R. SACCO, *Presunzione, natura costitutiva o impeditiva del fatto*, em *Riv. dir. civ.*, 1957, I, 411 ss.; e depois, mais especificamente, em matéria de culpa, MAJELLO, *Responsabilità extracontrattuale e contrattuale*, em COMPORTI e SCALFI (curr.), *Responsabilità civile e assicurazione obbligatoria*, cit., 85 s.; P. TRIMARCHI, *La responsabilità del fabbricante*, cit., 56 ss.; CERONI, *Grado della colpa e onere della prova*, em *Giur. it.*, 1985, I, 1, 248 ss.; e, amplamente, FRANZONI, *Colpa presunta e responsabilità del debitore*, cit., *passim*, especialmente 411 ss.) ou em vista da oportunidade de adotar o critério da "melhor atitude", ou do "melhor acesso" à prova (cf., na nossa perspectiva, CIAN, *Antigiuridicità e colpevolezza*, cit., 254 e nota 124); ou em virtude de uma leitura segundo a qual a operatividade concreta do ônus da prova é remetida, caso a caso, às mãos do julgador (ANDRIOLI, *Prova (diritto processuale civile)*, em *Novissimo Dig. it.*, XIV, Torino, 1967, 293, 299 s.). Sobre o emprego de todas estas técnicas, v. também PATTI, *Prove*, cit., *passim*, e *ivi* - 156 s. - um esboço dos pontos de contato que é possível reencontrar entre a utilização de critérios do gênero e a conhecida teoria de Bentham sobre a lógica indutiva do juiz (para um aprofundamento, Aless. GIULIANI, *Prova (filosofia)*, em *Enc. dir.* XXXVII, Milano, 1988, 569 ss.). Sempre em PATTI, *op. ult. cit.*, 178 ss., as primeiras indicações para as relações entre as questões conexas ao tema do "convencimento antecipado" do juiz e os resultados correntes na doutrina da "pré-compreensão": sem contar a referência a ESSER, *Vorverständnis und Methodenwahl in der Rechtsfindung*, Frankfurt a M., 1972, trad. it. de PATTI e ZACCARIA, *Precomprensione e scelta del metodo nel processo di individuazione del diritto*, Napoli, 1983; sobre este último ponto, *adde*, em particular, as reflexões de G. ZACCARIA, *Ermeneutica e comprensione narrativa*, em *Mat. st. cult. giur.*, 1988, 508 ss.; e TARUFFO, *La giustificazione delle decisioni fondate su standards*, cit., 157 ss. (de qualquer modo, com grande antecipação às reflexões de ESSER, v. R. SACCO, *Il concetto di interpretazione del diritto*, Torino, 1947, *passim* e, em particular, 31 ss., 49 ss., 70 ss., 115 ss., 127 ss., 142 ss. Remontando no tempo, algumas conjeturas - marcadas por um elevado grau de dependência dos resultados das teorias psicanalíticas - podem ser encontradas, nos ambientes de *common law*, no ensaio de T. SCHROEDER, *The Psycologic Study of Judicial Opinions*, 6 Cal. Law Rev. 1918, 89, 94 ss.; sobre a retomada destas reflexões por parte do chamado realismo jurídico, ver, depois, em particular, J. FRANK, *Law and the Modern Mind*, Gloucester, Mass. - 1ª ed. 1930, 6ª ed. 1948, reimp.: - 1970, *passim*, especialmente 121 ss. Sobre tudo isto, cf., também, U. MATTEI, *Stare Decisis*, Milano, 1988, em particular 248 ss.; e P. G. MONATERI, *"Legal Doctrine" as a Source of Law. A Transnational Factor and a Historical Paradox*, em *Italian National Reports to the XIIth International Congress of Comparative Law, Sidney, 1986*, Milano, 1986, 19, 33 ss.).

[72] Assim, precisamente em ordem à prova da culpa, já GIORGI, *Teoria delle obbligazioni*, V, cit., 256 ss.; CESAREO CONSOLO, *Trattato sul risarcimento del danno in materia di delitti e quasi-delitti*, Torino, 1914, 329 s.; depois, CIAN, *Antigiuridicità e colpevolezza*, cit., 251; e agora BRECCIA, *Relazione*, cit., 328 s.

- maturadas no terreno do *id quod plerumque accidit*[73] - a demonstrar que aquelas características resultam não só inseparáveis da presença de qualidades relevantes, no sujeito de que falamos, mas também que tenham podido influir na conduta deste, no curso da produção do evento danoso.

---

[73] De outra parte, basta recordar que observações análogas têm sido formuladas para a prova do dolo do agente - ou seja, em ocasiões em que a *probatio*, pela ausência de qualquer *standard* de referência (sobre o ponto cf. DIAS, em CLERK e LINDSELL, *On Torts*, cit., 456; TRABUCCHI, *Il dolo nella teoria dei vizi del volere*, Padova, 1937, 534; LUPOI, *Il dolo del debitore nel diritto italiano e francese*, Milano, 1969, 228 s; B. STARCK, *Essai d'une théorie générale*, cit., 82 ss.; RIPERT, *La régle morale dans les obligations civiles*, Paris, 1949, 167 ss., 181 s., 288 s.) torna-se bastante mais gravosa do que a da culpa -: v. CENDON, *Il dolo nelle responsabilità extracontrattuale*, cit., 322 ss., e *ivi* referências posteriores; a que *adde* PATTI, *Prove*, cit., 122 e nota 1; e, para alguma consideração posterior, POLACCO, *Le obbligazioni nel diritto civile*, Roma, 1915, 387 s.; GORPHE, *Le principe de la bonne foi*, cit., 20 ss.; JOSSERAND, *Les mobile dans les actes juridiques du droit privé*, Paris, 1928, 205.

Capítulo V

Os indivíduos débeis

SUMÁRIO: 1. A diversificação dos modelos; *SEÇÃO I.* A avaliação da conduta dos doentes mentais e das crianças pequenas; 2. Tradições e mistificações; 2.1. As razões da culpa "objetiva" e as razões do juízo de responsabilidade; 3. Os doentes mentais. A situação na Itália; 4. A jurisprudência do *common law*; 5. A aparente incongruência das regras de exoneração da responsabilidade no caso de "mal súbito e imprevisível"; 6. As crianças em tenra idade. As regras italianas em matéria de responsabilidade primária: avaliação subjetiva *per relationem*; 7. A concorrência de culpa da vítima menor de idade; 8. A jurisprudência francesa; 9. Os critérios adotados pelas cortes de *common law*; 10. Conclusões: fragmentação das regras de conduta e razões de tutela da vítima; *SEÇÃO II.* Os menores capazes de entender e de querer; 11. Observações gerais: a distinção em razão da idade; 12. Os "quase-maiores"; 12.1. Segue: os fatores destinados a incidir sobre a avaliação da culpa; 13. A avaliação da conduta dos mais jovens dentre os menores imputáveis; 14. Os menores na faixa etária intermediária; 14.1. Segue: maturidade psico-física do adolescente e atividade "perigosa"; 14.2. Segue: a conduta exigível no curso das atividades biológicas, educativas, ou recreativas; *SEÇÃO III.* Os anciãos e os portadores de doenças físicas; 15. Os parâmetros do juízo; 16. Hipóteses de irrelevância da deficiência; 17. A deficiência como fator de determinação do *standard*. O risco despropositado; 17.1. Segue: a avaliação da conduta do deficiente que causa um dano a terceiros; 17.2. Segue: a concorrência de culpa da vítima-deficiente; 18. O "*standard* da categoria" como modelo de conduta exigível; 19. Critérios subjetivizados; 19.1. Segue: o tráfego urbano.

1. A diversificação dos modelos

É chegado o momento de esclarecer qual o papel que os juízes do ilícito costumam atribuir às peculiaridades psicofísicas do agente, em vista da apreciação da culpa.

O objetivo a que se propõe esta análise foi evidenciado várias vezes: trata-se - elucidando e ordenando os juízos que se referiam à avaliação das "inferioridades" ou "superioridades" individuais - de precisar: *(a)* em quais circunstâncias se revela oportuna a adoção de *standards* diferentes do ordinário; e depois *(b)* quais são os dados subjetivos a serem reconhecidos,

As peculiaridades da NOÇAO DE CULPA

naquelas ocasiões, como automaticamente significativos para os fins do juízo sobre a culpa.

Agora, basta recordar que, na vertente da debilidade, entram em jogo as soluções jurisprudenciais concernentes *I)* aos doentes mentais e aos menores absolutamente incapazes; *II)* aos menores capazes de entender e querer; *III)* aos anciãos e portadores de doenças físicas.

Por outro lado, no que diz respeito às características de superioridade, serão levados em consideração, em particular - além dos casos em que *IV)* é precisamente a pertinência à categoria dos "homens médios" que determina a exoneração do agente da responsabilidade (o que se explica pela convicção do juiz de que somente um sujeito provido de dotes excepcionais teria podido evitar o dano) -, as hipóteses em que *V)* a superioridade do sujeito nasce da posse de determinadas informações, mesmo se de conteúdo elementar e adquiridas de modo casual; e, depois, os casos em que *VI)* as especiais possibilidades de que o agente dispunha (para impedir o evento danoso) têm origem numa série de características subjetivas muito mais articuladas - aqui efetivamente terão relevância os peculiares dotes físicos ou psíquicos, a experiência adquirida numa determinada atividade, o preparo cultural ou profissional, ou a presença simultânea, num mesmo indivíduo, de mais de uma destas qualidades.

SEÇÃO I
A avaliação da conduta dos doentes mentais e das crianças pequenas

2. Tradições e mistificações

Iniciemos, pois, pelos sujeitos desprovidos da capacidade de entender e querer - ou seja, por quem foi assim considerado em virtude de uma doença mental,[1] ou por motivos relacionados à tenra idade. Mas antes de iniciar o exame das regras hodiernas, parece oportuno dar uma olhada no passado, a fim de iluminar uma evolução que nem sempre se mostra alinhada àquilo que habitualmente encontramos nas narrativas "oficiais".

a) Códigos e intérpretes na Itália e na França. No passado, quando um deficiente mental ou um menor imaturo[2] fossem os autores de um dano,

---

[1] Sobre os termos em que habitualmente se coloca o confronto entre a noção de incapacidade de entender e querer e a de doença mental, v. os autores citados *retro*, cap. I, notas 26, 29, 31, aos quais se junta SALVI, *Responsabilità extracontrattuale*, cit., 1223 s.

[2] Para nossos fins, e numa primeira aproximação: abaixo dos 11 anos de idade.

a valoração de seus comportamentos[3] encontrava sempre limite e síntese na regra - codificada pelos italianos, propugnada pelos intérpretes, em outras experiências jurídicas - da imputabilidade do sujeito, como conseqüência da verificação de sua incapacidade de entender e querer no momento do fato.[4]

Como se sabe, a operatividade desta solução não era expressa nos mesmos termos, no interior dos diversos sistemas.

Na Itália, por exemplo, até o início dos anos 60 o conteúdo dos arts. 2046 e 2047 do *Codice Civile*[5] (embora inovador em relação ao Código anterior[6]) não suscitou debate animado[7] entre os intérpretes - merecendo

---

[3] Como é sabido, nos juízos apoiados nos critérios de imputação de tipo objetivo, a regra da desconsideração da capacidade do demandado está por demais consolidada. Cf., entre outros, P. TRIMARCHI, *Rischio e responsabilità oggetiva*, Milano, 1961, 38; F. H. BOHLEN, *Liability in Tort of Infants and Insane Persons*, 23 Mich. Law Rev. 1924, 9 ss., 33 s.; N. DEJEAN DE LA BATIE, *Appréciation in abstracto e appréciation in concreto en droit civil français*, Paris, 1965, 86 ss.; ou, The Law Reform Commission (Ireland), *Report on the Liability of Parents for Damage Caused by Minors*, Dublin, 1985, 1 s.(a partir de agora: *Report*, I); P. ESMEIN, em C. AUBRY e C.F. RAU, *Cours de droit civil français*, 6ª ed., VI, Paris, 1951, 438; A. VON TUHR, *Partie générale du code fédéral des obligations*, I, trad. francesa de M. DE TORRENTÉ e E. THILO, Lausanne, 1929, 353 s.; e ver, na mesma direção, o art. 184, livro VI, do novo Código Civil Holandês.

[4] Com referência à experiência italiana, G. VISINTINI, *Trattato breve della responsabilità civile*, Padova, 1996, 467 ss.; Ead., *I fatti illeciti*, I, *I grandi orientamenti della giurisprudenza civile e commerciale*, coleção dirigida por F. GALGANO, Padova, 1987, 465 ss.; para o ambiente jurídico francês - recorrente à noção de *capacité de discernement* - ver G. VINEY, *La responsabilité: conditions*, em J. GHESTIN (org.), *Traité de droit civil*, IV, *Les obligations*, Paris, 1982, 694 ss.; as observações de F. CHABAS, *Obligations. Théorie générale*, 8ª ed., em H. L. MAZEAUD, F. CHABAS, *Leçons de droit civil*, II, 1, Paris, 1991, 447 s.; e, em língua italiana, G. AUTORINO STANZIONE, *Sulla responsabilità dell'infermo di mente nell'esperienza francese*, em Ead.(org.), *Le "responsabilità speciali". Modelli italiani i stranieri*, Napoli, 1994, 201 ss. Para o significado e o alcance prático da expressão *capable to be negligent*, em uso nos países do *common law*, F. PARISI, *Liability for Negligence and Judicial Discretion*, 2ª ed., Berkeley, 1992, cit., 258 ss., 271 ss., 357 ss. Sobre tudo isto (com particular referência aos doentes mentais), v. também V. ZENO-ZENCO-VICH, *La colpa oggetiva del malato di mente: le esperienze nord-americana e francese*, *Resp. civ. e prev.*, 1986, 3 ss.

[5] Art. 2046: "Não responde pelas conseqüências do fato danoso quem não tenha capacidade de entender ou de querer no momento em que o tenha cometido, a menos que o estado de incapacidade derive de sua culpa". Art. 2047: "No caso de dano ocasionado por pessoa incapaz de entender ou de querer, o ressarcimento é devido por quem tinha o dever de vigiar o incapaz, salvo que prove não ter podido impedir o fato. - No caso em que a vítima não tenha podido obter o ressarcimento de quem tinha o dever de vigilância, o juiz, considerando as condições econômicas das partes, pode condenar o autor do dano a uma justa indenização".

[6] No qual, do mesmo modo que a codificação napoleônica, faltava uma disciplina geral da imputabilidade aquiliana, e o único artigo que se ocupava de alguns dos sujeitos em questão era o artigo 1306: "O menor é equiparado ao maior de idade para as obrigações emergentes do delito ou quase-delito".

[7] O teor das reflexões elaboradas até aquele momento está compilado nas páginas de (à parte nas citações feitas por) A. DE CUPIS, *Fatti illeciti*, em *Comm. cod. civ.* a cargo de SCIALOJA e G. BRANCA, *Art. 1992-2059*, Bologna-Roma, 1968, *sub* arts. 2046-2047, 313-321. Sobre tais questões, aos autores e as *loc. cit.* de DE CUPIS, *adde*, com referência à normativa vigente, sobretudo A.LISERRE, *In tema di concorso colposo del danneggiato incapace*, *Riv. trim. dir. proc. civ.*, 1962, 347 ss.; e depois *Relazione del Guardasigilli al Re*, *Codice Civile. Libro delle obbligazioni*, Roma, 1941, nº 264, 74 s.; nº 269, 76; ademais, para o código do século XVIII, v. CATTANEO

destaque, unicamente, as numerosas ocasiões nas quais estudiosos e juízes se esforçaram em delimitar a necessidade de prescindir, em sede civil, da presunção absoluta de inimputabilidade, estabelecida no art. 97 do código penal, para o menor de quatorze anos.[8]

Na França, a situação é diferente. Até 1968, a doutrina e jurisprudência não dispunham de uma indicação normativa segura. Seguindo os passos de uma longa e ilustre tradição,[9] eram justamente os intérpretes que situavam sobre a verificação da falta de capacidade de discernimento (no momento do cometimento do ilícito) a fronteira além da qual não se podia dar lugar a um veredito de condenação aquiliana: "a possibilidade de condenar uma pessoa em razão de sua culpa" - estes eram, em síntese, os argumentos habituais na experiência transalpina - "supõe que esta pessoa seja moralmente responsável por seus atos"[10] e então "onde não há vontade consciente, capaz de discernimento, não pode haver culpa".[11]

b) Regras e mistificações do "Common Law". No que diz respeito aos ambientes de *common law*, algumas particularidades merecem destaque especial: primeiramente, a fragmentação das regras sobre as quais caso a caso se fundamentava o juízo de responsabilidade.

Sobretudo há alguns decênios, para os menores a solução se apoiava numa série de presunções - de incapacidade de ser negligente- que eram especificadas, caso a caso, como absolutas ou relativas, segundo a idade do demandado no processo: tais presunções se apresentavam - mas até agora não têm faltado ocasiões em que estas são consideradas operantes (e veremos *infra*, nos n°s 7-10, as razões que explicam a retomada desta orientação) - como absolutas para as crianças que não tivessem chegado aos sete anos de idade, e relativas para os menores entre os sete e os catorze anos de idade.[12]

---

e C. BORDA, *Il codice civile italiano annotato*, Torino, 1865, *sub* art. 1153, nº 6, 849; *sub* art. 1306, nº 2, 982; B. ALIMENA, *Competenza del giudice penale a conoscere della responsabilità civile in caso di proscioglimento dell'imputato per mancanza di discernimento*, Giust. pen., 1901, 429 ss.; C. LOSANA, *Sulla portata dell'art. 1306 cod. civ.*, Rolandino, 1897, 325 s.

[8] Cf., por exemplo, Cas. 18 de junho de 1953, *Foro it.*, 1953, I, 1431, com notas de A. TABET; *Foro pad.* 1954, I, 376, com notas de U. BRASIELLO; Cas. 7 de julho de 1958,k nº 2453, *Resp. civ. prev.*, 1959, I, 533; *Resp. civ. prev.*, 1960, 58.

[9] V. também, para as citações, G. VINEY, *La responsabilité*, cit., 694 ss.; F. CHABAS, *Obligations*, cit., 448 s.

[10] M. PLANIOL, *Traité élémentaire de droit civil*, 8ª ed., 1921, 275.

[11] A. COLIN e H. CAPITANT, *Cours élémentaire de droit civil français*, II, 10ª ed., aos cuidados de L. JULLIOT DE LA MORANDIÈRE, 1953, 222.

[12] Para as referências jurisprudenciais, W. L. PROSSER e W. P. KEETON, *On Torts*, 5ª ed., St. Paul, Minn., 1984, 180, notas 55-58; como *adde*, Marsh v. Loader, 1863, 14 C. B. (n. s.) 535; Harold v. Watney, 1898, 2 Q.B. 320, 1895-99 All E. R. Rep. 276; Walmsley v. Humenick, 1954, 2 Dom. Law Rep. 232 - merece destacar que se tratava de um caso análogo, exceto pela idade: aqui a criança tinha cinco anos, o caso FULLENWARTH do qual se fala *infra*, na nota 42 -; e sobre o ponto v., além disso, T. BEVEN, *Negligence in Law*, 4ª ed., aos cuidados de W. J. BYRNE e A. D. GIBB,

De outra parte, resultados diferenciados para os doentes mentais eram alcançados, pelos intérpretes, segundo o tipo de ilícito civil e em razão da natureza da responsabilidade (primária ou concorrente) em questão: tendencialmente, acaba-se por condenar o doente mental que tenha sido autor de um ato ilícito doloso[13] e se chega à solução oposta quando se tenha tratado de apreciar o comportamento do mesmo deficiente mental sob o perfil da culpa primária (os casos eram muito raros), ou mesmo (e isso ocorria com mais freqüência) do ponto de vista da culpa concorrente.[14]

Londres, 1928, I, 40 ss., 179 ss.; G. L. WILLIAMS, *Joint Torts and Contributory Negligence. A Study of Concurrent Fault in Great Britain, Ireland and the Common-Law Dominions*, London, 1951, 355 s.; *Salmond on the Law of Torts*, 17ª ed., aos cuidados de R.F.V. HEUSTON, London, 1977, 521; O.S. GRAY, *The Standard of Care for Children Revisited*, 45 Mod. *Law Rev.*, 1980, 587 ss. Portanto, a regra se desenvolvia em termos de presunção relativa de capacidade *to be negligent*, com atenção aos jovens maiores de 14 anos e próximos a atingir a maioridade: v., ainda - bastante críticos em relação à utilização deste tipo de presunções - W. L. PROSSER e W.P. KEETON, *op. loc. ult. cit.*; ainda, J. G. FLEMING, *The Law of Torts*, 7ª ed., Sidney, 1987, 260. Sobre o ponto, e numa perspectiva sincrônica, para alguns aspectos complementares àqueles aqui expostos, M. BUSSANI, *La colpa soggettiva*, cit. 173 ss.; W.L. PROSSER, J. W. WADE, V.E. SCHWARTZ, *Cases and Materials on Torts*, 8ª ed., New York, 1988 (3ª rist.: 1990), 165, 167 ss.; The Law Reform Commission (Ireland), *Report*, I, cit., 2 ss.

[13] Cf., especialmente, F. H. BOHLEN, *op. cit.*, 10 ss.; W. B. HORNBLOWER, *Insanity and the Law of Negligence*, cit., 283 ss. De qualquer modo, sobre o ponto vale destacar: (a) que os juízes têm estado acostumados a considerar atentamente o tipo de enfermidade do demandado, a fim de verificar se o autor era, ou não, capaz de dirigir a própria vontade no sentido da realização do evento danoso (assim, muitas vezes acabando por excluir a responsabilidade do doente para algumas categorias de *tort* permeadas sobre a necessária presença da *intention* do agente: ver, também, para a casuística mais recente, *The Law Reform Commission* (Ireland), *Report*, II, *loc. ult. cit.*; J. G. FLEMING, *The Law of Torts*, 7ª ed., Sidney, 1987, 21 s.; W.L. PROSSER e W.P. KEETON, *On Torts*, 5ª ed., cit., 1073 s.; C. A. SALTON, *Mental Incapacity and Liability Insurance Exclusionary Clauses: The Effect of Insanity upon Intent*, 78 Cal. Law Rev. 1990, 1027 ss.; J. W. ELLIS, *Tort Responsability of Mentally Disabled Persons*, cit., 1079 ss.; D. E. SEIDELSON, *Reasonable Expectations and Subjective Standards in Negligence Law: The Minor, the Mentally Impaired, and the Mentally Incompetent*, 50 George Wash. Law Rev. 1982, 17 ss.); e (b) que, ainda quando tenha sido reconhecido responsável a título de dolo, geralmente o doente era chamado (e ainda o é) a responder por uma cota reduzida de danos produzidos por ele mesmo (W. L. PROSSER e W. P. KEETON, *op. loc. ult. cit.*) - sem mencionar, em seguida, que a ausência de uma *guilty mind* sempre tornou *obviously futile* a inflição dos chamados *punitive damages* a tais sujeitos (W. L. PROSSER e W.P. KEETON, *op. loc. ult. cit.* e ivi, 1071 s. para a indicação de que as mesmas regras operativas estão em vigor em relação aos ilícitos dolosos do menor imaturo: sobre tudo isso, também, J. G. FLEMING, *op. loc. ult. cit.*; W. B. HORNBLOWER, *op. loc. ult. cit.*).

[14] Para as citações em tema de *negligence*, v. principalmente J. A. BRIANT, *Liability of Insane Person for His Own Negligence*, 49 A. L. R. 3d 1973, 189; F. G. ALEXANDER e TH. S. SZASZ, *Mental Illness as an Excuse for Civil Wrongs*, 43 Notre Dame Law Rev. 1967, 24 ss., S. I. SPLANE, *Tort Liability fo the Mentally Ill in Negligence Actions*, 93 Yale Law J. 1983, 153; aos quais *adde*, com respeito à exoneração do doente da responsabilidade por culpa primária, ainda que *obiter*, *Washington* v. *Baltimore & Ohio R. R. Co.*, 1880, 17 W. Va 190; e, para a exclusão da culpa concorrente a cargo do sujeito *totally insane* ou *utterly devoid of intelligence*, *Deisenrieter* v. *Kraus-Merkel Maltin Co.*, 1897, 97 Wis. 279, 72 N. W. 735: *Georgia Cotton Oil Co.* v. *Jackson*, 1901, 112 Ga. 620, 37 S. E. 873 (merece ser destacado que estes últimos dois são casos concernentes a danos sofridos pelo incapacitado no local de trabalho); ademais, *obiter*, *Chicago & Alton R. R.* v. *Becker*, 1875, 76 Ill. 25; e, com referência à *mental disability* afetando a conduta de um menor, *Bolland* v. *Missouri R. R.*, 1865, 36 Mo. 384; *Baltimore & Portomac R. R.* v. *Cumberland*,

As peculiaridades da NOÇÃO DE CULPA

Do exposto até agora, no que concerne aos doentes mentais, é possível depreender que o momento de transformação das regras de responsabilidade - em direção a soluções que tendencialmente equiparam o tratamento dos insanos ao dos demais cidadãos - está situado no período intermediário entre o século XIX e o presente.[15] Observações valiosas merecem ser feitas com relação a algumas mistificações de fonte doutrinária.

Tomemos por exemplo o difundissímo *handbook* de W. L. Prosser (agora aos cuidados de W. P. Keeton, op. cit., p. 176) onde, sustentando a tese que considera tradicional a regra da responsabilidade por danos do doente mental (cf. também *ivi*, p. 1072), a autoridade com a qual se constrói a abertura do parágrafo dedicado ao destaque da *mental capacity*, na área da *negligence*, é aquela de O. W. Holmes, *The Common Law*, Boston (1ª ed.: 1881; reimp.: 1963). Dessa obra cita-se textualmente a passagem (*ivi*, p. 108) na qual o autor afirma que "a lei não leva em conta a infinita variedade de temperamento, intelecto e educação que torna o caráter subjetivo de um determinado ato tão diferente em diferentes homens" (este parágrafo de Holmes - deve-se acrescentar - e com as mesmas finalidades de Prosser, é utilizado por grande parte dos *common lawyers*[16]).

Pois bem, a extrapolação parecerá ainda menos aventurada quando se coloca a citação no contexto a que pertence. Algumas linhas mais adiante o mesmo Holmes esclarece, com efeito (*ivi*, p. 109): "Existem exceções ao princípio de que todo homem possui uma capacidade ordinária para evitar causar danos a seus vizinhos, o que confirma a regra, e também a base moral da responsabilidade civil de um modo geral. Quando um homem tem uma determinada deficiência de tal natureza que todos a reconheçam como obstáculo a tornar certas precauções possíveis, este homem não será censurado por não tê-las tomado". E depois o mesmo autor destaca, em particular (*ivi*, pp. 109-110): "*A insanidade mental é um assunto mais difícil de se lidar, e não há uma regra geral que possa ser a ela aplicada.* Não há dúvida de que em muitos casos um homem pode ser um doente mental e, ainda

---

1900, 176 *U. S.* 232. Sobre o tema, v., ainda, M.M. BIGELOW, *The Law of Torts*, 8ª ed., Boston, 1907, 109; F. POLLOCK, *The Law of Torts: A Treatise on the Principles & Obligations Arising from Civil Wrongs in the Common Law*, Philadelphia, 1887, 35; J. B. AMES, *Law and Morals*, 22 *Harv. Law Rev.* 1908, 97-99; W. G. H. COOK, *Mental Deficiency in Relation to Tort*, 21 *Col. Law Rev.* 1921, 333; R. M. AGUE JR., *The Liability of Insane Persons in Tort Actions*, 60 *Dick Law Rev.*, 1956, 211; *The Law Reform Commission* (Ireland), *Report on the Liability in Tort of Mentally Disabled Persons*, Dublin, 1985, especialmente 16 ss. (a seguir: *Report*, II).

[15] V., recentemente, F. H. BOHLEN, *op. cit.*, 9 ss.; W. B. HORNBLOWER, *Insanity and the Law of Negligence*, cit., 278 ss.

[16] V., por exemplo, *Salmond and Heuston on the Law of Torts*, 19ª ed., aos cuidados de R.F.V. HEUSTON e R. A. BUCKLEY, London, 1987, 250; F. V. HARPER, FLEMING JAMES JR., O. S. GRAY, *The Law of Torts*, 2ª ed., Boston-Toronto, 1986, III, 428, nota 18; P. S. ATIYAH, *Accidents, Compensation and the Law*, 4ª ed., London, 1987 (reimp.: 1990), aos cuidados de P. CANE, 418-419; C. A. WRIGHT, A. M. LINDEN, L. N. KLAR, *Canadian Tort Law*, Toronto-Vancouver, 1990, 4-15).

assim, se perfeitamente capaz de agir com cuidado e de ser influenciado pelos motivos, requeridos pelas circunstâncias. Mas *se estivermos na presença de uam doença mental bastante pronunciada, manifestamente incapacitando a vítima de agir de acordo com a regra que ela transgrediu, o bom senso indica que a enfermidade deve ser aceita como uma escusa para o seu comportamento. Deste modo, podemos afirmar que, por um lado, a lei presume ou exige que um homem possua a capacidade ordinária de evitar causar danos a seus vizinhos, desde que não mostre uma manifesta incapacidade para agir como tal*; mas isto, por outro lado, em geral não o torna responsável por delitos culposos, a menos que, possuindo a mencionada capacidade, ele pudesse ou devesse ter previsto o perigo, ou em outras palavras, a não ser que um homem previdente e de inteligência ordinária tivesse sido considerado culpável por ter agido como ele agiu." - os grifos são nossos.[17]

Na mesma perspectiva, deve ser considerada a necessidade persistente que os *common lawyers* do século passado - v., entre outros, T. G. Sherman e A.A. Redfield[18] e, sobretudo, T. M. Cooley[19] - estavam acostumados a suprir com a regra estabelecida da responsabilidade por negligência do incapaz, onde, observando-se bem, os casos que para tal efeito citavam - com exceção de *Williams* v. *Hays*[20] e, em substância, de *Weaver* v. *Ward*[21] - referiam-se a: (1) juízos governados por regras de *strict liability* (*Morain* v. *Devlin*[22], Cross v. *Andrews*[23]); (2) ocasiões nas quais o elemento subjetivo em jogo era o dolo, ou a verdadeira e própria intenção (*Morse* v. *Crawford*[24], *Behrens* v. *McKenzie*[25], Brennan v. Donaghy[26], Stanley v. Hayes[27]); (3) decisões

[17] Sobre os fenômenos de propagação doutoral de fórmulas "mentirosas", e sobre sua efetiva incidência na circulação de idéias, ver especialmente as reflexões de R. SACCO - elaboradas no curso do tempo em lugares diferentes, as quais se encontram agora num compêndio em - *Introduzione al diritto comparato*, cit., especialmente pp. 16 ss., 51 ss., 70 ss., 125 ss; Id., *La comparaison juridique au service de la connaissance du droit*, cit., 41 ss., 55 ss., 105 ss.; Id., *Legal Formants: A Dynamic Approach to Comparative Law*, cit., 26 ss., 346 ss., 384 ss.

[18] *A Treatise on the Law of Negligence*, várias edições, New York, (1ª: 1869, 2ª: 1870, 3ª: 1874, reimp.: 1880) 4ª ed.: 1888, § 57; 5ª: 1898, § 21.

[19] *A Treatise on the Law of Torts: Or the Wrongs Arise Independent of Contract*, 1ª ed., Chicago, 1879, 99 ss., 2ª ed.: 1888, 115 ss. - esta última obra "which has had a great influence in leading American courts to hold at least insane persons liable for harm which they have directly done by acts atually but not culpably intended to cause it": F. H. BOHLEN, *Liability in Tort of Infants and Insane Persons*, cit., 34, nota 38.

[20] 1894, 143 *N. Y.* 442, 26 *L.R.A.* 153; 1896, 2 *App. Div.* 183; 1899, 157 *N. Y.* 541, 52 *N. E.* 589, 43 *L. R. A.* 253.

[21] 1617, *Hobart's Rep.* 134, *Eng. Rep.* 284.

[22] 1882, 132 *Mass.* 87.

[23] 1598, 2 *Cr. Eliz.* 622.

[24] 1893, 17 *Vt.* 499.

[25] 1867, 23 *Iowa* 233.

[26] 1900, 19 *N. Z. L. R.* 289.

[27] 1904, 8 *O.L.R.* 81.

alheias no âmbito da responsabilidade civil (*Beals* v. *See*[28]); (4) ou, inclusive, meros *dicta*, totalmente inócuos ao resultado final do conflito (*Haycraft* v. *Creasy*[29], *Mordaunt* v. *Mordaunt*[30], *Hanbury* v. *Hanbury*[31], *Emmens* v. *Pottle*[32]).

Sem mencionar, por fim, que ainda quando a citação jurisprudencial oferecida pelo estudioso se revelava puntual, é possível observar a distorcida ressonância que às vezes acabava por levar à mesma exigência. Para este propósito basta considerar o jogo de espelhos construído por T. G. Shearman e A. A. Redfield, em seu *A Treatise on the Law of Negligence* (cit., *retro*, nota 18), e os juízes de *Williams* v. *Hays*. Na 5ª edição de seu tratado (§ 121), e como suporte casuístico à tese segundo a qual os lunáticos devem responder pelos danos ocasionados culposamente a terceiros, remetem substancialmente apenas a *Williams* v. *Hays* (1894, 143 *N. Y.* 442), decisão que, por sua vez, como autoridade de referência cita (*ivi*, 443) unicamente a 4ª ed., § 57, do tratado de T. G. Shearman e A. A. Redfield.

2.1. As razões da culpa "objetiva" e as razões do juízo de responsabilidade

Estas foram as regras do passado. Hoje o quadro é diferente: onde quer que seja, é fácil perceber-se que o defeito de maturidade psíquica, característico na criança pequena ou no doente mental, já não representa, num número crescente de hipóteses, um obstáculo insuperável para proceder à condenação aquiliana daqueles indivíduos.

Em relação a estes indivíduos, já foram lembradas as razões que - considerando (os últimos avanços da ciência psiquiátrica, bem como o abandono da legislação de custódia, no que se refere aos doentes) as transformações socioeconômicas que tornaram possível o aumento do número de "contatos" potencialmente danosos entre todos estes indivíduis e o resto

---

[28] 1848, 10 *Pa. St.* 56.

[29] 1801, 2 *East* 91.

[30] 1870, *L. R.* 2 *P. & D.* 103.

[31] 1892, 8 *T. L. R.* 559.

[32] 1885, 16 *Q. B. D.* 354. Para indicações e aprofundamento ulterior - com a preciosa advertência (nem sempre tida em justa consideração pelos intérpretes) que "uma variedade de rótulos tem sido aplicados aos doentes mentais ao longo dos anos. Os tribunais têm se referido a estas pessoas como 'loucos', 'lunáticos', 'doentes' e 'malucos', dentre numerosos outros termos. Uma dificuldade que surge na interpretação dos primeiros casos é que esses termos eram muitas vezes usados para descrever somente aquelas pessoas que nós consideraríamos doentes e outras vezes incluíam tanto os doentes mentais quanto os retardados mentais. Este é um problema específico na interpretação dos casos pioneiros de responsabilidade civil de doentes mentais.": J. W. ELLIS, *Tort Responsability of Mentally Disabled Persons*, 4 *AM. Bar Found. Res. Journ.*, 1981, 1082, nota 16 - v. W. B. HORNBLOWER, *Insanity and the Law of Negligence* 5 *Col. Law Rev.* 1905, 278 ss.; T. BEVEN, *Negligence in Law*, 4ª ed., cit., 38 ss.; ainda, F. H. BOHLEN, *op. cit.*, 9 ss.; J. F. CLERK e W. H. B. LINDSELL, *The Law of Torts*, St. Paul, Minn., 1895, I, 154 ss.

dos concidadãos, e a conseqüente irrazoabilidade de um sacrifício generalizado imposto exclusivamente aos terceiros - sustentam o progressivo esfacelamento do cânone da irresponsabilidade[33].

A perspectiva de uma total paridade de tratamento aquiliano entre sujeitos capazes e incapazes[34] agora impele os intérpretes a entender que - em tema de ilícito culposo - "a única forma de garantia verdadeiramente irrenunciável para o incapaz"[35] seja dada pela regra segundo a qual, para os fins de condenação, na conduta da criança ou do doente deverão sempre ser reconhecidos os extremos de uma culpa: é feita ressalva à exigência de demonstrar se o incapaz tenha agido com dolo, com culpa ou sem culpa, donde evitar que ele possa ser chamado a responder pela indenização - ou o responsável pelo ressarcimento - em hipóteses em que um sujeito capaz, por ter agido somente com culpa ou inculposamente, teria sido declarado irresponsável.[36]

Depois, quanto ao parâmetro a ser utilizado na avaliação da conduta do incapaz, a escolha já de início parece desagradar aos estudiosos: trata-se de uma apreciação realizada conforme um critério puramente objetivo - aquele do homem médio - sem qualquer consideração pelas condições psicofísicas em que se encontrava o agente no momento da produção do ilícito.[37]

Pois bem, incontroversos os pressupostos (não só culturais, mas também técnicos e de política do Direito) de que partem orientações do gênero, vale ressaltar que, em mais de uma ocasião, a *law in action* reputou impra-

---

[33] *Retro*, cap. I, nᵒˢ 1, 4; cap. II, nᵒ 3.1.

[34] Com respeito aos menores absolutamente incapazes cf. VINEY, *La responsabilité*, cit., 704 ss.; CHABAS, *Note sous Ass. Plén.*, 9 de maio de 1984, em *D.*, 1984, 531; JOURDAN, *obs.* em *J.C.P.*, 1984, II, 20256; BLANC-JOUVAN, *La responsabilité de l'"infans"*, em *Rev. trim. dr. civ.*, 1957, 28 ss., 55 ss.; CENDON *et al.*, *Il setimo libro*, cit., 152; F. JAMES jr., *Accident Liability Reconsidered: The Impact of Liability Insurance*, 57 *Yale Law J.*, 1948, 549, 554 ss.

[35] CENDON *et al.*, *La responsabilità civile degli operatori*, cit., 581.

[36] SALVI, *op. ult. cit.*, 821 ss.; CENDON *et al.*, *op. ult. cit.*, 580 ss.; CORSARO, *Responsabilità civile. I) Diritto civile*, em *Enc. giur.*, Roma, (em via de publicação), 32 ss.; LISERRE, *In tema di concorso colposo del danneggiato incapace*, cit., 352; ou CASETTA, *L'illecito degli enti pubblici*, Torino, 1953, 40 ss., 53 ss.; DEVOTO, *L'imputabilità e le sue forme nel diritto civile*, cit., 87 ss.; ALTAVILLA, *La condotta anomala nel diritto civile e nel diritto penale*, I, Torino, 1960, 204. Fora da Itália, a orientação em questão (recentemente acolhida também pelo art. 1462 do novo *Code Civil du Québec*) já incluía entre seus defensores, por exemplo, A. VON THUR, *Partie générale du code federal des obligations*, I, cit., 343; H. DERNBURG, *Das Bürgerliche Recht des Deutschen Reichs und Preussens*, II, 1, 4ª ed., a cargo de A. ENGELMANN HALLE, 1909, § 66, 212 s.; F. LEONHARDT, *Besonderes Schuldrecht des BGB*, München u. Leipzig, 1931, 597; F. H. BOHLEN, *op. cit.*, 9 ss.; F. LAURENT, *Principes de droit civil*, II, Bruxelles-Paris, 1887, 358; R. DEMOGUE, *Traité des obligations en général*, I, 5, Paris, 1925, 532 ss. Até o momento, para os ambientes de *common law*, v. J. G. FLEMING, *The Law of Torts*, 7ª ed., cit., 21 ss., 103 ss.; JOLOWICZ, em CLERK e LINDSELL, *On Torts*, cit., 101.

[37] Assim, VISINTINI, *Imputabilità e danno cagionato dall'incapace*, cit., 119; CENDON *et al.*, *op. loc. ult. cit.*; SALVI, *op. loc. ult. cit.*

ticável - e exatamente em vista da ponderação entre os interesses em conflito, no juízo de responsabilidade - uma completa equiparação entre os níveis de conduta "exigíveis" de um incapaz e aqueles que é possível esperar de um sujeito são e adulto.

3. Os doentes mentais. A situação na Itália

Logo são revelados os dados aos quais dirigir a atenção. Já num primeiro exame, com efeito, é possível observar que: (a) existe uma série articulada de regras dirigidas a distinguir - no interior dos diversos ordenamentos, e em vista das ocasiões específicas em que se produziu o dano - o tipo de conduta devida pelo menor do comportamento exigível de um doente mental;[38] (b) estas primeiras conclusões (ou melhor, pré-valorações[39]) in-

---

[38] De um modo geral, em relação à diversidade de perspectivas com que muitas vezes se tem enfrentado o tema da responsabilidade das crianças, de um lado, e dos doentes mentais, de outro, segundo J. G. FLEMING, *An Introduction to the Law of Torts*, Oxford, 1969, 31: "a explicação para esta disparidade ... é que nós estamos preparados para tolerar os erros e falhas da infância como uma condição de que todo homem é herdeiro" diferentemente da doença mental, que "é talvez ainda cercada de uma caráter atávico pecaminoso que o homem moderno não tem conseguido superar". Para outros, a relevância (além disso, radicada em nossa cultura - cf., por exemplo, I. KANT, *Anthropologie in pragmastischer Hinsicht*, Köenigsberg, 1798, trad. ital. de G. VIDARI, *Antropologia pragmatica*, Bari, 1985, 89 ss., 96 ss. - também entre os juristas contemporâneos) é bastante difundido: ver W. L. PROSSER e W. P. KEETON, *op. cit.*, 180; F. V. HARPER e FLEMING JAMES, *The Law of Torts*, Boston-Toronto, 1956, II, 925. Para considerações idênticas, no ambiente francês, G. DURRY, *obs.*, *Rev. trim. dr. civ.*, 1976, 784; embora com o olhar voltado para a experiência francesa, mas também para a alemã e (principalmente) para a suíça, F. WERRO, *La capacité de discernement et la faute dans le droit suisse de la responsabilité. Étude critique et comparative*, 2ª ed., Fribourg, 1986, especialmente, 5 ss., 18 ss., 63 ss., 124 ss.
Com especial atenção a cada um dos fatores que determinaram o recente desenvolvimento no tratamento aquiliano das crianças pequenas, cf. G. VINEY, *La responsabilité*, cit., 704 ss.; F. CHABAS, *Note*, em *D.*, 1984, 531; P. JOURDAIN, *obs.*, *J. C. P.*, 1984, II, 20256; X. BLANC-JOUVAN, *La responsabilité de l'"infans"*, *Rev. trim. dr. civ.*, 1957, 28 ss., 55 ss.; P. CENDON *et alii*, *Il settimo libro del codice civile. Il diritto dei soggetti deboli*, *Pol. dir.*, 1990, 152; F. JAMES, *Accident Liability Reconsidered: The Impact of Liability Insurance*, 57 *Yale Law J.* 1948, 549, 554 ss.; J. GORDLEY, *Tort Law in the Aristotelian Tradition*, Oxford, 1995, 131, 140 ss. Para uma valoração conjunta das razões que dão fundamento à atual evolução das regras de responsabilidade extracontratual com referência aos doentes mentais, P. CENDON *et alii*, *La responsabilità civile degli operatori e dei servizi psichiatrici*, *Pol. dir.*, 1990, 580 ss.; C. SALVI, *La responsabilità civile dell'infermo di mente*, em P. CENDON (aos cuidados de), *Un altro diritto per il malato di mente. Esperienze e soggetti della trasformazione*, Napoli, 1988, 821 ss.; L. CORSARO, *Responsabilità civile. I) Diritto civile*, *Enc. giur.*, XXVI, Roma, 1991, 9 ss., 14 ss.; J. G. FLEMING, *The Law of Torts*, 7ª ed., cit., 21 ss., 103 ss.; E. J. WEINRIB, *The Special Morality of Tort Law*, 34 *McGill Law Journ.*, 1989, 403, 406 e nota 4; R. REISNER e C. SLOBOGIN, *Law and Mental Health System*, 2ª ed., St. Paul, Minn., 1990, 327 ss., 491 ss.

[39] Cf. os autores e as obras citadas na nota precedente (especialmente os trabalhos de J. G. FLEMING, W. L. PROSSER e W. P. KEETON, F. V. HARPER e FLEMING JAMES, G. DURRY, R. REISNER e C. SLOBOGIN) e *adde* J. W. ELLIS, *Tort Responsibility of Mentally Disabled Persons*, e D. E. SEIDELSON, *Reasonable Expectations and Subjective Standards in Negligence Law*, nos *loc. ult. cit.* Em geral, a respeito da relevância do dado pressuposto, e oculto, que intervém no

fluem sobre as soluções finais, que depois, freqüentemente, resultam diferentes entre si, segundo se trate de responsabilidade primária ou da apreciação da responsabilidade concorrente do sujeito em questão.

Para percebermos algumas das particularidades na atitude dos intérpretes, é necessária uma abordagem mais detalhada do tema, distinguindo as soluções que diziam respeito aos danos causados por um doente mental *(A)*, daquelas que examinaram o comportamento danoso de uma criança *(B)*.

Vindo, então, a considerar por primeiro as hipóteses que envolvem um sujeito doente mental, deve-se dizer que a situação italiana comporta apenas uns poucos comentários. De fato, esta categoria de indivíduos - cuja ausência de lucidez mental no momento da produção do dano é demonstrada em concreto (do mesmo modo em que ocorre para os menores em tenra idade, de resto[40]) - tem tido bem poucas oportunidades de ser apreciada pelas cortes.

O levantamento dos repertórios de jurisprudência conduz o intérprete às seguintes observações: aos doentes mentais nunca é atribuído um ilícito de natureza omissiva (o que não causa surpresa, conforme as considerações desenvolvidas precedentemente[41]); ao doente mental, que resultou vítima de um dano provocado por outrem, quase nunca é imputada uma culpa concorrente na produção do evento (por outro lado, este dado é significativo à luz do crescente número de hipóteses em que se vê a afirmação da responsabilidade de médicos, enfermeiros, psiquiatras pela imperícia que se encontra na origem do dano sofrido pelo incapaz;[42] acerca das poucas ocasiões

---

curso do procedimento interpretativo concretamente colocado em prática pelo jurista - e sobre a distinção entre, de um lado, o conjunto de argumentos que o juiz utiliza para justificar a própria solução e, de outro, a série de motivos que na realidade se revelam fatores determinantes da decisão - remete-se, obviamente, a J. ESSER, *Voverständnis und Methodenwahl in der Rechtsfindung*, Frankfurt am Mein, 1972, trad. ital. de S. PATTI e G. ZACCARIA, *Precomprensione e scelta del metodo nel processo di individuazione del diritto*, Camerino, 1983, *passim*, e especialmente 11 ss., 38 ss., 55, 61 ss., 99 ss., 145 ss., 183 ss.; mas com grande antecipação às reflexões de Esser, v. R. SACCO, *Il concetto di interpretazione del diritto*, Torino, 1947, *passim*, e em particular 31 ss., 49 ss., 70 ss., 115 ss., 127 ss., 142 ss. Voltando no tempo, algum indício - marcado por uma elevada taxa de dependência dos resultados das teorias psicanalíticas - pode ser encontrado nos ambientes de *common law*, no ensaio de T. SCHROEDER, *The Psychologic Study of Judicial Opinions*, 6 Cal. Law Rev., 1918, 89, 94 ss.; sobre a retomada destas reflexões por parte do denominado realismo jurídico, ver depois, em particular, J. FRANK, *Law and Modern Mind*, Gloucester, Mass., (1ª ed. 1930, 6ª ed. 1948, reimp.:) 1970, *passim*, especialmente 121 ss.; e P. G. MONATERI, *"Legal Doctrine" as a Source of Law. A Transnational Factor and a Historical Paradox*, em *Italian National Reports on the XIIth International Congress of Comparative Law, Sydney, 1986*, Milano, 1986, 19, 33 ss.

[40] V. *retro*, cap. I, nota 29.

[41] *Retro*, cap. II, n° 3.1.

[42] Cf. CENDON *et al.*, *La responsabilità civile degli operatori e dei servizi psichiatrici*, cit., *passim*, em particular 573 ss.; CENDON, *Il prezzo della follia*, cit., 13 ss., 47 ss., 107 ss.; BREGOLI, *Figure di sorveglianti dell'incapace dopo l'avvento della legge 180*, em CENDON (cur.), *Un altro diritto*, cit., 827 ss.; CATTANEO, *La responsabilità civile dello psichiatra e dei servizi psichiatrici, ivi*, 217 ss. Aos dados que podem ser encontrados nestas obras *adde* Trib. Trieste, 30 de abril de 1993, *Resp. civ. prev.*, 1994, 302 ss.

As peculiaridades da NOÇAO DE CULPA

em que o doente mental foi efetivamente reconhecido como autor de um dano, pode-se afirmar que, tratando-se de delitos freqüentemente violentos e brutais, o levantamento jurisprudencial revela que o juiz jamais considerou necessário aprofundar o exame da conduta do doente, porém acabando - e é isto o que aqui interessa - por atribuir uma natureza incontestavelmente dolosa no comportamento adotado pelo agente,[43] precisamente em consideração ao modo com que este último havia realizado, em concreto, a ação danosa.

Não é este o lugar adequado para o exame das razões de tal escassez de decisões, mas é possível concluir com a afirmação de que o fenômeno presta-se a ser explicado recorrendo, na realidade, a um número restrito de hipóteses.

Isto é, poder-se-á supor que os doentes mentais são geralmente inofensivos; ou que sejam eficazmente vigiados; ou mesmo que (quanto à concorrência de culpas) o juiz prefira sempre estigmatizar a responsabilidade de outrem, em vez de atribuir à vítima do doente mental o custo de conseqüências desproporcionais à insignificância da sua culpa; ou, de um modo mais geral - e é uma resposta que parece realista - que os danos causados pelos doentes mentais na verdade acabam por ser bem tolerados por um contexto social que, em relação a incidentes do gênero, se tem revelado disposto a recorrer a formas de transação extrajudicial, compostas segundo as "regras de boa vizinhança", conduzidas privadamente e sob modalidades - em ordem ao balanceamento dos elementos subjetivos e objetivos que tiveram relevância no caso concreto - aptas a produzir resultados economicamente e humanamente satisfatórios para todos os interessados.[44]

4. A jurisprudência de *common law*

Mais ampla é a casuística que, com respeito à responsabilidade aquiliana dos doentes mentais, provém dos países pertencentes a família do *common law*.

É fácil observar que, na jurisprudência destes países, uma avaliação objetiva da culpa do doente mental surge com freqüência somente nos

---

[43] Trib. Trieste, 23 de novembro de 1990, *Nuova giur. civ. comm.*, 1993, I, 986, com notas de ROB. CARLEO; Trib. Reggio Emilia 18.11.1989, *Nuova giur. civ. comm.*, 1990, I, 549; Ap. Napoli 05.05.1967, *Temi nap.*, 1967, 195; ver depois Cas. 28.01.1953, n. 216, *Giur. it.*, 1953, I, 496; cf. também Cas. 01.06.1994, nº 5306, em *Resp. civ. prev.*, 1994, 1067, com notas de E. PELLECCHIA; (indicada com o nº 5366, em) *Foro It.*, 1995, I, 1285, com notas de S. DI PAOLA. Sobre as questões conexas à verificação do dolo dos incapazes, P. CENDON, *Il dolo nella responsabilità extracontrattuale*, Torino, 1976, 356 ss.

[44] Exatamente neste último sentido se colocam os resultados da pesquisa de CENDON *et al.*, *La responsabilità civile degli operatori*, cit., *passim*, em particular 558.

casos em que o agente é chamado a responder pelo prejuízo por ele infligido a um terceiro.[45] Quando, ao contrário, a conduta do doente mental deve ser julgada em vista da eventual atribuição a este de uma culpa de natureza concorrente, assistimos à adoção de regras entre si diferenciadas, embora sempre fundadas sobre modelos de comportamento que, de modo distinto do habitual, realmente resultam praticáveis por parte do deficiente.[46]

Às vezes, o afastamento do cânone do homem sensato se manifesta através da aplicação ao doente de um *standard* de conduta equiparado àquele que teria sido possível exigir - nas mesmas circunstâncias de tempo e lugar - de um outro sujeito que tivesse sido acometido do mesmo distúrbio psíquico.[47] Outras vezes, ao contrário, a conduta exigível do doente mental vem individualizada com expressa referência ao nível de diligência que aquele mesmo indivíduo habitualmente mostrava-se em condições de observar.[48] E os juízes chegam a resultados análogos - isto é, marcados pela mesma indulgência em relação aos doentes mentais - quando escolhem colocar ênfase das suas próprias motivações não tanto sobre a conduta

---

[45] Para as referências - às quais *adde*, recentemente, *Goff* v. *Taylor*, 1986, 708 *S. W.* 2d 113 - v. principalmente BRIANT, *Liability of Insane Person for His Own Negligence*, em 49 *A.L.R.* 3d em 1973, 189; F. G. ALEXANDRE e Th. S. SZASZ, *Mental Illness as an Excuse for Civil Wrongs*, em 43 *Notre Dame Law Rev.*, 1967, 24 ss.; SPLANE, *Tort Liability of the Mentally Ill in Negligence Actions*, em 93 *Yale Law J.* 1983, 153; ELLIS, *Responsability of Mentally disabled Persons*, em *Am. Bar Found. Res. J.* 1981, 1079 ss.; SEIDELSON, *Reasonable Expectations and Subjective Standards in Negligence Law*, em 50 *George Wash. Law Rev.*, 1982, 17 ss.; e depois G. D. HOLLISTER, *Using Comparative Fault to Replace the All-or-Nothing Lottery Imposed in Intentional Tort Suits in Wich Both Plaintiff and Defendant Are at Fault*, 46 *Vanderbilt L. Rev.* 1993, 140; cf. também o *Restatement of the Law, Torts*, 1948, *Supplement*, St. Paul Minn., 1949, par. 283; *Restatement of the Law, Torts*, 2d, 1965, St. Paul Minn., II, par. 283 B.
No que concerne aos ilícitos dolosos v. *retro*, neste capítulo, nº 2 (b), texto e notas.

[46] Entre as decisões menos distantes no tempo, *Mochen* v. *State*, 1974, 43 *A. D.* 2d 484, 352 *N. Y. S.* 2d 290; *De Martini* v. *Alexander Sanitarium*, 1961, 192 *Cal. App.* 2d 442, 13 *Cal. Reptr.* 564; *Young* v. *State*, 1978, 92 *Misc.* 2d 795, 401 *N. Y. S.* 2d 955; *Snider* v. *Callahan*, 1966, 250 *F. Supp.*, 1022; *Cowan* v. *Doering*, 1988, 111 *N. J.* 451, 545, *A* 2d 159. Sobre este tema, v. sobretudo W. C. CRAIS, *Contributory Negligence of Mentally Incompetent or Mentally Emotionaly Disturbed Person*, cit., 385 ss.; W. J. CURRAN, *Tort Liability of the Mentally Ill and Mentally Deficient*, 21 *Ohio St. Law Journ.* 1960, 52 ss.; N. J. MULLANY e P. R. HANDFORD, *Tort Liability for Psychiatric Damage*, Sydney, 1993, 248 ss.; G. CALABRESI, *Ideals, Beliefs, Attitudes and the Law*, *locc. citt.*; também F. PARISI, *Liability or Negligence and Judicial Discretion*, 2ª ed., cit., 258 ss.; D. E. SEIDELSON, *op. loc. ult. cit.*; M. BUSSANI, *Responsabilité des sujets atteints de troubles mentaux en Italie et en Common Law*, loc. cit.; J. W. ELLIS, *op. cit.* à nota 12, pp. 1079 ss. - este último (1096 ss.) também para esclarecimentos sobre a identidade que se encontra entre as soluções adotadas sobre o ponto, independentemente da referência dos juízes norte-americanos à regra da concorrente ou à regra da culpa relativa (de um modo geral, para as diferenças de regime entre estas duas defesas indiretas, exceções, no ambiente norte-americano, PROSSER e KEETON, *op. cit.*, pp. 451 ss., 468 ss.).

[47] Em tal sentido, particularmente atento a especificar os detalhes do modelo de comparação, *Young* v. *State* (1978), 92 *Misc.* 2d 795, 401 *N.Y.S.* 2d 955; *Miller* v. *Trinity Medical Center* (1977), 260 *N.W.* 2d 4.

[48] Por exemplo, *Mochen* v. *State* (1974), 43 *A. D.* 2d 484, 352 *N.Y.S.* 2d 955; *Miller* v. *Trinity Medical Center* (1977), 260 *N.W.* 2d 4.

adotada pelo doente, quanto sobre a reprovabilidade do comportamento assumido pelo demandado, que - se demonstra - havia deixado de evitar o prejuízo, embora estivesse em condições de perceber as condições psicofísicas da vítima, e de prever facilmente os gestos que o deficiente teria realizado, naquela ocasião específica.[49]

5. A aparente incongruência das regras de exoneração da responsabilidade em caso de "mal súbito e imprevisível"

Quanto ao tratamento aquiliano dos incapazes, resta um dado a ser lembrado.

Não somente na Itália, ou nos países do *common law*, mas até mesmo na França,[50] quem causa um dano em estado de inconsciência mental, devido à superveniência de um distúrbio súbito e imprevisível - não importa se de origem física ou psíquica[51] - é isento da condenação aquiliana.[52]

---

[49] Recentemente, *Cowan* v. *Doering* (1988), 111 *N.J.* 451, 545 *A.* 2d 159; e v. depois *Mochen* v. *State*, cit.; *Avey* v. *St. Francis Hospital*, cit. Cf. *Vistica* v. *Presbyterian Hosp. & Medical Center*, 1967, 67 *Cal.* 2d 465, 62 *Cal. Rptr.* 577, 432 *P.* 2d 193; e as decisões apresentadas por PROSSER e KEETON, *op. cit.*, 1073, nota 20; e J. G. FLEMING, *op. cit.*, 21 ss.; The Law Reform Commission (Ireland), *Report*, II, cit., especialmente 62 ss.

[50] Os intérpretes franceses, por outro lado (com algumas exceções importantes: v. GOMAA, *La réparation du prejudice causé par les malades mentaux*, em *Rev. trim. dr. civ.*, 1971, 49 ss.; SAVATIER, *Le risque pour l'homme de perdre l'esprit, et ses conséquences en droit civil*, cit., 109 ss.; também LE TOURNEAU, *La responsabilité civile des personnes atteintes d'un trouble mental*, cit., 2401), desde a entrada em vigor da l. 68-5, não deixam de ressaltar o caráter de generalidade do art. 489-2 *code civil*, enquanto norma que não prevê "qualquer responsabilidade em particular e é aplicável a todas as responsabilidades previstas nos artigos 1382 e seguintes do mencionado código," (Cass. civ., 4 de maio de 1977, em *D.* 1977, 393, com nota de LEGEAIS, e *obs.* de DURRY, em *Rev. trim. dr. civ.*, 1977, 772; no mesmo sentido, Cass. civ., 17 de maio de 1982, em *D.*, 1982, *Inf. rap.*, 390).

[51] Assim, Cass. civ. de 4 de fevereiro de 1981, em *J.C.P.* 1981, II, 19656; com *obs.* de DURRY, em *Rev. trim. dr. civ.*, 1982, 148 - decisão que anula Grenoble, 4 de dezembro de 1978, em *J.C.P.*, 1980, II, 19340, com nota de DEJEAN DE LA BATIE -. Igualmente esclarece acerca da irrelevância da distinção entre "interioridade" e "exterioridade" das características (pela necessidade de distinguir, ao contrário - e admitindo assumir no interior do modelo de valoração somente a segunda tipologia de deficiências - H. e L. MAZEAUD e TUNC, *Traité*, I, cit., 500 ss.; mas observações bastante precisas a esta opinião são desenvolvidas por DEJEAN DE LA BATIE, *Appréciation*, cit., 41 ss., 158 ss.; e, na mesma ordem de idéias de D. v., no passado, PRADEL, *La condition civile du malade*, th., Paris, 1960, 138 ss.; ou SAVATIER, *Un élément essentiel de l'état des personnes: la santé humaine*, em *D.*, 1958, Chr., 95; sobre tais questões, v. também *retro*, cap. II, nota 55; *infra*, cap. VI, nº 4.1), F. CHABAS, *Obligations*, cit., 447 s.; T. HONORÉ, *Responsibility and Luck*, cit., 545 ss.; N. KASIRER, *The infans as bon père de famille*, cit., 371 ss.; e, na Itália, Cass 24 de fevereiro de 1986, em *Giust. pen.*, 1987, II, 389.

[52] Para as referências, *retro*, cap. I, nota 37, a que se acrescenta Cass. civ., 4 de novembro de 1965, em *Gaz. Pal.*, 1966, 1, 148, em *D.*, 1966, 394, com nota de PLANQUEEL, em *Bull. civ.*, II, 601; Cass. civ., 17 de fevereiro de 1966, em *D.*, 1966, 396; em *Bull. civ.*, II, 157; Cass. civ., 4 de fevereiro de 1981, cit. na nota precedente. Na Itália, Cass. 10.01.1957, nº 3227, *Resp. civ. prev.*, 1958, 264; para o ataque imprevisto de um professor, Corte Conti, sez. III, 03.04.1989, 2, 119;

Torna-se evidente, em primeiro lugar, que em tais casos - concernentes aos indivíduos adultos que, exceção feita ao momento em que causaram o prejuízo, eram perfeitamente capazes de entender e querer - a ausência de qualquer responsável, encarregado de controlar o sujeito (e de responder pelos danos por ele provocados) freqüentemente destina-se a deixar a vítima privada da possibilidade de obter a reparação das perdas sofridas.[53] Em segundo lugar, é necessário ter presente que se chega à solução contrária quando os juízes encontram meios de apreciar se o agente tinha (ou devesse ter) o conhecimento da possível superveniência do mal súbito.

Assim, será difícil escapar à conclusão de que resultados como esses explicam-se unicamente em virtude do fato dos Tribunais, ao invés de aplicarem mecanicamente regras de conduta abstratas, também neste setor particular do ilícito revelam-se sempre orientados (a definir, primeiro, e depois) a comparar em concreto: por um lado, as exigências que justificam a proteção da vítima, e, por outro, as razões da superioridade ou da debilidade do autor do dano, individualmente considerado.

Cass. penal, 26 de janeiro de 1969, Togneri, *Mass. Cass. pen.* 7 de dezembro de 1979, *ivi*, 1980, 1266; Cass. penal 7 de dezembro de 1979, *ivi*, 1980, 1420; Cass. pen. 26 de maio de 1969, Monzeglio, *Riv. giur. circ. trasp.*, 1970, 400, com notas de V. VALENTINO; recentemente, em termos menos claros, Cass. 29 de abril de 1993, nº 5024, *Resp. civ. prev.*, 1994, 472, sobre a qual C. MARTORANA, *ivi*, 359. V., contudo: *Waugh* v. *James K. Allen*, 1964, 2 *Lloyd's Rep.* 1; *Roberts* v. *Ramsbottom*, 1980, 1 *All E. R.* 7 (*obiter*); entre as decisões canadenses, *Buckley & Toronto Transp. Comm'n* v. *Smith Transport Ltd.*, 1946, 4 *Dom. Law Rep.* 721; voltando a atenção a Quebec, os dados e observações de N. KASIRER, *The* infans *as* bon père de famille, cit., 358; a casuística norte-americana referida por W. L. PROSSER e W. P. KEETON, *On Torts*, 5ª ed., cit., 162; e de J. G. FLEMING, *The Law of Torts*, 7ª ed., cit., 102 s., 258 ss.; a que *adde Wingate* v. *United States Services Auto Ass'n*, 1985, 480 *So.* 2d 665. Sobre este ponto, v. além disso, E. DEUTSCH, *Fahrlässigkeit und erforderliche Sorgfalt*, Köln, 1963, 329 s., 348; K. LARENZ, *Lehrbuch des Schuldrechts*, 14ª ed., München, 1987, 291 s. (também para o debate sobre as posições de E. DEUTSCH); depois, A. TUNC, *responsabilité civile*, 2ª ed., cit., 111. Sobre o tema, v. ainda WEIR, *A Casebook*, cit., 99; C. T. DRECHSLER, *Physical defect, illness, drowsiness, or falling asleep of motor vehicle operator as affecting liability for injury*, em 28 *A.L.R.* 2d 1953, 12; DIAS e MARKESINIS, *Tort Law*, cit., 100; HORDER, *Pleading Involuntary Lack of Capacity*, 52 *Cambr. L. J.* 1993, pp. 298 ss. Para algumas observações ulteriores, de ordem juseconomicas, COOTER, *Punitive Damages for Deterrence*, cit., 1174; Parisi, *Sviluppi*, cit., 580 s.

[53] Em relação à responsabilidade do comitente, num caso em que o evento danoso é conseqüência de um acidente na estrada, atribuível ao ataque imprevisto do preposto, v., na Itália, Cass. 10 de janeiro de 1957, *cit.* na nota precedente. Para as oscilações que, sobre este ponto específico, são encontradas no comportamento da jurisprudência de *common law* e da jurisprudência francesa v., respectivamente, FLEMING, *op. ult. cit.*, 102 s., 258 s.; PROSSER e KEETON, *op. ult. cit.*, 162; e VINEY, *La responsabilité*, cit., 898 s; CHABAS, *Le droit des accidents de la circulation*, 2ª ed., cit., 20 s.; Id., *Les accidents de la circulation*, cit., 68 s., 90 s., 107 s., 138 s.

6. As crianças em tenra idade. As regras italianas em matéria de responsabilidade primária: avaliação subjetiva *per relationem*

Quantitativamente bastante mais rico se apresenta o panorama jurisprudencial - se comparado com a casuística relativa aos doentes mentais - no que concerne as crianças em tenra idade.

Também a respeito destes será oportuno esclarecer que os juízes dos vários ordenamentos, ao estabelecerem o parâmetro com que avaliar o comportamento assumido pela criança, adotam regras diferenciadas entre si; mas o que mais interessa assinalar é que, prescindindo do sistema de referência - e do tipo de culpa, primária ou concorrente, verificadas caso a caso -, nem sempre a consideração das características subjetivas do menor incapaz mantém-se alheia à *ratio decidendi* do juízo de responsabilidade.

Analisemos por primeiro a experiência italiana - distinguindo as hipóteses em que o menor representa o papel do agente, daquelas em que está em jogo a sua culpa concorrente, na qualidade de vítima.

No que concerne à responsabilidade primária, na verdade, é suficiente uma única consideração. É sabido que os juízes, nesses casos, têm sempre o cuidado de examinar atentamente a subjetividade do jovem autor do dano. Porém, devido ao nosso quadro normativo, o resultado das indagações (caso a caso, a respeito da idade, capacidade de julgamento, características psicofísicas, inteligência) não é utilizado pelos Tribunais - ao menos não explicitamente - para fins de avaliar a conduta do agente, mas com o objetivo de avaliar sua imputabilidade e a exclusão de sua responsabilidade pessoal, *ex* art. 2.043 do Código Civil italiano, quando ele é o autor exclusivo do dano,[54] geralmente encontra explicação justamente na consideração da imaturidade do mesmo menor. Porém, diante do quadro normativo italiano, a investigação sobre a imputabilidade do indivíduo, *ex* art. 2.046 do CC,

---

[54] Para esta hipótese, acerca da retomada da noção de imputabilidade - com variações definida pela doutrina como aptidão para a culpa (A. DE CUPIS, *Il danno. Teoria generale della responsabilità civile*, 3ª ed, I, Milano, 1979, 178 ss.), ou como pressuposto da culpabilidade (G. QUAGLIARIELLO, *Sulla responsabilità da illecito nel vigente codice civile*, Napoli, 1957, 24 ss.), ou como "qualificação pessoal" que condiciona a responsabilidade plena do sujeito pelos danos injustos produzidos (L. DEVOTO, *L'imputabilità e le sue forme nel diritto civile*, cit., 55 ss.), ou como pressuposto para a atribuição dos efeitos ressarcitórios a cargo do agente (L. CORSARO, *L'imputazione del fatto illecito*, Milano, 1968, 107 ss.) - ver as considerações gerais e as referências jurisprudenciais oferecidas por A. VENCHIARUTTI, *La protezione civilistica dell'incapace*, Milano, 1995, 528 ss.; G. VISINTINI, *Trattato breve*, cit., 471 ss.; M. FRANZONI, *Dei fatti illeciti*, cit., 124 ss., 315 ss., 774 ss., 1222 ss. (e a estes últimos autores, aos quais *adde* G. BONILINI, *Il danno non patrimoniale*, Milano, 1983, 515 ss.; A. RAVAZZONI, *Le riparazione del danno non patrimoniale*, Milano, 1962, 109 ss.; C. SALVI, *Il danno extracontrattuale. Modelli e funzioni*, Napoli, 1985, 143; F. MASTROPAOLO, *Morte del minore provocata dal non imputabile e risarcimento dei danni*, *Giur. it.*, 1984, I, 1, 149, 159 s. - remete-se também para aspectos úteis acerca da atual prevalência da tese favorável à ressarcibilidade dos danos não-patrimoniais, no caso de delito cometido por um menor não imputável para os efeitos da lei penal).

torna-se freqüentemente e essencialmente instrumental à escolha da norma destinada a regular a controvérsia, o art. 2047 ou o art. 2048 (este último sancionando uma presunção de responsabilidade a cargo - em particular - dos pais, como conseqüência do fato ilícito realizado pelo menor capaz).

No entanto, se observássemos ainda mais de perto a casuística, veríamos que os juízes, quando postos diante da alternativa entre os dois dispositivos legais, freqüentemente terminam por optar (ou acolher a pretensão dos representantes da vítima) pela aplicação do art. 2048 do CC italiano: norma em virtude da qual a verificação da culpabilidade do menor é sempre necessária, para o fim de configurar aquele "fato ilícito" indicado expressamente, pelo mesmo dispositivo legal, entre os elementos da tipologia.[55] E este é exatamente o ponto que merece ser destacado. A perspectiva do art. 2048 do CC italiano é, de fato, acolhida, não só (a) nos casos em que a importância da idade do menor, compreendida entre os cinco e os onze anos, aliada às circunstâncias da hipótese em questão, teria tornado possível uma solução completamente diferente, e baseada justamente na inimputabilidade aquiliana do autor do dano;[56] mas, sobretudo (b) sem que, em tais instâncias, os Tribunais dediquem qualquer atenção explícita ao aspecto sistemático (ou seja, ao impacto sobre a posição geral da criança pequena no âmbito extracontratual), produto da adoção da regra de responsabilidade - e como sintoma destas incongruências clandestinas aparecerá, em seguida, a observação de que os juízes, na valoração do elemento subjetivo do "fato ilícito", acabam por efetuar um substancial esmagamento dos conteúdos de tal operação sobre os resultados do juízo de causalidade,[57] até a elaboração de veredictos modelados estritamente sobre a personalidade do indivíduo menor (e inclinados, assim, à recuperação de indicadores de verificação da culpa marcados por uma taxa muito elevada de subjetividade.[58]

---

[55] Sobre a necessidade, *ex* art. 2048 do CC italiano, de demonstração da culpabilidade do menor - lá onde não entram em jogo critérios de imputação de tipo objetivo (sobre este último ponto, cf. Cass. 31 de março de 1967, nº 734, *Resp. civ. prev.*, 1967, 562; e ver *retro* nota 7) - há concordância entre os intérpretes, por todos: F. D. BUSNELLI, *Capacità e incapacità di agire del minore*, *Dir. fam. e pers.*, 1982, 62; S. PATTI, *Famiglia e responsabilità civile*, Milano, 1984, 264. A respeito do tema, e acerca da articulação dos limites interpostos à aplicação dos arts. 2047 e 2048 do CC italiano, no caso em que a pessoa sujeita a vigilância cause dano a si mesma, v. também G. VISINTINI, *I fatti illeciti*, I, cit., 479; M. FRANZONI, *Dei fatti illeciti*, cit., 336, 351; e cf. Trib. Trieste 30 de abril de 1993.

[56] Sobre o ponto, P. MOROZZO DELLA ROCCA, *Responsabilità civile e minore età*, Napoli, 1994, 83 ss., 145 ss.

[57] Para as citações oportunas, v. *loc. cit.* na nota precedente.

[58] Cf. Cass. 29 de maio de 1992, nº 6484, *Giur. it.*, 1993, I, 1, 588, segundo a qual "a ação de golpear um companheiro de brincadeiras com um casaco de lã, em conseqüência da qual a pessoa atingida sofre lesões pessoais, para o sujeito agente não é um acontecimento que se situe além da culpa e, portanto, imprevisível, se, com acerto, a imprevisibilidade é referida ao evento e não aos meios empregados, escolha dos quais, no caso concreto, é indiferente, *devendo-se avaliar o comportamento psicológico do autor do dano*" (um menino de 11 anos de idade) - cursivas agregadas.

Sem mencionar, depois, que quando se trata de decidir se o responsável estava ou não em condições de impedir o fato danoso do menor, de qualquer modo o juiz acaba por atribuir relevo adequado à idade, à maturidade, ao tipo de comportamento que foi assumido pela criança na ocasião específica. E as razões deste reexame são logo evidentes. Quanto mais imatura e carente de proteção - em uma palavra: débil - se mostrar a personalidade do menor, tanto mais estrita e contínua considera-se deva ser a vigilância exercida pelo responsável.[59] Eis, então, a razão pela qual são mesmo as características da personalidade do vigiado que acabam por orientar o juízo final sobre a responsabilidade do seu vigilante: tudo isto em virtude de uma avaliação do comportamento deste último, que se perfectibiliza com a utilização de um modelo que podemos definir subjetivo *per relationem*.[60]

7. A concorrência de culpa da vítima menor de idade

São diversos os tópicos passíveis de alegação em sede de concorrência de culpa da vítima.[61]

Já mencionamos que os juízes hoje consideram pacífico o entendimento de que também o "fato culposo" que trata o art. 1227, § 1º, do CC italiano, deve ser interpretado com atenção a mera eficiência causal desenvolvida na gênese do evento: daí a irrelevância de toda consideração pela subjetividade do incapaz, e uma apreciação da conduta deste realizada segundo critérios sempre rigorosamente abstratos e objetivos.[62]

Todavia é importante assinalar que alguns intérpretes têm vislumbrado, na solução corrente entre os práticos a resposta jurisprudencial a uma exigência de natureza eqüitativa: isto é, a de não responsabilizar o demandado pelo ressarcimento total do dano, quando o montante deste último resulte totalmente desproporcional à gravidade da culpa atribuível ao mesmo sujeito. Esta leitura que às vezes encontra respaldo explícito nas palavras que a Corte utiliza para censurar a extensão de certas conseqüências práticas, como "aquela de fazer pesar todo o dano sobre quem por acaso se encon-

---

[59] Trata-se de um dado conhecido: para as referências, v. também VISINTINI, *I fatti illeciti*, I, cit., 502 ss.; VENCHIARUTTI, *La responsabilità dell'incapace*, cit., 507 ss.; SALVI, *Responsabilità extracontrattuale*, cit., 1239 ss.

[60] Entre outras, particularmente explícita no delineamento da relatividade do dever de vigilância, como diferenças de idade, de índole e, em geral, da personalidade do menor, Cass., 15 de dezembro de 1980, nº 6503, em *Giur. it.*, 1981, I, 1, 1453.

[61] Basta recordar, entre outros, que o art. 2047 do CC é considerado inaplicável aos danos que o incapaz tenha causado a si próprio, cf. VISINTINI, *I fatti illeciti*, I, cit., 479; ou VENCHIARUTTI, *La responsabilità civile dell'incapace*, cit., 508 ss.

[62] V. *retro*, cap. I, nota 30.

trava em meio a um acidente, de que tenha resultado vítima um rapaz, ainda que este não tenha sido elemento concorrente".[63]

Pois bem, considerações do gênero parecem efetivamente em condições de explicar como em ocasião alguma, a Cassação tenha decidido abandonar uma leitura rigidamente objetiva do comportamento do menor, acabando por negar relevância ao concurso "causal" do fato da própria vítima incapaz de entender e querer.

Trata-se de duas hipóteses em que é fácil observar que foi precisamente a necessidade de equilibrar o peso da sanção à gravidade do ato realizado que fez com que os juízes reputassem injustificada a atribuição à vítima - incapaz e "objetivamente" culpável - de uma cota, ainda que mínima, do prejuízo sofrido.

No primeiro caso, uma bomba explodiu nas mãos de um menor, que a havia encontrado em um campo de treinamento militar aberto ao público: aqui, a gravidade da negligência imputável à Administração militar (que tinha esquecido a arma no campo), a pouca idade da vítima e a lesão da integridade física por ela sofrida, aos olhos dos juízes foram considerados dados suficientes para tornar irrelevante o fato de que a criança tivesse provocado a funesta explosão, arrancando sozinho o pino de segurança do engenho.[64]

E do mesmo modo foi resolvida a controvérsia a respeito da qual se entendeu que o grau de reprovabilidade do fato ilícito realizado pelo agente - ter vendido cápsulas explosivas a um menor - era capaz de excluir a configuração de qualquer concurso de culpa da vítima: conclusão a que os juízes chegaram, ainda que tivessem podido estabelecer com certeza que o menor tornou-se vítima da explosão da cápsula em virtude de ter, ele próprio, imprudentemente nela batido e forçado com uma pedra.[65]

8. A jurisprudência francesa

Analisando a situação francesa, podemos afirmar que - embora mais de uma voz tenha alertado sobre a necessidade de estender aos menores

---

[63] Assim, Cass., 28 de abril de 1962, I, 913, com nota de DE CUPIS; em *Resp. civ. prev.*, 1962, 233, com nota de GENTILE; sobre o ponto cf. P. TRIMARCHI, *Causalità e danno*, cit., 131 ss.; VISINTINI, *op. ult. cit.*, 473 ss.

[64] Cass., 10 de fevereiro de 1961, nº 291, em *Resp. civ. prev.*, 1961, 324; em *Temi nap.*, 1961, 600, com nota de POGLIANI; para a decisão de um caso análogo, em que se acabou por distribuir a culpa entre a administração pública e o menor (mas - é bom ressaltar - se tratava de um rapaz de 11 anos de idade), v. Cons. d'Etat, 1º de julho de 1963, em *Rec. Lebon*, 1936, 717.

[65] Cass., 3 de junho de 1959, nº 1650, em *Resp. civ. prev.*, 1960, 160. Para um caso semelhante - ao qual retornaremos mais adiante, cap. VI, nota 24 - v. Cass., 28 de setembro de 1964, nº 2442, em *Giur. it.*, 1965, I, 1, 201; e em *Arch. resp. civ.*, 1965, 964.

imaturos os critérios de avaliação objetiva em uso para a conduta do doente mental (*ex* art. 489-2 do CC francês)[66] -, a este respeito, a jurisprudência continua a assumir uma posição elástica.[67] Por exemplo, se o menor era totalmente privado da capacidade de discernir qual fosse o comportamento adequado para evitar o dano, os juízes podem excluir a imputação de uma culpa concorrente à criança, mesmo quando este já tenha atingido os seis[68] ou sete anos de idade.[69]

E à mesma conclusão se chega - fundamentada em idêntica *ratio*: ou seja, a impossibilidade de reconhecer culpa em quem é incapaz de prever as conseqüências do próprio comportamento - no caso em que uma criança de 3 anos causa o dano a um terceiro, em virtude de um ato que é considerado "daqueles que podem ser cometidos por qualquer criança da mesma idade, não importando qua tenha sido a educação recebida" ;[70] e, depois, em relação à criança de puca idade que pega uma caixa de fósforos de sua casa, dirige-se às proximidades de um galpão de feno e lá joga um fósforo aceso;[71] ou, ainda, a respeito do menor imaturo que, enquanto joga num campo próximo à estrada, inadvertidamente arremessa a bola sobre a pista, provocando a queda de um ciclista: também aqui "a imprud6encia da criança não constituiu uma culpa capaz de gerar a sua responsabilidade civil".[72]

Outras vezes, é evidente que - sobretudo quando a criança não é mais considerada imatura, ou se trata de um menor doente mental - as decisões dos juízes transalpinos se inspiram num critério de rigorosa abstração: considerando agora suficiente, para a configuração de uma culpa, a demons-

---

[66] V. a doutrina francesa lembrada *retro*, neste capítulo, nota 2, a que *adde* LEGEAIS, *Responsabilité civile des enfants et responsabilité civile des parents*, em *Rép. not. Défrenois*, 1985, art. 33508, 557; DURRY, *obs.*, em *Rev. trim. dr. civ.*, 1976, 784. Na Itália, um balanço recente é encontrado em PETRELLI, *La responsabilità civile dell'infermo di mente nell'ordinamento francese*, em *Riv. dir. civ.*, 1991, I, 89 ss.

[67] Por outro lado, é bom lembrar que antes da entrada em vigor da lei 68-5, a jurisprudência tinha por firme o princípio da irresponsabilidade civil do menor que fosse destituído da capacidade de discernimento - seja em virtude da tenra idade, seja em razão de uma doença mental -: sobre o ponto, v. as observações de VINEY, *La responsabilité*, cit., 697 ss.; VENCHIA-RUTTI, *La responsabilità civile degli infermi di mente in Francia*, em *Riv. crit. dir. priv.*, 1986, 517 ss.

[68] Cass. civ., 11 de junho de 1980, em *Bull. civ.*, II, nº 140, 97.

[69] Cass. civ., 11 de dezembro de 1974, em *D.*, 1975, I. R., 67, *obs.* de LARROMUET; em *Gaz. Pal.*, 1975, Somm., 68. Porém, v. também, Cass. civ. 18 de fevereiro de 1986, *Bull. civ.*, I, n. 32; Cass. Civ. 7 de março de 1989, *J. C. P.*, 1990, II, 21403, notas de N. DEJEAN DE LA BÂTIE; Cass. civ. 4 de outubro de 1989, *J. C. P.*, 1989, IV, 187; Cass. civ. 9 de dezembro de 1992, *J. C. P.*, 1993, IV, 478.

[70] Cass. civ., 29 de abril de 1976, em *J.C.P.*, 1978, II, 18793, 2º caso, e nota de DEJEAN DE LA BATIE; em *Rev. trim. dr. civ.*, 1977, 130 ss., *obs.*, de DURRY.

[71] Cass. civ., 7 de dezembro de 1977, em *Bull. civ.*, II, nº 233, 170; em *D.*, 1978, I, R., 205, *obs.* de LARROUMET; em *J.C.P.*, 1980, II, 19339, e nota de WIBAULT; em *Rev. trim. dr. civ.*, 1978, 653 ss., *obs.* de DURRY.

[72] Cass. civ., 6 de janeiro de 1977, em *D.*, 1977, I. R., 252.

tração da mera existência do nexo causal entre a conduta do menor e o resultado de dano.[73]

E nesta perspectiva, entre outros,[74] se colocam os pronunciamentos feitos pela Corte de Cassação, reunida em *Assemblée Plénière*, em 9 de maio de 1984.[75] Trata-se de cinco decisões que, na sua maioria,[76] têm sido indicadas como o selo definitivo, aposto pela jurisprudência, à adoção de uma culpa objetiva também em relação aos menores imaturos, ou de tenra idade. Sobre este último ponto, todavia - sem recolocar em discussão as razões que vimos ameaçar o futuro de uma orientação do gênero -, merecerá nota que entre as controvérsias trazidas ao exame da *Cour de Cassation*, naquela sessão: dois casos diziam respeito à imputação (não de uma culpa, mas) de uma responsabilidade presumida - num deles, a cargo do menor, na qualidade de guardião da coisa (*ex* art. 1384, al. 1, do Code Napoleon), noutro, a cargo dos pais da criança (*ex* art. 1384, al. 4, do Code Napoleon);[77] outras

---

[73] Cf. Cass. civ., 20 de julho de 1976, em *J.C.P.*, 1978, II, 18793, 1º caso, com nota de DEJEAN DE LA BATIE; em *Rev. trim. dr. civ.*, 1976, 784, *obs.* de DURRY; em *D.*, 1977, I. R., 144, *obs.* de LARROUMET (se tratava de um rapaz de 17 anos de idade que, na época do fato, encontrava-se em estado de perturbação mental); Bordeaux, 6 de dezembro de 1978, em *D.*, 1978, I. R. 322, *obs.* de LARROUMET; em *Gaz. Pal.*, 1978, 2. 424; em *Rev. trim. dr. civ.*, 1979, 387, *obs.* de DURRY (menor com quinze anos de idade, deficiente mental).

[74] Citações ulteriores - às quais *adde*, recentemente, Cass. civ. 28 de fevereiro de 1996, *Bull. civ.*, II, nº 54; *Resp. civ. et assur.*, 1996, comm. 157 - em F. ALT-MAES, *Les nouveaux droits reconnus à la victime d'un mineur*, *J. C. P.*, 1992, I, 3627, 511 ss.

[75] Publicada em *D.*, 1984, 525, com nota de Chabas; em *J.C.P.*, 1984, II, 20255, com notas de JOURDAIN e DEJEAN DE LA BATIE; comentada por HUET, em *Rev. trim. dr. civ.*, 1984, 508. Sobre este pronunciamento, entre outros, H. MAZEAUD, *La "faute" objective et la responsabilité "sans faute"*, em *D.*, 1985, Chr., 13; LEGEAIS, *Responsabilité civile des enfants*, cit., 557; VINEY, *La réparation des dommages causés sous l'empire d'un état d'inconscience: un trasfert nécessaire de la responsabilité vers l'assurance*, em *J.C.P.*, 1985, I, 3189, nº 12; B. STARCK, ROLAND e BOYER, *Droit civil. Obligations, I, Responsabilité délictuelle*, Paris, 1988, 199 ss.; N. KASIRER, *The infans as bon père de famille: Objectively Wrongful Conduct" in the Civil Law Tradition*, 40 *Am. j. Comp. Law* 1992, 359 ss.; G. AUTORINO STANZIONE, *op. cit.*, 205 s.

[76] V., por exemplo, JOURDAIN, em *J.C.P.*, 1984, II, 20256; DEJEAN DE LA BATIE, *obs.*, em *Rev. trim. dr. civ.*, 1986, 119.

[77] No primeiro caso (*aff. Gabillet*), uma criança de 3 anos é reconhecida civilmente responsável - como guardião da coisa - por ter acidentalmente ferido um companheiro de brincadeiras, com um bastão. Com relação ao segundo caso (*aff. Fullenwarth*) -, considerou-se suficiente, para fundamentar a responsabilidade dos pais, a constatação de um "ato" do menor (com 7 anos de idade) que tenha sido "causa direta do dano" (o menino em questão havia ferido uma outra criança, com uma flecha) - já há bastante tempo (cf., por exemplo, Cass. civ., 13 de junho de 1974, em *Rev. trim. dr. civ.*, 1975, 311, *obs.* de DURRY; Cass. civ., 20 de dezembro de 1960, em *J.C.P.*, 1961, II, 12031, com nota de TUNC; Cass. civ., 1º de dezembro de 1965, em *J.C.P.*, 1966, II, 14567, sobre o qual v. as instrutivas observações de TUNC, *L'enfant et la balle. Réflexions sur la responsabilité civile et l'assurance, ivi*, I, 1983; PUECH, *L'illicéité*, cit., 63, 148; OLLIER, *La responsabilité civile des père et mère*, th. Paris, 1961, 72; VINEY, *La responsabilité*, cit., 697 ss., 972, e nota nº 71), a jurisprudência francesa havia abandonado a necessidade da verificação de uma verdadeira e própria culpa do menor como elo de ligação entre o dano e a responsabilidade (que, por outro lado, acabava, e acaba, também no caso Fullenwarth, a cargo exclusivo) dos pais. Sobre o assunto, v. as observações de DEJEAN DE LA BATIE e de VINEY, nas obras citadas na nota precedente; as considerações de ALT-MAES, *op. cit.*, p. 511 ss.; CHIANALE, *In tema di responsabilità dei genitori per i danni cagionati da figli minori*, cit., 1528 ss.; e os comentários a respeito do tema, *infra*, neste capítulo, nº 10.

duas hipóteses originavam-se da conduta de menores dos quais não se podia afirmar com certeza a ausência de capacidade de discernimento (o primeiro dos dois era - de acordo com os juízes - um garoto "normal" de treze anos de idade; e o outro um menino de nove anos e meio, que se viu condenado penal e civilmente por incêndio voluntário[78]). E, por fim, não se pode deixar de notar que o último dos casos[79] - embora abstratamente reconduzível ao nosso raciocínio: tratava-se de uma menina com 5 anos de idade, reconhecida em culpa por ter concorrido para provocar um acidente de trânsito, atravessando imprudentemente uma rua, o que acabou ocasionando a sua morte - é uma daquelas hipóteses destinadas a não mais repetir-se nas cortes transalpinas, desde a entrada em vigor do art. 3, § 2º, da lei francesa nº 677/85 ("Visando a melhora da situação das vítimas de acidentes de circulação e a agilização dos procedimentos de indenização"), o qual prescinde de qualquer referência à culpa da vítima para estabelecer que um sujeito menor de dezesseis anos,[80] vítima de um acidente de trânsito, deve de qualquer modo ser indenizado por todos os danos corporais por ele sofridos - a única exceção a esta regra é dada pelo caso em que a própria vítima tenha "voluntariamente tenha procurado o dano que sofreu" (art. 3, § 3º, da lei citada).

9. Os critérios adotados pelas cortes do *common law*

Regras de conduta ainda mais articuladas são aquelas em uso nas cortes de *common law*.

Em primeiro lugar, nos apercebemos de que em não poucas ocasiões é reconhecida a chamada imunidade, ou seja, uma presunção de incapacidade (e portanto de irresponsabilidade) que se apresenta como absoluta para os menores que ainda não completaram sete anos de vida[81] e relativa para aqueles que têm de sete a quatorze anos de idade.[82]

---

[78] Trata-se, respectivamente, do *aff. Lemaire* e do *aff. Djouab* - ambas as decisões negligenciaram totalmente a consideração pela capacidade natural dos dois menores.

[79] A referência é ao *aff. Deguini*.

[80] Mas o mesmo acontece quando se trate de um sujeito com mais de setenta anos, ou de um indivíduo ao qual, no momento do acidente, tenha sido reconhecido um determinado grau de incapacidade permanente, ou de invalidez, perto dos 80%: voltaremos a este ponto mais adiante, neste capítulo, nº 15, nota 92.

[81] Para as referências jurisprudenciais, PROSSER e KEETON, *On Torts*, cit., 180, nota 56; HARPER, F. JAMES jr. e GRAY, *The Law of Torts*, III, cit. 437 ss.; *adde*, *Walmsley* v. *Humenick* (1954), 2 *Dom. Law Rep.*, 232 (é interessante esclarecer que se tratava de um caso análogo - salvo pela idade, aqui a criança tinha cinco anos de idade - ao *aff. Fullenwarth*, de que falamos *retro*, na nota 26); sobre o ponto v. também GRAY, *The Standard of Care for Children Revisited*, 45 *Mod. Law Rev.*, 1980, 587 ss.; W. F. SCHWARTZ, *Objectie and Subjective Negligence*, cit., p. 275 ss.

[82] PROSSER e KEETON, *op. loc. ult. cit.*, e nota 57 para a casuística, a que se acrescenta *Bailey* v. *Martz* (1986), 488 *N.E.* 2d 716; e a decisão (embora não deixe de causar certa perplexidade) de *Baller by Baller* v. *Corle* (1986), 490 *N.E.* 2D 382. Depois a regra se desenvolve tendencial-

Outras vezes, ao contrário - e isto na maioria dos casos -, os juízes entendem que só se pode dar uma resposta às questões sobre a capacidade para ser culpável ou a respeito da conduta exigível do menor, através dos resultados obtidos numa análise feita caso a caso. E é importante acrescentar que, para tal fim, as cortes estão dispostas a levar em consideração todo dado possível - relacionado à personalidade do agente - que se demonstre ter influído sobre o comportamento expresso deste, no momento da produção do dano (não importa se causado a si mesmo ou a um terceiro[83]). Assim, acaba-se por sopesar atentamente fatores como a idade, a inteligência, a maturidade, as características psicofísicas, a capacidade de julgamento,[84] e freqüentemente a habilidade e a experiência demonstradas no passado, pela mesma criança, na realização da atividade específica de que se originou o prejuízo levado ao exame dos juízes.[85]

Partindo de considerações do gênero, não é de estranhar que as decisões da jurisprudência alternem - por exemplo - afirmações e negações da culpa com referência a agentes da mesma idade,[86] que tiveram o mesmo

---

mente (um exame analítico da jurisprudência norte-americana é feito por HARPER, F. JAMES Jr. e GRAY, *The Law of Torts*, III, cit. 431 ss.) em termos de presunção relativa de capacidade *to be negligent*, em relação aos sujeitos maiores de quatorze anos e menores de idade: v., ainda - bastante críticos a respeito do recurso a este gênero de presunções - PROSSER e KEETON, *op. loc. ult. cit.*; compartilha tais críticas FLEMING, *The Law of Torts*, cit. 260.

[83] Explícitos acerca da irrelevância de tal distinção - que, ao contrário, afeta o *tort law* dos doentes mentais, como sabemos, *retro*, n⁰ 4 - PROSSER e KEETON, *op. ult. cit.*, 181; FLEMING, *op. ult. cit.*, 103, 259 ss. The *Law Reform Commission* (Ireland), *Report.*, I, cit. pp. 13 ss., 52. Mais em geral, em ordem à diversidade de regras com que o *common law* governa a responsabilidade aquiliana destas duas categorias de sujeitos débeis, FLEMING - *An introduction to the Law of Torts*, Oxford, 1969, 31 - observa: "a explicação para esta disparidade ... é que nós estamos preparados para tolerar os erros e falhas da infância como uma condição de que todo homem é herdeiro" diferentemente da doença mental, que "é talvez ainda cercada de uma caráter atávico pecaminoso que o homem moderno não tem conseguido superar". A observação é bastante conhecida: cf. PROSSER e KEETON, *op. loc. ult. cit.*; HARPER, F. JAMES jr. e GRAY, *The Law of Torts*, III, cit., 431 s. Para uma explicação idêntica acerca das disparidades semelhantes, que vimos serem correntes no ambiente francês (*retro* n⁰ˢ 5 e 8), DURRY, *obs.*, em *Rev. trim. dr. civ.*, 1976, 784.

[84] Cf. GRAY, *op. cit.*, 598, 604 ss.; SEIDELSON, *op. loc. ult. cit.*; SALMOND, HEUSTON e BUCKLEY, *Law of Torts*, cit., 485 s.; HARPER, F. JAMES jr. e GRAY, *The Law of Torts*, III, cit. 434 s. e nota 3; HOLLISTER, *Using Comparative Law*, cit., p. 140; também a casuística e as observações oferecidas em MARKESINIS e DEAKIN, *Tort Law*, 3ª ed. (as primeiras duas pela mão de MARKESINIS e DIAS), Oxford, 1994, p. 149 s., 647; WRIGHT, LINDEN e KLAR, *Canadian Tort Law. Cases, Notes & Materials*, Toronto-Vancouver, 1990, ch. 4, 29 ss.

[85] Cf. Curry v. *Fruin-Colnon Contracting Co.* (1967), 202 *So.*, 2d 345; *Bauman by Chapman v. Crawford* (1985), 104 *Wash.* 2d 241, 704 *P.* 2d 1181; ou então *Merger v. Gray*, 1941, 3 *D. L. R.* 564; *Farral v. Stokes*, 1954, 54 *S. R. N. S. W.* 24. "Cada caso é examinado individualmente, com atenção à particular capacidade da criança de lidar com o risco envolvido no contexto em questão": FLEMING, op. ult. cit., 260.

[86] Por exemplo, para alguns juízes a respeito do comportamento de crianças entre os quatro e os cinco anos de idade, v., no primeiro sentido, *Caparco v. Lambert* (1979), 402 *A.* 1180; no segundo - isto é, pela exoneração da responsabilidade - *Walmsley v. Humenick*, (1954) 2 *Dom. Law Rep.* 232; *Casas v. Maulhardt Buick, inc.* (1968), 258 *Cal. App.* 2d 692; *Taylor v. Armiger* (1976), 358 *A.* 2d 883.

comportamento, ocasionando o mesmo dano; ou que - para um prejuízo causado em circunstâncias análogas entre si - crianças de 7 a 8 anos[87] foram isentas da responsabilidade, enquanto a conduta de crianças com menos idade foi julgada culposa e merecedora da condenação aquiliana.[88] E é assim que se explica, em definitivo, como - para o fim de recapitular qual seja o conteúdo da diligência exigida dos menores absolutamente incapazes, junto às cortes norte-americanas - se possa concluir, afirmando que "mais será exigido de uma criança com habilidade ou inteligência superior para sua idade, e menos de uma que encontra-se mentalmente aquém ao padrão considerado normal para a mesma faixa etária".[89]

10. Conclusões: fragmentação das regras de conduta e razões de tutela da vítima

É chegado o momento de identificar o cerne da questão também em relação aos menores absolutamente incapazes.

Vimos que, acerca do comportamento exigível destes indivíduos, não faltam oportunidades em que as cortes acabam por abandonar o parâmetro de avaliação baseado na conduta do homem médio - às vezes flexibilizando o *standard*, outras vezes tornando-o mais rígido, e contentando-se em demonstrar a eficiência causal exercida pela conduta do agente na gênese do evento. Revelou-se, pois, como as apreciações de cunho "subjetivo" resultem mais difundidas na experiência jurisprudencial de alguns países (isto é, junto aos juízes angloamericanos), e menos na de outros (ou seja, a França e, ainda menos, na Itália).

Na realidade, esta diferença pode ser facilmente explicada, recordando-se que: *a)* habitualmente, nos sistemas de *common law*, a responsabilidade de quem tem o dever de vigiar o comportamento do menor somente pode ser afirmada a título de culpa[90] - e não com base numa presunção de responsabilidade, como usualmente acontece na Itália (cf. art. 2047 do CC)

---

[87] *ZAJACZKOWSKY* v. *State* (1947), 71 *N. Y. S.* 2d 261; *Curry* v. *Fruin-Colnon*, cit. na nota 48; *Finbow* v. *Domino* (1957), 11 *Dom. Law. Rep.* 2d 493; *McHale* v. *Watson* (1966), 115 *Common Law Rep.* 199; cf. SHIPLEY, *Modern trends as to contributory negligence of children*, em 77 *A.L.R.* 2d 1961, 917.

[88] *Toetschinger* v. *Ihnot* (1977), 312 *Minn.* 59, 250 *N.W.* 2d 204 (uma criança com cinco anos e meio de idade); *Standard* v. *Shine* (1982), 295 *S.E.* 2d 786 (seis anos).

[89] PROSSER e KEETON, *op. ult. cit.*, 179. Cf. também *White* v. *Nicosia* (1977), 351 *So.* 2d 234; e depois FLEMING, *op. ult. cit.*, 103, 260, e *ivi* a constatação de como na prática venha se modificando em sentido objetivo a velha regra (cf., por exemplo, *Restatement of the Law of Torts*, 1934, cit., II, par. 283), segundo a qual a conduta das crianças era julgada unicamente em atenção ao *standard* de conduta exigido de uma criança da mesma idade, inteligência e experiência; na mesma direção, *The Law Reform Commission* (Ireland), *Report*, I, cit., pp. 2 ss., 12 ss.

[90] V. os autores e obras citados *retro*, notas 11, 12, 46, *adde*, LE GALL, *Liability for Persons Under Supervision*, em *Int. Enc. Comp. Law*, XI, Torts, cit., ch. 3., n° 87, 26 ss.; WINFIELD, JOLOWICZ

ou na França (art. 1384, al. 4-7, CC francês)[91] -; e, portanto, que *b)* no *common law* o menor absolutamente incapaz corre o risco, bastante mais freqüente do que ocorre habitualmente na Itália (*ex* art. 2047, § 2º, do CC) ou também, como vimos, além dos Alpes (inobstante o art. 489-2, do CC francês), de acabar sendo o único obrigado a ressarcir o prejuízo sofrido pela vítima.[92] Diante de uma eventualidade do gênero - e não prejudicada, aqui, qualquer referência à operatividade de mecanismos como aquele assegurador, de forte impacto "externo" sobre a dinâmica dos conflitos - a avaliação subjetiva da conduta do incapaz visa, agora, simplesmente a evitar que este seja submetido a um (juízo baseado no inatingível *standard* do homem sensato e, portanto, a um) regime de responsabilidade de tipo objetivo: solução que é considerada, não só iníqua relativamente à debilidade subjetiva do agente,[93] mas também muitas vezes inútil em vista da tutela do interesse das vítimas - sobretudo daqueles que sofreram os prejuízos mais graves -, já que a base patrimonial, de que dispõem os indivíduos em questão, muito raramente se revela em condições de suportar o impacto econômico de um ressarcimento de grande porte.[94]

---

e ROGERS, *On Tort*, 672; SALMOND, HEUSTON e BUCKLEY, *Law of Torts*, cit., 488 ss.; MARKESINIS e DEAKIN, *Tort Law*, 3ª ed., cit., p. 134 s.; BROMLEY e LOWE, *Family Law*, 7ª ed., London, 1987, pp. 283 s.; *The Law Reform Commission* (Ireland), *Report*, I, cit., p. 27 s.

[91] Por todos, VINEY, *La responsabilité*, cit., 960 ss.; 1008 ss.; NEIRINCK, *La protection de la personne de l'enfant contre ses parents*, Paris, 1984, 220 ss.; CHIANALE, *In tema di responsabilità dei genitori*, cit., 1527 ss.
OBS.: v. também um pouco adiante os autores e as considerações referidas nas notas 95 e 96.

[92] Caberá, então, por verossimilhança, fazer referência à percepção "social" da doença mental - assim os autores citados *retro*, na nota 46 - para explicar seja o tecido normativo distinto (especialmente no que concerne às regras francesas tendencialmente voltadas somente ao reconhecimento da responsabilidade por culpa daquele que tem o dever de vigiar: cf. VINEY, *op. ult. cit.*, 958 ss., 1013 ss. - mas v., por fim, a afirmação de um princípio geral de responsabilidade por fato de outrem, com fundamento na al. 1 do art. 1384 do CC francês, e utilizado relativamente a um centro de acolhimento de doentes mentais, no assim chamado *arrêt Consorts Blieck*: Cass. Ass. Plén., 29 de março de 1991, em *D.*, 1991, 324, com notas de C. LARROUMET; *J. C. P.*, 1991, II, 21673, concl. de D. H. DONTENWILLE e notas de J. GHESTIN; *Zeitschrift für Privatrecht*, 132 s., com anotações de F. FERRAND; comentada por G. VINEY, em *D.*, 1991, Chr., 157; P. JOURDAIN, em *Rev. trim. dr. civ.*, 1991, 541; F. MONÉGER, em *Rev. dr. sanit. et soc.*, 1991, 401; F. ALT-MAES, *op. cit.*, 513 ss.), sejam as diferentes regras jurisprudenciais que vimos operar em matéria de ilícitos realizados por deficientes psíquicos: *retro*, nºs 2-5. Sobre o ponto v. também BRIANT, *Liability of Insane Person for His Own Negligence*, cit., 194 ss.

[93] V., em particular, SEIDELSON, *Reasonable Expectations*, cit., 18 ss.; ELLIS, *Tort Responsibility*, cit., 1081 ss.; KASIRER, *op. cit.*, *passim*.

[94] SADOFF, *Tortious Liability of the Insane*, 39 *Pa. Bar. Q.*, 1967, 73; alguns comentários ulteriores - para as hipóteses em que este discurso pode ser rebatido sobre o terreno da doença mental - em VINEY, *Le déclin de la responsabilité individuelle*, cit., 345 ss.; idem, *La réparation des dommages*, cit., 3189, n. 23 ss.; CHARLIN, LACHUER, *La protection des mineurs et des majeurs incapables par l'assurance-vie*, em *Rev. dr. banc. et bourse*, nº 52, nov.-déc., 1995, suppl., pp. 3 ss.; SALTON, *Mental Incapacity and Liability Insurance Exclusionary Clauses: The Effect of Insanity upon Intent*, cit., 1027 ss.; J. ESSER, *Grundlagen un Entwicklung der Gefährdungsshaftung*, München u. Berlin, 1941, 48 nota 2, 60; I. ENGLARD, *The Philosophy of Tort Law*, cit., 16, 50 s., 94. Sobre este ponto, muito precisos são os jus-economistas: cf. PARISI, *Sviluppi nell'elemento*

É chagado o momento de expor as nossas conclusões. A escassez dos recursos financeiros normalmente acumulados por um indivíduo menor de idade faz com que, na maioria das vezes, o objetivo da vítima do dano causado por um deles seja o de ver afirmada a responsabilidade do seu "guardião" - que se revela titular de um patrimônio maior do que o do incapaz.

Portanto, o que deve ser salientado é que até quando a vítima de dano italiana, ou francesa, puder ver o seu caminho ao ressarcimento impedido pelo sucesso da prova liberatória oferecida pelo responsável pela vigilância do incapaz, a adoção de um modelo objetivo (de fato insuscetível de equiparação) para a culpa deste último somente poderá parecer, por um lado, uma medida - necessária, mas - insuficiente a satisfazer as declamadas "exigências de proteção da vítima" e, por outro lado, uma opção contraditória a respeito da escolha de política do Direito que sustenta a permanência de uma responsabilidade de natureza subjetiva (*rectius*: confiada ao êxito variável das provas liberatórias), mesmo em relação a quem encontra-se nas melhores condições de fato para responder pelos danos sofridos pela vítima, isto é, o próprio sujeito responsável pelo menor.[95]

SEÇÃO II
Os menores capazes de entender e de querer

11. Observações gerais: a distinção em razão da idade

Deslocando a atenção dos sujeitos privados de maturidade ou de lucidez mental para os menores capazes de entender e de querer, logo nos damos conta de que as regras de avaliação da conduta estão fadadas a variar sensivelmente.

É sabido que, somente nos casos de danos provocados por menores imputáveis, o juiz pode ser solicitado, pelo autor, a aplicar uma regra - por

---

soggettivo del Tort Of Negligence, *Riv. dir. civ.*, 1990, I, 582 ss., 598 s., e *ivi* referências ulteriores, para algumas observações de caráter mais geral, R. COOTER, *Punitive Damages for Deterrence: When and How Much?*, *Alab. Law. Rev.* 1989, 1144 ss., 1159 ss. Na Itália, CENDON, *Profili dell'infermità di mente nel diritto privato*, em *Riv. crit. dir. priv.*, 1986, 75; VENCHIARUTTI, *La responsabilità civile degli infermi di mente in Francia*, cit., 110 ss.; BUSNELLI, *Osservazioni generali*, (sobre *"La tutela risarcitoria della salute psichica e la responsabilità civile dell'infermo di mente"*), em CENDON (cur.), *Un altro diritto*, cit., 897.

[95] Mais em geral, pela possibilidade de salvaguardar as razões da vítima através do recurso ao princípio do "bolso fundo", ou seja, utilizando um critério de solução dos conflitos em virtude do qual a alocação do dano seria tendencialmente operada a cargo "daquelas categorias de pessoas, cuja posição socioeconômica dela menos se ressentiriam", v. a argumentação de CALABRESI, *Costi degli incidenti stradali e responsabilità civile. Analisi economico-giuridica* (trad. italiana de DE VITA, VARANO, VIGORITI, de *The Costs of Accidents. A Legal and Economic Analysis*, New Haven-London, 1970), Milano, 1975, 63 ss., 65; R. COOTER, T. ULEN, *Law and Economics*, 2ª ed., 1996; U. MATTEI, *Comparative Law and Economics*, Ann Arbor, 1997, 114, 238, 254. Sobre o ponto v. também *infra* nᵒˢ 12.1 e 13, e nota 80.

exemplo, o art. 2048 do CC italiano ou o art. 1384, alíneas 4 e 7, do CC francês - que permite a transferência da obrigação de ressarcir para um indivíduo diferente do autor material do prejuízo. Todavia, também aqui a possibilidade abstrata de fazer um responsável vicário responder pelo dano nem sempre leva os julgadores a negligenciar a importância das características subjetivas do agente.[96]

Assiste-se, assim, à difusão dos modelos de solução das controvérsias em que o papel determinante acaba por ser atribuído, não somente à evolução que vêm sofrendo as relações endofamiliares (e daí o reconhecimento de uma esfera de autodeterminação do menor, subtraída ao poder-dever de controle, por parte dos pais), mas sobretudo - e é o que aqui interessa - aos diferentes níveis de conduta que um menor se encontra em grau de expressar, de acordo com os anos de vida transcorridos, da própria maturidade psicofísica, além das qualidades subjetivas de que dispõe.

Com efeito, é possível observar que:

a) habitualmente, o tipo de conduta exigível dos menores próximos a atingir a maioridade (tendencialmente, a partir dos 16 anos) é delineada com referência ao comportamento que se poderia pretender, nas mesmas circunstâncias, de um adulto bom pai de família - conclusão que, deve-se acrescentar, muitas vezes é acompanhada de uma exoneração dos pais da imputação da responsabilidade vicária;

b) nos casos em que o fato ilícito tenha sido realizado por um menor que, mesmo capaz de entender e querer, ainda se encontra em tenra idade (isto é, entre os 5-6 e os 11 anos), a afirmação da responsabilidade dos pais é particularmente freqüente, e a regra de avaliação do comportamento adotado pela criança resulta prevalentemente de cunho objetivo;

c) em relação aos menores nem "grandes" nem "pequenos", freqüentemente - sobretudo quando não haja a possibilidade de imputar o dano ao responsável vicário - os juízes revelam-se bastante atentos à consideração daquelas características subjetivas (como a idade, a maturidade, a personalidade global) do agente que possam ter contribuído de modo relevante para a realização da conduta danosa.

12. Os "quase-maiores"

Comecemos, então, pelas regras de pormenor acerca dos menores de idade mais avançada.

---

[96] Sobre a necessidade de demonstrar a culpabilidade do menor - onde não sejam considerados critérios de imputação de tipo objetivo - os intérpretes estão de acordo: por todos, BUSNELLI, *Capacità e incapacità di agire del minore*, em *Dir. fam. e pers.*, 1982, 62; na perspectiva comparatística, PATTI, *Famiglia e responsabilità civile*, cit., 264; P. MOROZZO DELLA ROCCA, *Responsabilità civile e minore*, cit., pp. 83 ss.

A partir do dado empírico que indica que um sujeito próximo a se tornar maior de idade possui uma maturidade psicofísica que, na imensa maioria dos casos, é comparável àquela de um adulto, os juízes costumam extrair uma dupla ordem de conseqüências. Nos pronunciamentos que se referem aos fatos ilícitos de "quase-maiores" registramos, de fato: uma menor severidade na imputação da responsabilidade vicária aos pais, nos casos em que ela é possível, além disso, avaliações para a conduta do menor que freqüentemente em função da afirmação da responsabilidade destes a título exclusivo se desenvolvem à luz do cânone ordinário, ou seja, conforme o comportamento exigível do homem médio.

Trata-se de conclusões que certamente não surpreendem. É fórmula repetida[97] aquela segundo a qual "a impossibilidade em que se veio a encontrar o pai, a fim de impedir o fato ilícito, pode ser reconhecida mesmo pela simples avaliação do próprio fato, das circunstâncias a ele inerentes, do ambiente no qual se desenvolveu, da qualidade dos protagonistas, dos hábitos, dos costumes e de todos os outros elementos válidos para pôr em relevo a conduta do responsável civil em relação à obrigação de educar e de vigiar".[98]

Uma atenção assim tão minuciosa pelo dado subjetivo - deve-se acrescentar[99] - não orienta os juízes para uma investigação "personalizada" da conduta expressa pelo jovem autor do dano: a máxima que acabamos de referir simplesmente funciona como um pressuposto para aquela parte do dispositivo com que se exclui que a esfera de livre determinação, de que normalmente goza um "quase-maior", possa impor aos pais - e, às vezes, até mesmo permitir - a vigilância de todo gênero de atividade que seja desenvolvida pelo menor.[100]

Pois bem, se é com estes argumentos que os tribunais motivam a necessidade de uma investigação acerca da responsabilidade exclusiva do menor, cumpre ressaltar que, em tais hipóteses, a culpa do menor é freqüen-

---

[97] Embora nem sempre desenvolvida com coerência quando se trata de acolher, ou não, a prova liberatória apresentada pelos pais: cf., no que concerne às soluções italianas e estrangeiras, PATTI, *L'illecito del "quasi maggiorenne" e la responsabilità dei genitori: il recente indirizzo del Bundesgerichtshof*, em *Riv. dir. comm.*, 1984, I, 27, 30 ss.; CHIANALE, *In tema di responsabilità dei genitori*, cit., 1535 ss.

[98] Assim, na jurisprudência, dentre várias outras, Cass., 13 de fevereiro de 1975, nº 126, em *Rep. Giur. it.*, 1975, verbete *Resp. civ.* nºs 62-63; em *Mass. Giur. it.*, 44. Indicações ulteriores de cunho comparatista em CHIANALE, op. ult. cit., 1527 ss.; no que se refere à experiência italiana, M. MANTOVANI, *Responsabilità dei genitori, dei tutori, dei precettori e dei maestri d'arte*, cit., 11 ss., 25 ss.; e v. também CORSARO, *Funzione e ragioni della responsabilità del genitore per fatto illecito del figlio minore*, em *Giur. it.*, 1988, IV, 234 ss.

[99] De outra parte, sobre o ponto é bom ter em mente as considerações desenvolvidas a propósito da responsabilidade do responsável pelo menor incapaz, *retro*, nº 6.

[100] Cf. VISINTINI, *I fatti illeciti*, I, cit., 515 ss.; CHIANALE, *In margine a Cass. 5751/88: ancora sull'art. 2048, 3º co. c.c.*, em *Resp. civ. prev.*, 1989, 301 ss.

temente apreciada de acordo com o modelo de conduta exigível de um adulto.

Por exemplo: quando os juízes condenaram o jovem automobilista - no caso, em regime de maioridade fixada ao 21º ano, um rapaz com quase vinte anos - a ressarcir os danos por ele provocados no veículo de um terceiro, nos apercebemos de que a solução se origina da constatação de que o menor teria tido a possibilidade de evitar o acidente, em virtude do "grau de maturidade relevante" atingido na condução de automóveis.[101] E, depois, o resultado positivo que tem encontrado o mesmo gênero de indagações, desta vez tendo por objeto não só a maturidade da pessoa, mas também a destreza do agente como remador - ainda um rapaz de vinte anos de idade -, a permitir a individualização da conduta dele exigível: conclusão que também neste caso parece irrepreensível, desde que o menor tenha sido o autor do dano, sofrido por um companheiro de passeio no barco, mesmo manobrando mal o remo da embarcação.[102]

Do mesmo modo, em circunstâncias diferentes - a respeito de um acidente de trânsito -, vemos que a exoneração dos pais de qualquer responsabilidade, e a imputação da culpa ao condutor menor, nasce (além do exame das circunstâncias de tempo e de lugar em que o acidente ocorreu) da resposta afirmativa que os juízes entenderam dar ao quesito referente à previsibilidade do evento pelo automobilista: solução que a corte justifica considerando que era notória a absoluta "normalidade" do "caráter" e do desenvolvimento psicofísico daquele rapaz "de 19-20 anos".[103]

Ou, ainda, quando pelo dano causado à direção de um "potente automóvel de passeio" (uma Alfa Romeo 1900 tipo Sprint, estamos no início dos anos 60) é chamado a responder - solidariamente com o pai - um motorista com dezenove anos de idade, nos apercebemos de que o resultado se origina, entre outros, da relevância atribuída ao fato de que o evento parecia facilmente evitável por um jovem bastante "versado na técnica mecânica e no conhecimento de máquinas e motores".[104]

E, por último, deve-se lembrar que a imposição, aos "menores grandes", de um *standard* de conduta comparável ao do bom pai de família adulto, de fato não exclui que, quando aí se apresente a oportunidade, o juiz

[101] Pret. Bari, 8 de janeiro de 1971, em *Giur. merc.*, 1973, I, 50.

[102] Cass., 13 de janeiro de 1975, nº 126 inédita, mas cuja máxima se lê nas referências citadas *retro*, nota 60; e cf. o caso análogo decidido em sentido oposto - e precisamente em virtude da relevância atribuída às diversas características do agente - Cass. civ., 6 de fevereiro de 1974, em *J.C.P.*, 1974, IV, 107; nos mesmos termos da Corte de Cassação italiana se expressa, ao contrário - para um dano causado pelo menor a bordo de um *motorboat* -, a solução de *Dellwo* v. *Pearson* (1961), 259 *Minn.* 452, 107 *N.W.* 2d 859.

[103] Trib. Udine, 28 de fevereiro de 1963, em *Giur. it.*, 1964, I, 2, 126.

[104] Apel. de Ancona, 18 de setembro de 1962, em *Resp. civ. prev.*, 1962, 468.

funde a solução da controvérsia mesmo sobre qualidades de natureza particular, e superiores à norma, de que gozava o agente concreto.

E assim se explica que, pelo dano infligido a uma menina de nove anos, numa pista de esqui, um jovem com 20 anos de idade[105] tenha sua culpa considerada concorrente para a produção do sinistro, na proporção de 2/3, apesar de ser destacado que a criança "estivesse completamente desinteressada dos movimentos dos usuários da pista e, em particular, não procurava assegurar-se de não interceptar a trajetória dos outros esquiadores que já ocupavam a pista". O ponto é - observam os juízes - que o rapaz era um "esquiador experiente" e, para este, a experiência adquirida sobre pistas e a especial habilidade nas descidas (demonstrada desde pequeno), de fato teriam permitido evitar aquele dano: em particular, segundo a corte, o emprego dos próprios dotes teria dado chance ao nosso rapaz de finalizar uma manobra de "rodeio" da menina que, bastante "arriscada" para qualquer um, para ele não fora bem sucedida apenas "pela conformação do plano de trafegabilidade que ele não havia previsto, mas que deveria ter previsto".[106]

12.1. Fatores destinados a incidir sobre avaliação da culpa

Nem sempre - é bom acrescentar - o entrelaçamento de avaliações subjetivas que os juízes costumam alinhavar (muitas vezes misturando, nas motivações, os dados necessários à demonstração da imputabilidade do menor com aqueles úteis para a verificação da concreta impossibilidade dos pais de evitarem o fato, e com os outros, referentes à apreciação da culpabilidade do rapaz) permite a individualização *ictu oculi* de quais, dentre as características apuradas com relação ao agente, tenham influído sobre o *standard* de conduta aplicado na decisão específica.

Todavia, o dado jurisprudencial em questão resulta significativo, sob mais de um perfil: não só porque põe em evidência, que às vezes os juízes estão dispostos a acolher, em seus pronunciamentos, as instâncias doutrinárias a respeito da necessidade de uma mais equilibrada administração das regras sobre responsabilidade vicária na presença de menores já "grandes";[107] não tanto por que aquelas decisões produzem uma conciliação entre o parâmetro de conduta exigível caso a caso e as potencialidades psicofísicas do concreto autor do dano (e não de um genérico "menor de idade");

---

[105] Trata-se, mais uma vez, de um caso italiano tendo como objeto um fato ocorrido antes da entrada em vigor da lei de 8 de março de 1975, nº 39, que fixou o limite da maioridade aos 18 anos de idade.

[106] Cass., 6 de maio de 1986, nº 3031, em *Giur. it.*, 1986, I, 1, 1527.

[107] V. os autores e obras citados *retro* notas 58-60, a que se *adde* JEMOLO, *La responsabilità per gli illeciti commessi dai minori*, em *Riv. dir. civ.*, 1980, II, 244; VISINTINI, *op. ult. cit.*, 517; ROSSI CARLEO, *La responsabilità dei genitori ex art. 2048 do CC*, em *Riv. dir. civ.*, 1979, II, 126 s., 142 s.

mas porque oferecem uma confirmação à observação de que onde esteja em jogo a responsabilidade direta, a título pessoal, do menor, os juízes mostram-se sempre muito cautelosos em empregar uma noção de culpa de cunho puramente objetivo, isto é, que não possa ser distinguida da noção de nexo causal.[108]

13. A avaliação da conduta dos mais jovens dentre os menores imputáveis

Bastante diferentes daquelas que acabamos de examinar parecem as regras de conduta elaboradas para aquelas pessoas que não gozam da mesma "capacidade de autogestão".[109]

Porém, a respeito do assunto, já sabemos que é necessário distinguir: às vezes, os pronunciamentos judiciais negligenciam totalmente a demonstração da culpabilidade do menor, ou, na sua maior parte, acabam por nivelar os conteúdos de tal operação sobre os resultados do juízo de causalidade; outras vezes, ao contrário, nos damos conta de que a demonstração da culpa articula-se principalmente através da sua própria especificação à luz dos perfis subjetivos do comportamento expresso pelo menor.

A primeira das duas orientações freqüentemente aparece quando o menor, mesmo capaz de entender e querer, ainda se encontre em tenra idade (a título de orientação, entre os 5-6 e os 11 anos).

Assim - para citar apenas alguns exemplos de uma tendência que é bem conhecida[110] -, num caso italiano, para o fim de ver configurado "o fato ilícito" previsto no art. 2048 do CC, os juízes entenderam suficiente apurar: que uma pessoa tinha sido ferida, num ginásio de esportes, por cacos de uma vidraça, e que esta havia sido quebrada por uma bola chutada por um menor, por brincadeira, durante uma partida de voleibol entre meninos, que se realizava num pátio contíguo ao ginásio.[111] Numa outra ocasião, o juízo sobre a culpabilidade do menor pôde ser concluído em virtude da simples constatação de que o agente (um rapaz) havia causado o dano por

---

[108] Cf. as considerações desenvolvidas *retro*, neste capítulo, nº 10, e cap. III, nº 4 - contudo, é importante assinalar que muitos dos casos italiano recém-citados dizem respeito a acidentes de trânsito ocorridos antes da introdução do seguro obrigatório para a responsabilidade civil do condutor de veículos automotores.

[109] A expressão é reencontrada em Cass., 10 de outubro de 1988, nº 5751, em *Resp. civ. prev.*, 1989, 301.

[110] Para referências comparatísticas, v. ainda P. MOROZZO DELLA ROCCA, *op. cit.*, p. 83 ss.

[111] Cass., 10 de fevereiro de 1981, nº 826, em *Rass. Avv. Stato*, 1981, I, 331; a decisão imita aquela adotada, para um caso análogo, pela Cassação francesa - 1º de dezembro de 1975, em *J.C.P.*, 1966, II, 14567 - a cujo respeito v. as observações de TUNC, *L'enfant et la balle. Réflexions sur la responsabilité civile et l'assurance*, ivi, I, 1983.

As peculiaridades da NOÇÃO DE CULPA

ter aceito brigar com uma menina muito menor do que ele.[112] Mas é preciso destacar que à mesma solução se chega mesmo quando a vítima tenha a mesma idade do autor do prejuízo: também nestas hipóteses, isto é, a fim de proceder-se à reconstituição do fato ilícito do menor, basta que a ele seja causalmente reconduzível o dano sofrido pela vítima. Resulta, pois, irrelevante que o fato se tenha desenvolvido durante um dos litígios que podem ocorrer entre menores, numa escola primária,[113] ou logo após a saída do colégio,[114] ou durante o recreio.[115]

De qualquer maneira, conclusões do gênero não permanecem sem explicação.

Em primeiro lugar, muitas vezes é o tipo de interesse lesado, aquele à pessoa física, que assume uma relevância preponderante no juízo - mesmo se comparado com as razões de um agente quase sempre envolvido em atividades de caráter "necessário": ou seja, de natureza biológica, recreativa ou educativa.[116] Portanto, é verossímil que, em alguns casos, faça ágio sobre a escolha de uma técnica de imputação automática da culpa a consideração de que o fato tem como protagonistas dois menores, ambos de tenra idade, de modo que ao juiz não passe despercebido que o comportamento do agente resulta de uma norma muito dificilmente evitável, e previsível, por parte de uma vítima que mostra a mesma (se não mesmo inferior) maturidade psicofísica, em relação ao jovem antagonista, autor do prejuízo.[117]

Porém, no âmbito do Direito italiano e francês, o ponto decisivo é outro: em todas estas hipóteses, o juiz não dispõe de razões particulares (isto é, do lado do agente não está em jogo uma personalidade adulta como aquela dos "menores grandes"; do lado da vítima, o valor do interesse vulnerado pertence muitas vezes àqueles de grau primário) para declarar a exoneração da responsabilidade dos pais do menor. Assim, a possibilidade de fazer deslocar a obrigação de ressarcimento para algém que o autor do dano acaba, também aqui, por colocar em segundo plano a necessidade de qualquer indagação a respeito do nível de conduta exigível do agente.[118]

[112] Cass., 16 de julho de 1962, nº 1882, em *Resp. civ. prev.*, 1962, 443.

[113] Cass., 4 de março de 1977, nº 894, em *Giur. it.*, 1977, I, 1, 1660.

[114] Cass., 27 de novembro de 1971, nº 3467, em *Mass. Giur. it.*, 1971.

[115] Cass., 19 de outubro de 1965, nº 2132, em *Giur. it.*, 1971.

[116] Sobre o ponto, v. as observações bastante precisas de TUNC, *op. loc. ult. cit.*

[117] Cf., por exemplo, além dos pronunciamentos já citados, *retro*, nas notas 71-74, Cass., Sez. Un., 9 de abril de 1973, nº 997, em *Foro it.*, 1973, I, 3091; Cass., 29 de outubro de 1965, nº 2302, em *Giur. it.*, 1966, I, 1, 1281, 1287; Cass., 22 de abril de 1977, nº 1501, em *Arch. civ.*, 1977, 772; Cass., 31 de outubro de 1984, nº 5564, em *Foro it.*, 1985, I, 146 com nota de PAGANELLI; em *Resp. civ. prev.*, 1985, 385; em *Arch. civ.*, 1985, 702.

[118] Surgindo, por fim, a utilização de uma *ratio decidendi* (que depois dá suporte à escolha de uma regra operativa) semelhante àquela que as cortes italianas adotam para a solução das controvérsias surgidas em tema de responsabilidade aquiliana dos sujeitos incapazes de entender e querer. A respeito do ponto, em termos expressos, CHIANALE, *In tema di responsa-*

14. Os menores na faixa etária intermediária

Dissemos que nem sempre as avaliações feitas pelos juízes, acerca da índole culposa da conduta do menor, parecem assim apressadas (*rectius*: esmagadas no perfil causalístico) como nos casos relacionados aos menores em tenra idade.

Não apenas muda a série de elementos que compõem o suporte fático - ou seja, quando a personalidade do menor não "grande" se revele bastante mais madura do que aquela de um bebê, e ao mesmo tempo falte a possibilidade de ativar a responsabilidade do vicário[119] -, mas ainda percebemos *a)* como a demonstração da culpa do jovem agente torna a assumir um papel decisivo, entre os fatores que concorrem para a solução da controvérsia; *b)* que o juízo sobre a conduta exigível desta categoria de menores (tendencialmente reportável à faixa de idade que vai dos 12 aos 16 anos de idade) freqüentemente é enriquecido de considerações bastante atentas às características subjetivas de cada autor, singularmente considerado, caso a caso.

As razões sobre que se fundam juízos do gênero são logo ditas. De fato, é fácil observar como, nestes casos, o afastamento das noções "objetivas" de culpa (e isto é: seja da versão curvada sobre o juízo de causalidade, seja daquela que faz apelo ao comportamento do adulto médio) -, além de fornecer uma prova das cautelas com que os juízes enfrentam a eventualidade de uma atribuição ao menor da responsabilidade a título pessoal e exclusivo - assuma a cada vez o significado de um temperamento entre as razões da vítima do dano e aquelas do agente, cuja debilidade subjetiva (também porque passageira, e nascida de uma personalidade *in fieri*) entende-se não merecer uma imposição de limites demasiado rígidos à liberdade de evolução.[120]

---

bilità dei genitori, cit., 1529 ss.; e, depois, mais em geral, ou seja, com atenção à natureza da responsabilidade prevista no art. 2048 do CC, a ser entendida como norma constitutiva de uma "forma de garantia" às eventuais vítimas, PATTI, *Famiglia e responsabilità civile*, cit., 254 ss., 292 ss.; BUSNELLI, *Nuove frontiere della responsabilità civile*, cit., 65 ss.; BESSONE, *Fatto illecito del minore e regime della responsabilità per mancata sorveglianza*, em *Dir. fam. e pers.*, 1982, 1011 ss.; GIARDINA, *La condizione giuridica del minore*, cit., 132; idem, *Minore. I) Diritto civile*, em *Enc. giur.* XX, Roma, 1990, 3; M. MANTOVANI, *op. loc. ult. cit.*; e já RODOTÀ, *Il problema*, cit., 156 ss.; R. SCOGNAMIGLIO, *Responsabilità per fatto altrui*, em *Noviíss. Dig. it.*, XV, Torino, 1968, 694. Sobre o tema cf. ainda CALABRESI, *Costo degli incidenti*, cit., 63 ss., a respeito do que PATTI, *op. ult. cit.*, 258 s., 328 ss.

[119] Para as referências jurisprudenciais, v. até o momento CHIANALE, *In tema di responsabilità dei genitori*, cit., 153 ss.; idem, *In margine a Cass. 5751/88*, cit. 301 ss.; VISINTINI, *I fatti illeciti*, I, cit., 517 ss.; M. MANTOVANI, *op. loc. ult. cit.*

[120] Nesta direção, uma tendência ainda mais evidenciada é aquela expressa pelas regras operativas adotadas fora da Itália, seja nos países de *common law*, seja nos sistemas continentais europeus: v. por todos LE GALL, *Liability for Persons Under Supervision*, cit., 19 ss., 27 ss. (nos nºs 64 ss.).

14.1. Maturidade psicofísica do adolescente e atividade "perigosa"

Por outro lado, é precisamente nesta perspectiva (ou seja, sobre a base da consideração voltada ao desenvolvimento da maturidade do rapaz) que se explica como nem sempre a apreciação das qualidades pessoais do menor anuncie um veredito, em relação a ele, mais indulgente do que aquele que teria sido possível atingir em virtude do emprego de um cânone valorativo inspirado na conduta do homem médio.

Em tal sentido, um exemplo nos é dado pelo juízo que acabou por imputar a culpa exclusiva a uma menina de doze anos de idade, vítima das mordidas de um cão de propriedade de outrem. O animal encontrava-se no jardim de uma casa de campo, em cujo salão acontecia uma reunião dançante, cujos hóspedes (incluída a nossa menina, que lá se encontrava desacompanhada dos seus pais) haviam sido mais de uma vez advertidos da inconveniência de sair ao jardim, e de aproximar-se do animal, em virtude da sua periculosidade.

Os juízes acabaram por se convencer de que, no caso específico, a regra de comportamento a que a adolescente devia obedecer era a mesma de todos os outros convidados (a idade dos quais oscilava entre um mínimo de 16 e um máximo de 23 anos): uma vez avisada do risco que podia enfrentar - assim argumenta a corte -, a menina devia evitar toda e qualquer aproximação, ainda que por brincadeira, de um animal do gênero. Porém, o ponto é que a solução se justifica mesmo em vista da relevância atribuída ao precoce desenvolvimento fisiopsíquico atingido pela jovem mulher, maturidade que a colocava em condições de "cuidar de si mesma e, sobretudo ... de entender a advertência que lhe fora dirigida e a proibição de aproximar-se do cão, além de compreender o perigo que poderia advir da inobservância de tal proibição e ignorar o aviso. Portanto, aqui não é lugar de falar em instintividade e irreflexão da ... vítima", cuja conduta - concluem os juízes, é sem dúvida considerada "culposa".[121]

A avaliação da culpa depois assume um particular rigor quando o dano é provocado por um menor à direção de veículos automotores[122] - e a conclusão não necessita de esclarecimentos: trata-se de uma daquelas atividades cujo grau de periculosidade social não pode eximir qualquer pessoa

---

[121] Ap. Firenze, 13 de março de 1964, em *Giur. tosc.*, 1964, 598; para um caso análogo, conclusões com a exoneração do menor da responsabilidade (porém, tratava-se de uma criança de três anos e meio de idade), *Babin v. Zurich Ins. Co.* (1976), *So.* 2d 900.

[122] Trata-se de uma solução difundida em toda parte: para a jurisprudência italiana, VISINTINI, *I fatti illeciti*, I, cit., 517 ss.; para as francesa, belga, alemã e inglesa, v. as indicações de CHIANALE, *In tema di responsabilità dei genitori*, cit. 1529 ss.; para a norte-americana, PROSSER e KEETON, *On Torts*, cit., 181, e nota 66; para o *common law* não-norte-americano FLEMING, *The Law of Torts*, cit. 260 e nota 48.

que a empreenda do respeito às regras de conduta postas à salvaguarda da incolumidade de outrem.[123]

É claro que também aqui (nos casos em que os juízes concluem pela exoneração dos pais da responsabilidade vicária) as indagações acerca da personalidade do rapaz revelam-se bastante profundas - um trecho de uma decisão jurisprudencial, entre tantos: "A idade não era a de um bebê ou de uma criança de dois ou três anos ... Ele era um rapaz (treze anos de idade) normal, inteligente e esperto ... bem cuidado, educado, que seguia os estudos regularmente ... de boa índole, sério, atento, que jamais dera demonstrações que pudessem fazer crer excessiva vivacidade e muito menos instintos perigosos".[124] Mas é verdade que, na maioria dos casos, a imputação da responsabilidade resulta de uma avaliação da culpa do menor fundada numa comparação entre a conduta realizada por este e aquela exigível de um automobilista (ou de um motociclista) médio nas mesmas circunstâncias - ou seja, prescindindo totalmente da idade do agente: no exemplo citado há pouco, o menor com treze anos viu atribuída a si a responsabilidade a título exclusivo, simplesmente porque, à direção de um ciclomotor, fora autor de uma manobra pouco ortodoxa, acabando assim por lesionar um motociclista que o seguia (o fato de que este último viajasse a uma velocidade "elevada", foi considerado pelos juízes um dado irrelevante para a solução da controvérsia).

14.2. A conduta exigível no curso de atividades biológicas, educativas ou recreativas.

Outras vezes os juízes têm motivo para realizar uma avaliação menos severa do comportamento do menor.

Em tal sentido, um exemplo nos é dado pela decisão em cuja origem encontrava-se o seguinte fato: um menor com doze anos de idade, passeando nas dependências de um clube, dá um passo em falso, cai sobre uma senhora e nela provoca uma luxação num dos ombros.

Também aqui, para os fins do juízo sobre o "fato ilícito" do menor, a Corte italiana (de Cassação, onde a controvérsia chegara após dois pronunciamentos de mérito, ambos os quais haviam acolhido por inteiro as pretensões ressarcitórias da vítima, perante os pais do agente) considera decisivo estabelecer qual era o tipo de comportamento "devido" pelo rapaz, naquele caso específico. Mas o que deve ser ressaltado é que - diferentemente das ocasiões em que se adota uma noção "objetiva" de culpa - tenha acabado por assumir peso determinante sobre o veredito a consideração pelos dados inerentes: o "caráter" do menor, "tranqüilo e particularmente maduro para

---

[123] Em termos explícitos, entre os outros, Ap. Roma, 31 julho de 1963, em *Resp. civ.*, 1964, 308.
[124] App. Firenze, 27 de fevereiro de 1968, em *Giur. tosc.* 1968, 611.

a sua idade"; e, depois, o comportamento dele, sempre "disciplinado e prudente no ambiente de recreação que freqüentava há tempo"; e, por fim, o fato de que a senhora havia sofrido a lesão enquanto estava deitada numa área pavimentada reservada aos transeuntes.

Segundo a Corte de Cassação, a pequena distração cometida pelo menor não podia, portanto, ser tão afastada da linha de conduta exigível daquele rapaz, no curso daquela atividade "de recreio"; deste modo, o juiz de 1º grau foi convidado pela Corte a investigar, na reconstrução do fato, a subsistência de uma culpa concorrente a cargo de ambos os protagonistas do caso".[125]

Continuar com os exemplos pode revelar-se útil: oferece uma prova à conclusão segundo a qual o juízo que fixa a conduta exigível de um adolescente resulta, particularmente, quando ausente a possibilidade de ativar uma ligação aquiliana entre dano e vicário, o prejuízo se tenha verificado no curso de uma prática de caráter "necessário" (*i.e.*, educativo, ou recreativo), fruto da busca de um ponto de equilíbrio entre características subjetivas do menor e tipo de atividade desenvolvida por ele, no momento em que ocasiona o evento danoso.

Na jurisprudência italiana ementa o seguinte exemplo: empurrado por um outro de sua idade, um menor com 14 anos sofre várias lesões leves ao chocar-se contra uma parede: isto ocorre durante uma "corrida desenfreada" até a sala de aula, na qual os dois rapazes se tinham lançado, ao longo das escadas da própria escola.

O menor lesionado pretende ser reconhecido como vítima de um "fato ilícito" atribuível ao companheiro, e requer o ressarcimento ao Estabelecimento de Ensino (com base no disposto no art. 2048, § 2º, do CC). Assim, os juízes interrogam-se sobre a índole culposa da conduta do agente, em relação à vítima: e demonstram que o segundo, correndo atrás do primeiro, tinha simplesmente tropeçado nos pés deste, durante a descida impetuosa que os dois efetuavam pelas escadarias. Restava esclarecer qual era, na ocasião específica, o comportamento exigível de um menor com quatorze anos de idade: este não deveria ter corrido para não induzir o companheiro mais lento a segui-lo? Ou poderia ter corrido a uma velocidade mais moderada? Ou, ao contrário, teria podido descer as escadas a uma velocidade elevada, mas assegurando-se de não ter alguém atrás de si?

---

[125] Cass., 24 de outubro de 1988, nº 5751, em *Resp. civ. prev.*, 1989, 299; em *Giur. it.*, 1989, I, 1, 1004; e é oportuno lembrar que, com respeito à responsabilidade dos pais, a Corte aqui tinha um modo de repetir que "sendo a obrigação de educar correlata à de vigilância, daí deriva que quanto mais a obra educativa tiver alcançado os seus próprios resultados positivos, consentindo ao menor uma sempre maior capacidade de correta inserção na vida de relação, tanto menos rigorosa se torna a atividade de vigilância sobre sua pessoa".

A Corte de Cassação (de acordo com o tribunal e a corte de apelação) entendeu que nenhuma dessas era a resposta correta à questão. Ao invés, o agente (e junto com ele o Estabelecimento de Ensino) foram exonerados de qualquer obrigação de ressarcimento, porque - é esta a opinião dos juízes - para um rapaz de quatorze anos, uma corrida (embora impetuosa) não pode configurar os extremos de uma conduta imprudente, ainda mais se realizada ao longo de um percurso, as escadas da própria escola, não só bem conhecido dos menores, mas ainda destituído de qualquer cilada que pudesse preocupar, ou de qualquer modo pôr em perigo um rapaz daquela idade.[126]

Para finalizar, outro exemplo italiano que também envolve os preceptores do menor - desta vez uma sociedade esportiva -: e novamente nos deparamos com um pronunciamento que exonera o vicário da imputação de uma *culpa in vigilando*, *ex* art. 2048, § 2°, do CC.[127]

Contudo, diferente é a conclusão no que se refere ao menor - na ocasião do dano, empenhado numa atividade de natureza recreativa. Tratava-se do aluno de uma escola de natação, um rapaz com treze anos de idade, que, descendo velozmente as escadas de uma piscina, acabou por cair em cima de uma senhora, que lá se encontrava para assistir às aulas em que inscrevera o filho.

O fato de que se origina o dano - segundo os juízes - não é daqueles que o pessoal da sociedade esportiva devesse vigiar; e portanto - permanece alheio à controvérsia o exame de uma eventual responsabilidade atribuível aos pais do menor - restava demonstrar se o menor com treze anos de idade podia ser chamado a responder diretamente pelo prejuízo sofrido pela vítima.

Para casos do gênero, já chamamos atenção para o fato de que o julgador habitualmente renuncia ao emprego de avaliações objetivas (ou seja, ocultas sob o resultado do juízo de causalidade, ou no confronto com o *standard* de conduta do adulto médio) para a culpa do menor. Por isso, não surpreende que também o juízo sobre a conduta exigível do nosso adolescente de treze anos seja centrado naquelas características que, presentes na personalidade do rapaz, podiam ter influído sobre o seu comportamento. Assim, a Corte reconhece estar em presença de um "menino de 13 anos completamente normal, estudante, amadurecido pela atividade espor-

---

[126] Cass., 15 de janeiro de 1980, n° 369, em *Giur. it.*, 1980, I, 1, 1593; para considerações análogas, e soluções idênticas, em caso de danos provocados à direção de uma bicicleta, por meninos experientes no uso do velocípede, Cass., 13 de fevereiro de 1970, n° 348, em *Giur. civ.*, 1970, I, 532; Trib. corr. Seine, 27 de novembro de 1941, em *Gaz. Pal.*, 1953, I, 79; e cf. Cass. civ., 2 de novembro de 1960, em *D.*, 1961, 770; em *J.C.P.*, 1962, II, 12499, com nota de P. ESMEIN; *Lewis v. Northern Illinois Gas. Co.* (1981), 422 *N.E.* 2d 899; *Bixenman v. Holl* (1968), 242 *N.E.* 2d 837.

[127] Com relação ao distinto, e mais restrito, âmbito de responsabilidade dos sujeitos indicados pelo § 2° do art. 2048 do CC, v., entre outros, R. SCOGNAMIGLIO, op. ult. cit., 696; ROSSI CARLEO, *La responsabilità*, cit., 138; VISINTINI, *I fatti illeciti*, I, cit., 538 ss.

tiva (socializante e benéfica para o desenvolvimento fisiopsíquico harmônico)". E à questão - que naquela ocasião os juízes consideram central - sobre se aquele rapaz estava em condições de avaliar a periculosidade da sua veloz descida dos altos degraus da piscina, o Colegiado não hesita em responder afirmativamente: a queda do menor, devida à perda de equilíbrio ou a um simples escorregão, devia "ser atribuída à imprudência do rapaz", imprudência - acrescentam os juízes - imprevisível aos olhos dos terceiros porque "não natural à idade", e portanto portadora de uma "responsabilidade pessoal a ser enquadrada no *neminem laedere* do art. 2043 do CC".[128]

SEÇÃO III
Os anciãos e os portadores de doenças físicas

15. Os parâmetros do juízo

Examinando agora as debilidades de ordem física, trata-se de esclarecer em que medida merecem relevo, para os fins de avaliação da culpa, as disfunções orgânicas, ou os diversos males não necessariamente ligados a uma patologia (é o caso, sobretudo, da idade avançada) que possam infirmar o comportamento cotidiano de um sujeito.

É bom logo mencionar que as conclusões alcançadas acerca da conduta exigível do "deficiente físico", em cada um dos sistemas,[129] apresentam-se homogêneas entre si, sendo fruto da consideração da mesma série de variáveis: ou seja, o tipo e a gravidade da deficiência, o gênero de atividade em que estava empenhado o deficiente no momento da produção do evento danoso, o grau de perceptibilidade (e de previsibilidade) que o comportamento do sujeito débil podia assumir para os terceiros co-envolvidos na mesma hipótese aquiliana.[130]

---

[128] App. Genova, 6 de outubro de 1981, *Riv. dir. sport.*, 1982, 189.

[129] No que concerne à situação italiana, v. decisões da jurisprudência penal que absolveram da responsabilidade alguns anciãos pedestres (que também haviam contribuído com bruscos movimentos para provocar o choque com os veículos que os atropelaram) precisamente em virtude da relevância atribuída à idade avançada, além das dificuldades notórias de que eram afligidos estes mesmos sujeitos: v. Cass. pen., 10 de junho de 1988, Cantini, *ivi*, 1989, 775; Trib. Firenze, 1º fevereiro de 1980, Roselli, em *Riv. giur. circ. trasp.*, 1981, 873.

[130] Porém, com relação à experiência francesa, devemos fazer referência à jurisprudência anterior à entrada em vigor da lei de 5 de julho de 1985, nº 677, cit. (a chamada *loi Badinter*), onde (no art. 3) se prevê que as vítimas *a)* menores de 16 anos, *b)* maiores de setenta anos, ou *c)* a quem foi reconhecido, antes do acidente, um grau de incapacidade permanente ou de invalidez em torno de 80 %, em qualquer caso tem o direito à reparação das lesões corporais sofridas (isto é, das perdas e dos lucros cessantes relacionados ao prejuízo físico, das despesas médicas e com remédios, dos danos morais: sobre o ponto cf. CHABAS, *Le droit des accidents*, cit., 159 ss.) salvo, unicamente, o caso em que se demonstre que estes tenham "volontairement recherché le dommage" (art. 3, § 3º). Para um exame detalhado de tal normativa - e com

Assim será possível antecipar, não só que grande parte dos pronunciamentos têm origem nos danos que o deficiente sofreu ou provocou no desenvolvimento de atividade de natureza "biológica";[131] mas também que - a medida da relevância assumida por cada um dos fatores há pouco citados - os juízos sobre a conduta do deficiente são perfectibilizados pelas Cortes *a)* sem qualquer atenção à debilidade física do indivíduo; ou, *b)* ao contrário, levando em consideração a anomalia de que o sujeito é portador, mas entendendo necessário que este último enfrente o seu próprio defeito, adequando-se ao *standard* do homem médio; ou *c)* exigindo o mesmo tipo de comportamento que poderia ser demonstrado pelo homem médio acometido de mal idêntico; ou *d)* utilizando um critério de avaliação tipicamente subjetivo, isto é, calcado sobre as possibilidades psicofísicas de cada deficiente, individualmente considerado, caso a caso.

16. Hipóteses de irrelevância da deficiência

São poucos os indicadores que se mostram suficientes para ilustrar os casos em que a debilidade acusada pelo agente não se revela em condições de influenciar o resultado do juízo. Isso acontece quando, depois de haver constatado a natureza da deficiência de que o indivíduo é portador, o juiz percebe que o comportamento adotado por este não possui qualquer relação com a presença daquele *handicap*: e, portanto, o pedido do sujeito, que faz apelo a sua própria deficiência a fim de evitar a imputação da culpa - trata-se quase sempre da culpa concorrente na produção do dano a si mesmo - é rejeitado pelas Cortes sem qualquer incerteza.

De outra parte - para apresentar somente alguns exemplos - se um menor com quinze anos de idade sobe agilmente no teto de um trem parado na estação, e depois sofre uma queda em virtude de uma súbita manobra de

---

particular atenção às disposições de trata o art. 3 - v., além de CHABAS, *op. loc. ult. cit.*; LEGEAIS, *Circulation routière. L'indemnisation des victimes d'accidents,* Paris, 1986, 70 ss.; entre os nossos autores, amplamente, SICA, *Circolazione stradale e responsabilità,* cit., 245 ss.; e depois DE LORENZO, *La nuova disciplina francese dell'infortunistica stradale: tre anni di "sperimentazione" giurisprudenziale,* em *Riv. dir. civ.,* 1990, I, 110 ss. No tema, v. ainda LARROUMET, *Il nuovo sistema francese di risarcimento del danno alle vittime di incidenti stradali fra responsabilità civile e indennizzo automatico (a proposito della Loi nº 85-677 del 5 luglio 1985),* em *Riv. dir. civ.,* 1986, I, 451, 468 e nota 45; ZENO-ZENCOVICH, *La responsabilità civile da reato,* cit., 234 ss. Para nossos fins é oportuno acrescentar que a disposição legal em questão (nos termos do seu art. 47) aplica-se às causas em curso no momento (o 1º de janeiro de 1988) da entrada em vigor da mesma lei, mas também aos juízos "novos" que envolvam acidentes ocorridos nos três anos precedentes àquela data.

[131] Particularmente, veremos que se trata quase sempre de acidentes ocorridos no curso de deslocamentos efetuados a pé (em faixas para pedestres, calçadas, cruzamentos ferroviários) ou mesmo durante a utilização de meios de transporte público (ônibus e trens) ou privados (motocicletas e automóveis).

marcha-ré do comboio, certamente não causa surpresa que os juízes acabem por negar qualquer relevância, na avaliação da conduta do rapaz, ao fato de que este sofresse do mal congênito chamado "pé de cabra".[132] E não menos justificada mostra-se a indiferença expressa pela corte, em relação à deficiência da vítima, num caso em que se constatara que esta última - um surdo - era um indivíduo "era um indivíduo com cerca de 35 anos de idade, forte, saudável, atento e esperto": e, portanto, um sujeito que, ressaltam os juízes, devia imputar (não à enfermidade, mas) exclusivamente à própria desatenção o fato de ter sido jogado do trem que aguardava a partida, nas proximidades dos trilhos de uma estação.[133]

E mais: não escapa à atribuição de uma culpa concorrente o indivíduo com setenta e três anos de idade que (por causa da própria distração) se deixa atropelar por um trem, nos arredores de uma passagem de nível, se é possível provar que, embora ancião, a vítima ainda se mostrava muito "vigoroso, ativo e inteligente".[134]

E, por fim, a mesma solução é adotada num caso análogo ao precedente, em que a desatenção de um pedestre em idade avançada havia feito com que resultasse vítima de um acidente de trânsito: também aqui, para concluir que a negligência abstratamente reprovável ao ancião não encontrava qualquer justificação em concreto, basta demonstrar - como fez a Corte, moderando o pedido do velho senhor, inclinado a fazer valer a inelutável lentidão de movimentos a que teria sido condenado em razão da idade - que, na realidade, a vítima "a vítima não seria agraciada com quaisquer concessões especiais em razão de sua idade, por ter sido demonstrado que gozava de boa saúde e era muito ativa, apesar dos seus 72 anos".[135]

17. A deficiência como fator de determinação do *standard*. O risco despropositado

Agora chegamos aos casos em que, na construção do *standard* para a conduta exigível, a debilidade física assume uma importância direta.

---

[132] *Texas & N.O.R. Co.* v. *Bean* (1909), 119 *S.W.* 328, 55 *Tex. Civ. App.* 341.

[133] *Davis* v. *Scatt* (1921), 235 *S.W.*, 407, 51 *Ark.* 34.

[134] *Hood* v. *Lehigh Valley R. co.* (1905), 96 *N.Y.S.* 431.

[135] *Becker* v. *Blum* (1940), 194 *S.O.* 275. Vale a pena recordar que em alguns casos - *Wilson* v. *Bittner* (1929), 276 *P.* 268, 64 *A.L.R.* 132; *Gibbons* v. *Delta Contracting Co.* (1942), 4 *N.W.* 2d 39; *Bardin* v. *Case* (1950), 221 *P.*2d 292 - é o demandado quem aponta ao juiz o defeito físico da vítima (tratava-se de sujeitos portadores de deficiência visual, vítimas de um acidente de trânsito em que se encontravam à direção do próprio veículo) como fator determinante do sinistro: também nestas ocasiões, todavia, o *handicap* da vítima foi considerado irrelevante na produção do evento - e do mesmo modo cada um dos *defendant* teve a si atribuída a responsabilidade exclusiva do acidente.

Já antecipamos que os juízes, em algumas ocasiões, entendem dever aplicar ao deficiente um modelo de comportamento para estes inatingível: ou seja, aquele normalmente exigido da generalidade dos concidadãos. Os motivos de uma atitude do gênero não são difíceis de compreender. Na verdade, trata-se de casos em que (diferentemente dos exemplos oferecidos no parágrafo precedente) a "debilidade" física do sujeito acaba efetivamente por incidir sobre a conduta realizada por este, mas com o resultado de tornar aquele comportamento totalmente imprevisível, além de absolutamente incontrolável, por parte do terceiro com que o mesmo deficiente teve contato. Assim, junto às cortes, a conclusão acerca da culpa do ancião, ou do doente, encontrará fundamento - perfectibilizando-se através da argumentação propiciada pela referência ao critério de avaliação ordinário - precisamente na consideração da irrazoabilidade do risco criado com aquela conduta.[136]

17.1. A avaliação da conduta do deficiente que causa um dano a terceiro

Os primeiros casos a ser examinados são aqueles - não muito numerosos, a bem da verdade, e todos relacionados a acidentes de trânsito - em que o deficiente causa um dano a terceiro.

Assim, vemos que a imputação da culpa é formalmente assentada sobre um modelo de avaliação construído em termos objetivos e abstratos toda a vez que, na realidade, foi possível demonstrar que o automobilista, portador de uma visão deficiente, dirigia sem o uso de lentes corretivas;[137] ou quando se constata que a vítima - tendo iniciado a ultrapassagem do automóvel do demandado, depois de tocar várias vezes a buzina de seu próprio veículo - subitamente cortou a frente do agente que, deficiente auditivo, guiava sem o uso de um aparelho auditivo;[138] ou, ainda, quando

---

[136] Sobre o ponto, v. as considerações desenvolvidas pelos a. cit. *retro*, cap. II, nota 7, a que adde LÉGAL, *De la négligence et de l'imprudence*, cit., 126 ss., 135 ss.; TENBROEK, *The Right to Live in the World: The Disabled and the Law of Torts*, 54, *Cal. Law Rev.*, 1966, 841 ss., 871 ss.
De qualquer modo, é importante ressaltar que nestas decisões - nas quais vem sempre enfatizada a necessidade do deficiente respeitar em toda a sua conduta particulares deveres de cautela - freqüentemente os juízes têm o cuidado de insistir que seja reconhecida aos doentes a mesma liberdade de gozam todos os outros consociados, no que concerne à escolha dos espaços em que se movimentar, ainda que próximos a um cruzamento de ruas, ou a outros lugares potencialmente perigosos: assim, explicitamente, entre outros, *Robb* v. *Quacker City Cab Co.* (1925), 283 *Pa.* 454, 129 *A.* 331; *Weinstein* v. *Wheeler* (1931), 135 *Or.* 518, 296 *P.* 1079; *Wilson* v. *Freeman* (1930), 271 *Mass.* 438, 171 *N.E.* 469; e sobre o tema v. ainda as observações bastante precisas (e, diga-se de passagem, o autor é cego) de TENBROEK, *The Right to Live in the World*, cit., 854 ss.

[137] *Steen* v. *Hant (1943)*, 11 *N.W.* 2d 690; *Ross* v. *Wilson* (1942), 163 *S.W.* 2d 342; para um caso análogo (ainda um automobilista com deficiência visual, dirigindo sem o uso de lentes), BGH JZ 1968, 103; VersR 1967, 808.

[138] *Freas* v. *Campbell* (1943), 28 *A.L.R.* 30, para a mesma solução, num caso análogo, cf. *Roberts* v. *Ring* (1919), 173 *N.W.* 437 (tratava-se de um sujeito com setenta anos de idade, de visão e

um taxista com oitenta anos de idade e menos de 1m e 50 cm de altura atropela uma criança de três anos, porque dirigia um automóvel com capô alto demais para permitir-lhe a visão de qualquer pequeno obstáculo ou pessoa de baixa estatura que surgisse a sua frente;[139] ou quando é considerado relevante que o condutor de um automóvel não tivesse evitado a colisão com um outro automóvel, inesperadamente surgido à esquerda num cruzamento, porque já há algum tempo sofria em razão de um fortíssimo torcicolo, que lhe afetara precisamente a musculatura do lado esquerdo do pescoço.[140]

17.2. A concorrência de culpa da vítima-deficiente

Os indicadores referentes ao caráter de risco e à imprevisibilidade do comportamento orientam a avaliação da culpa do sujeito débil também quando este contribui para a ocorrência do dano a si próprio.

Nestas hipóteses (mais freqüentes em comparação àquelas examinadas há pouco) é a culpa concorrente da vítima que merece a atenção dos julgadores: e ainda uma outra vez aqui nos damos conta de que a utilização de uma técnica valorativa nominalisticamente centrada no comportamento do homem médio - *standard* evidentemente inatingível por parte de um sujeito ancião, ou doente - na verdade nasce da consideração pela facilidade com que o deficiente poderia ter reduzido a potencialidade danosa da própria conduta, e assim evitar o sofrimento do prejuízo.

Decisões do gênero parecem irrepreensíveis, se observadas à luz das circunstâncias de que se originam. Que outro resultado deveria ter sido pronunciado a respeito de um indivíduo que, surdo há vinte e cinco anos, pôde ser atropelado por um trem somente porque, ao atravessar os trilhos, não havia tomado qualquer cautela no sentido de certificar-se se um comboio estivesse ou não se aproximando?[141] Ou em relação a um outro sujeito com a audição imperfeita, que pretendia cruzar na diagonal uma passagem de nível, ao mesmo tempo em que lia atentamente o seu jornal?[142]

---

audição defeituosas); em uma hipótese perfeitamente identificável àquela de *Freas* v. *Campbell,* o deficiente (um surdo-mudo) foi, no entanto, exonerado da responsabilidade: *Atkinson* v. *Cardinal State Lines Co.* (1938), 80 *P.* 2d 1073 - contudo, é verossímil que este veredito se justifique em razão da relevância atribuída ao fato de que o adversário aquiliano do deficiente viajava num automóvel cujos freios se encontravam em péssimas condições de funcionamento.

[139] *Mahan* v. *State* (1937), 191 *A.* 575.

[140] *Genovese* v. *Daigle* (1944), 17 *So.* 2d 736.

[141] *Zimmermann* v. *Hanibal & St. J. R. Co.* (1880), 71 *Mo.* 476. Hipóteses semelhantes e decisões idênticas em *Dardenne* v. *Texas & P.R. Co.* (1930), 127 *So.* 458; *Galveston, H. & S.A.R. Co.* v. *Ryon* (1891), 15 *S.W.* 588; *Central R. Co.* v. *Feller* (1877), 84 *Pa.* 226; *Krenn* v. *Pittsburg C.C. & St. L.R. Co.* (1918), 103 *A.* 299; *Tomey* v. *Dyson* (1946), 172 *P.* 2d 739; *International & G.N.R. Co.* v. *Garcia* (1890), 13 *S.W.* 223.

[142] *Galveston & S.A.R.G. Co.* v. *Price* (1922), 240 *S.W.* 524.

Mas os exemplos podem continuar, fazendo parecer não menos justificada a decisão de imputar à vítima a inteira responsabilidade pelo dano também num caso diverso dos precedentes.

Neste caso, os juízes lidavam com um sujeito de setenta e seis anos de idade, de má saúde, que pela primeira vez se colocava à direção de uma carroça puxada por um cavalo. O velho senhor, encontrando-se nas proximidades de uma estação, e percebendo já estar a alguns passos da locomotiva de um trem prestes a partir, em lugar de parar e deixar passar o comboio, decide atravessar os trilhos a toda velocidade: o trem não se move, mas da locomotiva sai um violento jato de vapor que provocou a cólera do cavalo, a capotagem da caleça e as numerosas lesões sofridas pelo imprudente cocheiro.[143]

Em seguida, será possível falar de um veredito indiscutível também para uma outra solução desfavorável à vítima. Naquela oportunidade, tratava-se de um sujeito que pretendia ser ressarcido pela companhia ferroviária, em virtude dos danos sofridos quando caíra de um vagão de trem: pois bem, nenhuma incerteza é possível acerca da solução final da controvérsia, desde que se descobre, como o fizeram os juízes, que o indivíduo em questão - um homem de sessenta anos de idade, pesando 100 kg e com a visão defeituosa - tinha querido descer do trem (chegado ao destino em plena noite) com muita pressa, tendo as mãos à cintura e descuidando-se totalmente de utilizar o corrimão fixado na porta do vagão.[144]

---

143 *Wilson* v. *New York & H.R.R. Co.* (1899), 58 *N.Y.S.* 617.

144 *Yazoo & M.V.R. Co.* v. *Skaggs* (1938), 179 *So.* 274; para alguns casos análogos solucionados do mesmo modo, cf. *Mark's Admr.* v. *Petersburg R. Co.* (1891), 13 *S.E.* 299; *Ft. Worth & D.C.R. Co.* v. *Wyatt* (1904), 35 *Tex. Civ. App.* 119, 79.
É importante acrescentar que desta vez - ao garantir ao comportamento do deficiente uma avaliação de caráter objetivo - foi atribuída particular relevância às circunstâncias que este estivesse em condições de apreciar nos mínimos detalhes (não um genérico, mas) o específico perigo criado com a própria atividade. Em tais ocasiões, o que induz as cortes a afirmar a culpabilidade da vítima é a consideração, não só pela imprevisibilidade e grau de risco da conduta deste, mas também pelas possibilidades concretas (de evitar aquele particular evento) que a própria vítima manifestara possuir - trata-se (como veremos *infra*, cap. VI, nº 4.1.) de argumentos análogos àqueles utilizados nos juízos em que se nega relevo à "debilidade" do automobilista que provoca o dano em razão de um mal súbito, mas que se constata ter sido controlável, ou de qualquer modo previsível por parte do próprio condutor (sobre o ponto, v. também *retro*, neste capítulo, nº 5 e depois cap. I, nº 4 e nota 44) -. Assim, o sujeito atropelado por um trem não poderá pretender ser isento de culpa se, completamente cego e consciente do fato de encontrar-se perto da articulação de uma estrada de ferro (lugar que, além disso, conhecia bem, tendo ali transitado com freqüência), não adota qualquer precaução antes de atravessar, com um movimento repentino, os trilhos da mesma ferrovia (*Florida C. & P.R. Co.* v. *William* (1896), 20 *So.* 558, 37 *Fla.* 406). E às mesmas conclusões vemos chegar os juízes nos casos de dois indivíduos surdos de um ouvido (trata-se de dois casos idênticos, mas temporalmente afastados um do outro e relacionados a pessoas diferentes) que decidem atravessar um cruzamento ferroviário, mesmo sabendo que exatamente àquela hora, e precisamente vindo do lado em que se encontrava o ouvido defeituoso, aproximava-se um trem veloz - fato que ocorreu pontualmente, acarretando graves danos à integridade física dos dois incautos sujeitos (*Canadian P.R. Co.* v. *Clark* (1896), 73 *F.* 76; *Bond* v. *Lake Shore & M.S.R. Co.* (1898), 76 *N.W.* 102, 117 *Mich.* 652; cf. depois Paris, 29 de abril de 1961, em *J.C.P.*, 1961, II, 12331 ter).

E não surpreenderá, por fim, que a culpa de um acidente de automóvel seja atribuída por inteiro a um pedestre que dele resultou vítima - na espécie, um senhor com oitenta anos de idade, de passo incerto - se é demonstrado que o sinistro ocorreu no meio da estrada e à noite, que o veículo viajava à velocidade moderada, e que o seu condutor não havia tido qualquer oportunidade de aperceber-se da presença da vítima, no momento em que esta última se tinha aventurado a atravessar uma pista escura totalmente vestida de preto.[145]

18. O *"standard* da categoria" como modelo de conduta exigível

Diferentes daquelas até aqui mencionadas - e das outras que examinaremos no parágrafo seguinte - apresentam-se as hipóteses em que os juízes elegem como termo de comparação o modelo de comportamento ordinariamente exigível dos sujeitos portadores da mesma imperfeição. A apreciação da culpa se desenvolve, assim, com referência ao *standard* de conduta que era possível pretender, de acordo com as ocasiões - e com atenção a mesma situação de fato -, da generalidade dos surdos, ou dos cegos, ou dos estrábicos do mesmo olho, do bom pai de família com quarenta e sete anos de idade e surdo-mudo, ou com setenta anos e com dificuldade para andar, e assim por diante.

A matriz, a *ratio decidendi* que é comum a todas estas decisões, não é difícil de identificar. O ponto é que os juízes percebem que o deficiente causou o dano sem ter previamente criado um risco com a própria atividade (como, ao contrário, ocorria nos casos examinados há pouco), risco que se pudesse dizer já de início despropositado - ou seja, imprevisível ou incontrolável por parte de terceiros com que o mesmo sujeito entrou em contato. Daí a necessidade - que as cortes percebem e pretendem satisfazer - de não generalizar os interesses do ancião, ou do doente (também aqui sempre empenhados em atividades de caráter biológico) com a adoção de modelos de valoração inatingíveis para aqueles indivíduos.

Desse modo, uma vez demonstrado que o sujeito concreto tenha observado o *standard* de conduta próprio da categoria de "débeis" a que pertence, as cortes não hesitam *a)* a julgar inculpável o comportamento do deficiente; e depois *b)* a imputar a inteira responsabilidade pelo dano ao antagonista aquiliano - ou seja, a quem, no caso específico, foi considerado detentor das melhores oportunidades de evitar o prejuízo.

---

145 *Le Count* v. *Farrand* (1934), 118 *Conn.* 210, 171 *A.* 623; para alguns casos análogos, cf. *Deshazer* v. *Cheatham* (1930), 233 *Ky* 59, 24 *S.W.* 2d 936; Trib. corr. Béthune, 18 de março de 1955, em *Jurispr. automobile*, 1955, 129.

E assim se explica que o acidente entre dois automóveis não tenha sido atribuído a quem havia concorrido materialmente para a produção do sinistro, dirigindo o próprio veículo com particular lentidão, porque paralítico do lado direito do corpo[146] (ou, num outro episódio, porque privado da perna esquerda[147]): nestes casos, os juízes tiveram condições de apurar, antes de mais nada, que os veículos dos deficientes em questão eram propositalmente equipados para compensar o peso daquele *handicap* e, depois, que o emprego de uma maior rapidez de reflexos, por parte dos dois condutores "sãos", teria podido facilmente evitar ambos os acidentes.

Do mesmo modo decide a Corte de Apelação de Paris, num caso que se originava do acidente ocorrido a uma senhora com setenta anos de idade que, caminhando lentamente pela parte interna de uma calçada - "la place", ressalta a Corte, "que le bon usage lui réservait" -, foi atropelada pelo ímpeto de um homem que saía correndo de um portão vizinho à via pública.[148]

E chega-se a uma solução favorável ao sujeito débil também numa série de casos em que o problema central era representado pela comparação entre a conduta realizada por um automobilista "são" e aquela de um pedestre deficiente.

Assim, nenhuma cota de responsabilidade é atribuída ao sujeito surdo-mudo com quarenta e sete anos de idade que, atravessando uma faixa para pedestres, com o semáforo a seu favor, foi atropelado, pouco antes de chegar à calçada, por um caminhão de bombeiros que passava soando a sirene e em alta velocidade, pelo lado esquerdo da pista.[149] Por sua vez, é o automobilista quem deverá suportar por inteiro o ônus ressarcitório, quando do constatado que a vítima era um surdo que - em razão da sua enfermidade, não havia escutado o som da buzina do veículo do agente, mas - no momento

---

[146] *Halsan* v. *Johnson* (1937), 155 *Or.* 583, 65 *P.* 2d 661.

[147] *Madison* v. *Berry* (1933, La. App.) 145 *So.* 694; para um caso semelhante (onde o agente era um adulto "normal" que, dirigindo uma bicicleta, havia sido atropelado por um coxo que conduzia um automóvel especialmente adaptado à sua condição), decidido da mesma maneira, *Judd* v. *Webster* (1929), 50 *Cal. App.* 743, 195 *P.* 929; na mesma direção, Trib. Milano 16 de novembro de 1992, em *Resp. civ. prev.*, 1993, p. 610 (o demandado era um surdo-mudo).

[148] Paris, 29 de março de 1962, em *J.C.P.*, 1962, II, 12874.

[149] *Fink* v. *New York* (1954), 132 *N.Y.S.* 2d 172; para decisões idênticas em casos bastante semelhantes, Bordeaux, 25 de junho de 1953, em *La Loi*, 12 de fevereiro de 1954 (tratava-se de uma senhora com oitenta e seis anos de idade; *Brunner* v. *John* (1954), 45 *Wash.* 2d 341, 274 *P.* 2d 581 (um sujeito com oitenta e seis anos de idade); assim também *Daly* v. *Liverpool Corporation* (1939), 2 *All E.R.* 142 (uma mulher com sessenta e nove anos de idade); Cass. crim., 5 de fevereiro de 1931, em *Gaz. Pal.*, 1931, 1, 357; ("femme âgée"); Trib. Epinal, 11 de julho de 1925, em *Gaz. Pal.*, 1925, 2, 629 (uma mulher completamente surda e quase cega que, para chegar ao lavadouro situado defronte à própria casa - ressalta o colegiado não podia deixar de ter um acompanhante, considerado que ao contrário, são os condutores de veículos que atravessam uma aglomeração que devem prever a eventualidade de encontrar um deficiente físico ou uma criança).

do impacto estava atravessando uma faixa para pedestres, já se encontrava a sessenta centímetros da calçada e tinha atrás de si mais de oito metros de pista livres ao trânsito dos automotores.[150]

Ainda: um automobilista não pôde escapar da imputação do dano, a título de responsabilidade exclusiva, nem mesmo depois de ter provado que o sujeito atropelado, segundos antes do acidente, havia repentinamente abandonado a calçada para caminhar ao longo da margem da estrada. Aqui os juízes sublinham que o ponto central reside na circunstância de que o passeio, naquele momento, estava congelado, e que o agente teve tempo de dar-se conta, não só da presença do pedestre à margem da estrada, mas também do fato de que este não teria podido afastar-se para evitar o automóvel, por causa da idade avançada e de um caminhar que, aos olhos do próprio automobilista, se desenvolvia com o auxílio de um bastão e com grande dificuldade.[151]

19. Critérios subjetivizados

Dizíamos no início que, às vezes, os juízes mostram-se dispostos a adotar uma avaliação puramente objetiva acerca da culpa do doente: abandonando toda referência ao homem médio da categoria abstrata da deficiência, o juízo volta-se, assim, a considerar aquilo que efetivamente se podia pretender daquele indivíduo específico, posto naquela situação concreta.

Agora é necessário esclarecer que soluções do gênero - relativas à apreciação da culpa concorrente do ancião, ou do doente - originam-se da hipótese em que é sempre encontrada a presença simultânea das seguintes circunstâncias: (1) o risco criado pela atividade do deficiente podia ser

---

[150] *Robb* v. *Quaker City Cab. Co.* (1925), 283 *Pa.* 454, 129 *A.* 331; assim também Cass. crim. 7 de dezembro de 1929, em *Gaz. Pal.*, 1930, I, 77 ("femme âgee" atropelada por um motociclista, quando já se encontrava a dois metros da calçada, tendo atrás de si uma pista bastante larga. Soluções análogas registram-se em matéria de acidentes ferroviários. Considere-se o seguinte caso - *Rosenthal* v. *Chicago & A.R. Co.* (1912), 255 *Ill.* 552, 99 *N.E.* 672 -: um sujeito com setenta e cinco anos de idade, semicego, atravessa um cruzamento, em linha diagonal, não percebendo naquele momento qualquer trem em seu (restrito) horizonte; inobstante, um comboio chega repentinamente e atropela o nosso personagem. Pois bem, a Corte esclarecerá não só que a conduta exigível de um deficiente da mesma categoria não podia ser diferente daquela efetivamente realizada pela vítima - até a travessia oblíqua dos trilhos foi, portanto, perdoada ao ancião - mas depois que a origem do acidente havia sido atribuída exclusivamente ao comportamento do maquinista, que não havia anunciado a chegada de seu veículo ao cruzamento, com a emissão de um sinal acústico adequado. É significativo recordar que numa hipótese idêntica, envolvendo o homem médio, são e adulto, foi adotada a solução exatamente oposta: *Lehigh Valley Railroad Co.* v. *Kilmer* (1916), 231 *F.* 628. Sobre o ponto, cf. também LÉGAL, *De la négligence*, cit., 92 s.

[151] Rouen, 24 de junho de 1954, em *D.*, 1954, 739 - a corte acrescenta, não sem ressaltá-lo, que se tratava de um mutilado da guerra de 1914.

considerado mínimo (ou seja, ainda mais normal do que vimos acontecer nas hipóteses até aqui examinadas); (2) o dano parecia evitável por um esforço que, absolutamente desproporcional em relação às possibilidades da vítima, não teria, ao invés, posto ao agente qualquer espécie de dificuldade; e, por fim, (3) ou resulta que o defeito físico da vítima era conhecido deste último (e então o curso da sua conduta era rapidamente previsível), ou - vista a situação de fato criada pelo próprio agente - as cortes entendem que este tivesse, de qualquer modo, o dever de prevenir a eventualidade de que sujeitos menos hábeis do que o normal sofressem aquele prejuízo específico, do qual depois resultaram vítimas.

Eis alguns exemplos. Um ancião desce do trem, cai e fratura o quadril, pedindo então o ressarcimento do dano à companhia ferroviária: esta última contesta, afirmando que o evento deve ser imputado à culpa exclusiva da vítima - que, efetivamente, estava bem consciente da distância para ele excessiva (50 cm), que separava o degrau do comboio da plataforma da estação. Os juízes refutam uma conclusão do gênero e dão provimento ao pedido do ancião; vejamos por que razão.

A Corte pôde constatar *a)* que a vítima tinha setenta e dois anos de idade, era coxo de uma perna e portador de uma visão defeituosa; *b)* que este há muito costumava viajar com aquela mesma companhia ferroviária, cujo pessoal habitualmente observava todos os movimentos realizados dentro e fora do trem; *c)* que na infeliz ocasião ninguém viera socorrer o ancião passageiro - embora este tivesse esperado mais de cinco minutos sentado em seu lugar, antes de aventurar-se a descer; e, por fim, *d)* que, temendo a iminente partida do trem, o sujeito em questão havia se aproximado da porta do vagão, olhado ao redor, segurado o corrimão e, com grande cautela, havia tentado atingir a calçada - esforço cujo resultado já é conhecido.

Então, se não há dúvida - afirma a Corte - que um homem prudente, nas mesmas condições, não teria empreendido sozinho a descida de escadas tão altas (mas ao juiz não passa despercebido que optar por esta alternativa significava fazer-se conduzir à estação seguinte; e tampouco que o fato se verificara porque o pessoal da Companhia, a par das dificuldades do passageiro, o havia abandonado a sua própria sorte), também é verdade - prosseguem os juízes - que um indivíduo menos cuidadoso poderia ter deixado de tomar algumas das precauções (isto é, agarrar-se ao corrimão, prestar extrema atenção ao realizar o esforço da descida,[152] que, ao contrário, foram observadas pela vítima na ocasião específica. Em definitivo, esta última havia se comportado com a máxima diligência possível em relação às suas

---

[152] É interessante comparar este comportamento com aquele que valeu a imputação da culpa a Mr. Skaggs, em *Yazoo* v. *Skaggs*, cit. retro na nota 106.

próprias capacidades psicofísicas, e uma conduta do gênero era considerada isenta de toda censura.[153]

Argumentos do mesmo gênero são reencontrados à base de mais de uma das decisões que tratavam dos danos sofridos por passageiros "deficientes" no interior das estações ferroviárias.

As especiais características da demandante, junto com as expectativas que esta podia nutrir em relação ao pessoal da companhia (pessoal que conhecia a "debilidade" do indivíduo, e que em outras ocasiões havia se empenhado a socorrê-lo) de fato representam os elementos que orientam de maneira decisiva o juízo a respeito da conduta do enfermo, também num caso que tem sua origem nas lesões sofridas, descendo de um trem, por uma velha senhora um tanto prejudicada pela visão defeituosa.[154] Muitas vezes esta havia viajado naquela linha, e já outras vezes havia sido auxiliada ao descer do comboio, pelo mesmo empregado que se encontrava em frente a ela no momento do acidente. Neste caso, porém, o empregado da companhia, logo após ter ajudado a senhora a descarregar a bagagem, desinteressou-se pelas dificuldades que ela podia encontrar na descida da escada e, assim, a anciã, só percebendo não contar com o auxílio do rapaz no último instante, despencou dos degraus.

O veredito exclui a subsistência de uma culpa concorrente da vítima: e precisamente porque, considerando a expectativa da senhora de poder ser auxiliada - segundo os juízes a vítima foi cuidadosa, embosa não tenha olhado onde estava pisando".[155]

Às vezes, chega-se às mesmas conclusões em virtude de uma avaliação da conduta do agente que (prescinde da utilização de um *standard* construído em termos abstratos), *e)* se fundamenta precisamente na falta de respeito às particulares exigências de cada deficiente, individualmente considerado.

Por exemplo, se o trem pára além da plataforma da estação, e aos passageiros que descem não é oferecida qualquer ajuda, por parte do pessoal da ferrovia, para superar o pronunciado desnível criado entre o solo e as escadas do vagão, os juízes mostram-se dispostos a reconhecer como "diligente" qualquer conduta da vítima - ou seja, de quem sofreu um dano ao

---

[153] *Turner* v. *Wabash R. Co.* (1919 Mo. App.), 211 *S.W.* 101. Com relação ao comportamento do pessoal da companhia ferroviária, para um aprofundamento útil para a releitura desta, e as outras hipóteses em seguida mencionadas, na perspectiva que é própria dos critérios de imputação da culpa omissiva, ALPA, *Il problema dell'atipicità dell'illecito*, cit. 127 ss., idem *Colpa omissiva e principi di responsabilità civile*, em *Giur. it.*, 1979, I, 1, 1366 ss.; CAFAGGI, *Profili di relazionalità della colpa*, cit., p. 259 ss.

[154] *Younglove* v. *Pullmann Co.* (1913), 207 *F.* 797; a senhora, de qualquer modo, no momento do acidente, usava os seus óculos: sobre o ponto, cf. as decisões citadas retro, nota 99.

[155] Assim - para um caso análogo (tratava-se de um cego) - também *Denver & R.G.R. Co.* v. *Derry* (1910), 47 *Colo.* 584, 108 p. 172.

cair da plataforma do trem. Nestes casos, com efeito, considerou-se que o pessoal da estação devia prever (e portanto intervir, a fim de evitar) a eventualidade de que precisamente pessoas menos ágeis do que o normal encontrassem dificuldade ao descer do vagão.[156] Assim, para excluir a culpa da vítima, não foi necessário verificar se esta última observara, ou não, o *standard* de conduta da categoria de deficientes a que pertencia: para tal fim, bastou demonstrar, caso a caso, que se tratava de uma senhora bastante corpulenta e de pernas curtas (a distância entre o degrau e o solo era de setenta centímetros);[157] ou de uma senhora que a idade e a doença tornavam bem menos ágil que outros passageiros (o sol já se havia posto sobre a estação, e a altura do degrau era de cinqüenta e cinco centímetros);[158] ou - num caso análogo[159] - de um sujeito com setenta e quatro anos que se locomovia com dificuldade, sem firmeza, e com a saúde debilitasa (em relação ao qual - esclarece a corte -, numa ocasião do gênero, o que constituirá cuidado ordinário ... depende de sua capacidade física e mental).

19.1. O tráfego urbano

O emprego de uma técnica valorativa inspirada nos mesmos pressupostos permite soluções análogas àquelas examinadas por último, também em matéria de acidentes ocorridos no tráfego urbano.

Nesta perspectiva se coloca, por exemplo, o pronunciamento feito pela "House of Lords", no caso *Haley* v. *London Electricity Board.*[160] Aqui se decretou a responsabilidade exclusiva de uma empresa construtora de estradas, que havia deixado um buraco aberto na calçada - sinalizado de maneira apenas suficiente para atrair a atenção de uma pessoa comum agindo com um cuidado ordinário, no qual um cego acabou caindo. Tendo

---

[156] Num caso em que o pessoal da ferrovia, mesmo deixando de intervir em socorro dos viajantes que desciam, havia advertido os passageiros do perigo a que podiam estar expostos ao deixar o trem, o juízo sobre a conduta da vítima foi mais severo, chegando a atribuir um quarto da responsabilidade à senhora que havia caído de um estribo, 55 a 60 cm distante da plataforma - porém, tratava-se de uma mulher com 40 anos de idade, que "apenas" sofria de fortes dores reumáticas -: Bruxelles, 20 de abril de 1928, em *S.*, 1928, IV, 18, 2º caso. Para a afirmação do direito da vítima (aqui, uma senhora em avançado estado de gravidez) ao pleno ressarcimento - numa hipótese idêntica àquela decidida pela corte belga - v., de qualquer modo, *Watts* v. *St. Louis S.W.R. Co.* (1905), 187 *Mo.* 351, 86 *S.W.* 140. Acerca da relevância que, neste gênero de hipóteses, é atribuída ao dado relativo à "perceptibilidade" da desvantagem física (ou, mais em geral, da debilidade subjetiva) da vítima, v. também *infra*, cap. VII, nn.

[157] Chambéry, 14 de março de 1894, em *D.*, 1898, II, 242, 1º caso.

[158] Trib. comm. Seine, 2 de junho de 1953, em *Gaz. Pal.* 1953, 2, 172.

[159] *Watts* v. *Spokane P. & S.R.Co.* (1918), 88 *Or.* 192, 171 *P.* 901 - aqui a descida do passageiro tornava-se ainda mais precária pelo fato de que exatamente naquele momento o trem retomava a sua marcha.

[160] (1965) *A. C.* 778.

avaliado a conduta deste como adequada ao *standard* de comportamento exigível daquele sujeito específico, naquela específica situação, os juízes podem basear a condenação do demandado sobre a simples constatação de que um grau de cuidado apropriado à inabilidade ou deficiência de indivíduos imaturos, mentalmente ou fisicamente débeis é exigido daqueles que disto tem conhecimento ou que deveriam prever a presença destas pessoas no âmbito de suas atividades.[161]

Outras vezes as cortes - chamadas, como logo veremos, a pronunciar-se sobre os danos sofridos pelo deficiente, quando utilizava um meio de transporte público - voltam a atribuir relevância decisiva à constatação de que, em relação à vítima, nenhuma precaução especial havia sido tomada por um sujeito (o demandado) que, além disso, no momento do acidente já tinha perfeita consciência das precárias condições físicas que afetavam a mobilidade do lesado.

Por exemplo, o juízo resultou favorável à vítima - da desastrosa saída de um ônibus - até mesmo no caso em que foi possível constatar que o passageiro havia iniciado a saída quando o veículo já estava em movimento. Para excluir a responsabilização da vítima-deficiente a título de culpa concorrente, os juízes consideraram suficiente ressaltar *a)* que o sujeito em questão contava setenta e três anos de idade (pesando cerca de 90 kg), e que sua dificuldade de locomoção não passara despercebida ao motorista do ônibus; e *b)* que este, no momento de prestar socorro à vítima, havia se comportado sem qualquer atenção pela idade e deficiência por ela ostentadas.[162] E à mesma conclusão vemos os juízes chegarem, quando se tratava de examinar o pedido de ressarcimento feito por um ancião, e fisicamente deficiente, que, descendo de um trem, foi ferido pelas portas automáticas do veículo. Aqui, ao ilustrar os motivos pelos quais isenta a vítima de toda culpa, a Corte ressalta, em primeiro lugar, que o motorista do trem conhecia bem as dificuldades motoras do passageiro; e que - em segundo lugar - se os intervalos de tempo do mecanismo de fechamento das portas podiam ser considerados adequados à rapidez de movimentos demonstrada pela imensa

---

[161] Para um caso (e um veredito) idêntico, *Fletcher* v. *City of Aberdeen* (1959), 388 P. 2d 743; mas v. também Pret. Bari 13 de maio de 1992, em *Foro it.*, 1993, I, pp. 2731 ss. Do mesmo modo - ou seja, em sentido favorável ao deficiente, desta vez um ancião - foi também solucionada a demanda que tinha origem nos danos sofridos por uma senhora com oitenta anos de idade que, no interior de um grande magazine, tropeçara na corda com a qual uma menina puxava um brinquedo - embora seja verossímil que, para fazer prevalecer a debilidade do ancião sobre a da criança (ambos dedicados, sem ter cometido imprudências grosseiras, a atividades de natureza biológica), tenha resultado decisiva a relevância atribuída ao cuidado que os pais deveriam ter dispensado ao comportamento do menor (depois efetivamente condenados, *ex* arts. 1382 e 1384 do CC francês: sobre o ponto, v. *retro*, neste capítulo, nºs 6, 8, 10, 13 e 15) -: Paris, 9 de janeiro de 1961, em *D.*, 1961, 153.

[162] *Shanahan* v. *St. Louis Transit Co.* (1904), 109 *Mo. App.* 228, 83 *S. W.* 783.

maioria das pessoas, este certamente não era um dado suficiente para fazer considerar em culpa quem viesse a sofrer um dano em virtude daquele mecanismo, apenas porque mais lento e vacilante do qualquer outro usuário dos meios de transporte públicos.[163]

---

[163] *Georgia Power Co. v. Weaver* (1942), 68 *Ga. App.* 652, 23 *S.E.* 2d 730.

Capítulo VI

A superioridade subjetiva

SUMÁRIO: 1. Premissas; 2. Tipologia das superioridades; 3. O homem sem qualidades; 3.1. A inexperiência do homem médio; 3.2. O limiar de competência exigível; 4. A relevância das superioridades. Os sujeitos "melhor informados"; 4.1. A previsibilidade dos próprios mal-estares; 4.2. Informações a respeito das circunstâncias ambientais; 5. A superioridade endógena: variedade das combinações; 6. Qualidades não-profissionais relevantes no desenvolvimento de atividades não-profissionais; 7. Características subjetivas e experiências pregressas: as atividades profissionais; 8. Qualidades subjetivas de natureza profissional: o desenvolvimento de uma atividade não-profissional; 9. A conduta exigível no desenvolvimento de uma atividade profissional; 9.1. Características relevantes na determinação do *standard*. O profissional super-especializado; 9.2. Habilidades peculiares a cada agente e juízo individualizado; 10. As superioridades de ordem física; 10.1. Características relevantes para os fins da responsabilidade; 10.2. Os dotes técnico-atléticos como fatores de exoneração da responsabilidade.

1. Premissas

O segundo perfil da investigação casuística - como afirmávamos - diz respeito ao tratamento reservado aos sujeitos que dispõem de potencialidades psicofísicas superiores ao *standard* comum.

A respeito deste ponto, a orientação geral da jurisprudência foi muitas vezes relembrada. A conduta da pessoa excepcionalmente informada ou inteligente, ou superdotada muscularmente, ou provida de uma excelente velocidade de reação nervosa, não é avaliada de acordo com o parâmetro ordinário: os juízes não eximiram da responsabilidade aqueles que possuíam conhecimentos, ou atitudes tais que, na ocasião específica, teriam permitido prever e impedir facilmente o evento danoso - diferentemente do que poderia fazer a pessoa "normal".

As peculiaridades da NOÇAO DE CULPA

125

E, assim, em não poucos casos, o *standard* objetivo foi afastado, ou melhor, enriquecido, assumindo em seu interior as peculiaridades que conotavam o concreto autor do dano.[1]

2. Tipologia das superioridades

Nesta perspectiva, as decisões que merecem destaque oferecem, no entanto, indicações bastante variadas entre si; e, portanto, há necessidade de algumas distinções.

a) Antes de mais nada, são ressaltadas as hipóteses em que a atenção dos juízes pelo dado da superioridade subjetiva manifesta-se, por assim dizer, *a contrario*. Trata-se das ocasiões em que o agente foi considerado

---

[1] Seja dito aqui, incidentalmente: quem quisesse ir mais adiante na investigação, sob a perspectiva da análise econômica do Direito, encontraria outras confirmações a conclusões do gênero. Sem pretender esgotar o tema, é de fato possível observar que também a *Learned Hand Formula of Negligence* - assim chamada em homenagem ao juiz que pela primeira vez a expressou, em *United States* v. *Carrol Towing Co.* (2d Circ. 1947), 159 F. 2d 169; regra que continua a representar a obra mais importante da reflexão jus-econômica, em tema de modelos extracontratuais de conduta (PARISI, *Learned Hand Formula of Negligence*, em *Dig. IV, Disc. priv., Sez. civ.*. X, Torino, 1993, 436), além de síntese da *fundamental negligence doctrine* (LANDES e POSNER, *The Economic Structure of Tort Law*, Cambridge, Mass., e London, 1987, 96), e, ainda, *one of the most famous formulations in the economic analysis of law* (COOTER e ULEN, *Law and Economics*, Glenview, Ill., 1988, , 361 ss.) - acaba por impor *standards* de comportamento mais elevados para os sujeitos que se mostrem dotados de qualidades positivas superiores àquelas possuídas pelo tipo médio de concidadão. Em síntese, a *Formula* individua a noção de culpa como função de três variáveis: a probabilidade de ocorrência do evento danoso; a gravidade do prejuízo causado; o custo da atividade de prevenção necessária para evitar o evento. Na perspectiva do juiz HAND, P indica a probabilidade do evento, L (*loss*) a gravidade do dano, B (*burden of prevention*) o custo da atividade preventiva: segundo a função indicada, portanto, o comportamento será considerado culposo quando o sacrifício econômico necessário para impedir o dano (isto é, o custo da atividade preventiva) for inferior ao produto do custo do dano previsível multiplicado pela probabilidade da sua ocorrência; em outros termos, e recorrendo à clareza da formulação algébrica, o agente incorre em culpa se B é menor que PL. Não passa despercebido, então, (1) que o custo da prevenção e, por outro lado, a capacidade de previsão do evento, são entidades destinadas, respectivamente, a decrescer e a aumentar de modo significativo em relação àquele sujeito provido de características que lhe permitam controlar os dois fatores com menor dificuldade do que o faria o homem médio; e, conseqüentemente, (2) que, inalterada a gravidade do dano, para escapar da imputação da culpa, o mesmo sujeito deverá adequar a própria conduta a um *standard* distinto e mais elevado, imposto pela fórmula em razão das melhores condições de prever-prevenir o evento (para observações ulteriores - mas não conflitantes com a solução delineada - ligadas ao custo de individuação do risco do dano, GALLIGAN, *Strict Liability in Action: The Truncated Learned Hand Formula*, em *Louisiana Law Rev.*, 1992, 323; SHAVELL, *Liability and the Incentive to Obtain Information About Risks*, em *J. Legal Studies*, 1992, 269; para as discussões correntes, entre os jus-economistas, acerca da relevância de um consenso em torno da "utilidade" - sob o perfil "social" e o "individual" - da conduta em questão, caso a caso, MATTEI, *Comparative Law and Economics*, cit., especialmente pp. 134 ss., 240 ss., 253; PARISI, *Sviluppi nell'elemento soggettivo del "Tort of Negligence"*, cit., p. 568 ss.; Id., *Liability for Negligence and Judicial Discretion*, cit., 213 ss., 280 ss., às quais se remete para quaisquer referências ulteriores.

isento de culpa exatamente porque pertencia à categoria dos *boni patres familias*: ou seja, porque não possuía aquelas qualidades, ou aqueles conhecimentos específicos sem os quais - segundo os juízes - não era possível pretender que o sujeito pudesse prever, ou evitar a ocorrência daquele evento danoso.

b) Dentro da casuística relativa aos sujeitos titulares de uma efetiva condição de superioridade, impõe-se uma seleção ulterior.

Às vezes as qualidades positivas do agente consistem na posse de uma ou mais informações que - também nascendo de experiências episódicas e sendo dotadas de conteúdo elementar - não resultam exigíveis da generalidade dos concidadãos e são, de fato, ignoradas pela vítima. Nestes casos, a conclusão favorável à responsabilidade do agente é atingida mediante uma simples adaptação do tradicional critério objetivo: isto é, ao juiz é suficiente "vestir" o tipo abstrato do bom pai de família com a série de dados e conhecimentos, ou com as simples informações que constata terem estado à disposição do sujeito concreto.

c) Outras vezes, a capacidade de evitar o dano chega ao agente não da simples posse de informações ocasionais, mas da disponibilidade de um conjunto mais amplo de fatores (isto é, esperteza, preparo cultural e profissional, conhecimentos de base, capacidades específicas), todos elementos que qualificam a personalidade daquele sujeito específico, naquele fato determinado, à adoção de meios e precauções inexigíveis do "bom pai de família" - comparativamente bastante mais despreparado.

Em circunstâncias do gênero, portanto, a culpabilidade do demandado emerge apenas porque o juiz sabe avaliar o grau em que os dotes possuídos por aquele impõem um *standard* de conduta diferente, e mais elevado, do que o tradicional: isto é, um comportamento equiparado às características especiais da categoria de sujeitos - mais ou menos restrita - a que o agente concreto pertence.

d) Soluções análogas àquelas feitas em matéria de superioridade intelectual são encontradas quando o agente apresenta características de excelência do ponto de vista físico. Na maioria das vezes a relevância da potência muscular, ou da especial agilidade, ou da velocidade de reação nervosa, valem ao superdotado a imputação de uma culpa também naqueles casos em que o homem fisicamente normal teria sido eximido de toda responsabilidade.

Numa outra série de casos, ao contrário, o resultado do juízo resultará favorável ao agente: porém, é necessário antecipar que, na nossa perspectiva, a diferença entre as duas categorias de decisões revela-se apenas aparente. Também na segunda série de hipóteses, de fato - trata-se, em particular, de acidentes ocorridos no desenrolar de competições atléticas, ou no curso de atividades esportivas muito arriscadas -, as cortes mostram-se bastante atentas na fixação do *standard* de conduta à luz das qualidades subjetivas à disposição do superdotado. O ponto é que os juízes, em ocasiões do gênero, encontram sempre um modo de apurar a correção dos conteúdos técnicos do comportamento realizado pelo agente; e, portanto, uma vez chamadas a averiguar as eventuais imprudências cometidas por este último, na fase anterior ao acidente, as cortes apercebem-se de que exatamente as características de excelência possuídas pelo agente é que permitiam que este enfrentasse qualquer gênero de risco, até mesmo aquele existente em manobras que para qualquer outro (mesmo se pertencente à mesma elite esportiva) teriam constituído um gesto de inadmissível temeridade.

3. O homem sem qualidades

Comecemos pelas ocasiões em que o agente pôde ser isento de responsabilidade precisamente porque não possuía qualidades pessoais de destaque.

Quando os juízes ressaltam que somente um sujeito particularmente versado, ou extremamente hábil e veloz, ou profissionalmente preparado, teria podido evitar o dano de que se origina a controvérsia, o objetivo - declarado mais ou menos explicitamente - torna-se aquele de verificar quais são as características subjetivas à disposição do agente concreto.

Assim, pode acontecer que a investigação seja concluída do seguinte modo: *a)* o indivíduo de que se fala possui os dotes e comportamentos de qualquer "homem médio"; *b)* a atividade no curso da qual se produziu o dano não é uma daquelas que pressupõem, de quem as realiza, a disponibilidade de características psicofísicas especiais; *c)* o sujeito empregou na desafortunada ação toda a diligência de que era capaz.

Então, o que irá ditar o veredito final será precisamente o resultado negativo da busca de uma "superioridade": e a conseqüência é que nenhuma culpa poderá ser imputada ao agente, desde que este tenha adotado uma conduta que corresponda àquela do "bom pai de família" e, portanto, aquela dele exigível.

Nessa perspectiva, as qualidades subjetivas que são levadas em consideração, pelos juízes, são as mais variadas.

No que diz respeito, por exemplo, à relevância da combinação de dotes físicos e psíquicos, é paradigmático o caso de uma senhora que, ótima conhecedora das trilhas de montanha, decide tentar a escalada ao longo de uma parede rochosa - não sem se fazer acompanhar na empresa por um experiente guia alpino. Num determinado ponto da rota, a senhora realiza um único movimento um pouco brusco - no entender do tribunal, "porque não queria olhar na direção do precipício, ou porque ajustava a corda ou pegava um lenço do bolso, ou também porque havia percebido a queda de pedras ou as vozes de outros excursionistas, talvez confundindo-as com a do guia" - que é, todavia, suficiente para fazer com que ela mesma e o seu mentor sejam tragicamente jogados no vazio.

Pois bem, os juízes afastam a possibilidade da configuração de uma culpa a cargo da senhora, precisamente em razão do fato de que - não tendo cometido imprudências quanto à escolha do percurso, ou do guia (tratava-se de um excelente alpinista) - a senhora se tinha tornado autora de um daqueles descuidos que, na realidade, podem ser evitados somente com a perícia e o "sangue frio" de que dispõe um alpinista bastante mais experiente e hábil do que um *quisque e populo*, simples principiante na escalada de montanhas.[2]

Um outro exemplo instrutivo é dado pelo julgamento da conduta de um piloto principiante, que havia destruído o planador que dirigia.

Num caso semelhante, também foi a consideração pelas características psicofísicas, além da pouca experiência do jovem aluno de um aeroclube (associação proprietária do veículo e autora em juízo), que convenceram os juízes de que aquele piloto não podia ser considerado culpado. Efetivamente, estimou-se que este havia perdido o controle do avião logo após um impulso de medo, ou seja, porque assustado pelas violentas oscilações a que o aparelho fora submetido, em razão de um forte vento que soprara inesperadamente na região: e então, frente à borrasca - assim concluem os juízes -, a reação equilibrada e segura, que se poderia exigir da parte de um navegador experiente, certamente não podia representar um comportamento exigível de um novato do vôo, precisamente naquela ocasião autorizado a pilotar sozinho,[3] pela primeira vez.

3.1. A inexperiência do homem médio

Além da ausência de qualidades psicofísicas particulares, em diversas oportunidades é a indisponibilidade de noções, ou de capacidades específicas, que incidem sobre o juízo de culpabilidade.

A solução favorável ao demandado pode encontrar apoio, mais precisamente, no valor atribuído a algumas informações - geralmente de caráter técnico -, que se tornam exigíveis do homem comum. Por exemplo, quem

---

[2] Trib. Bolzano, 24 de janeiro de 1977, em *Resp. civ. prev.*, 1978, 459, com notas de GAMBARO, *In tema di responsabilità della guida alpina*. Quanto à avaliação da conduta realizada, neste caso específico, pelo guia alpino, v. *infra*, nº 10.2 e nota nº 55.

[3] Colmar, 4 de dezembro de 1974, inédito, mas em *D. S.*, 1975, Somm., 52; assim, *obiter*, também Cass. 1º de junho de 1991, nº 6172, em *Resp. civ. prev.*, 1993, p. 142, com notas de B. FRANCHI; para um caso análogo decidido de maneira exatamente oposta, em virtude da comprovada experiência do piloto, Paris, 7 de outubro de 1975, *Caron c. Jallet, Aéroclub "Les Chevaliers" e Un. des Ass. de Paris*.

percebe o fortíssimo odor de gás proveniente de um apartamento e, ainda assim, soa insistentemente a campainha desta habitação, pode não ser chamado a responder pelo incêndio que se seguiu àquele gesto impensado: isto é o que aconteceu quando os juízes puderam constatar que o sujeito em questão não tinha plena consciência de um perigo que, em si mesmo, segundo a Corte, é este o argumento decisivo, não é do conhecimento de todos.[4]

Motivações do mesmo gênero são depois empregadas a fim de excluir a responsabilidade do homem médio que se encontre desenvolvendo (sem culpa própria) uma atividade da qual não conhece a arte.

Assim, para o dano ocasionado pelo erro na dosagem de um anestésico, nenhuma reprovação é dirigida à senhora - amadora na ciência médica - que havia sido chamada de urgência para colaborar, precisamente na qualidade de anestesista, numa operação cirúrgica inadiável, realizada numa cidadã africana.[5] Tão pouco poderá ser julgada responsável *ex* art. 96, § 1°, do CPC italiano, a parte que, desprovida de conhecimentos jurídicos, aceita, de seu próprio advogado, o conselho de levantar uma exceção de incompetência: iniciativa que se constata ter sido tomada com fins meramente protelatórios, e com o emprego de subterfúgios tais que - esta é a solução a que chegam os juízes - "somente um técnico do Direito" teria podido conceber e pôr em ação "com uma tal perspicaz escolha do tempo e modo".[6]

3.2. O limiar de competência exigível

Portanto, se o bom pai de família não responde pela inexperiência de que pode dar prova, ao enfrentar tarefas para ele não usuais, é necessário acrescentar que à mesma solução se chega quando um indivíduo especializado numa determinada atividade deve ser julgado por um dano originado

---

[4] Trib. gr. inst. Nice, 18 de maio de 1960, em *D.*, 1962, 591; para um caso semelhante, *Stephens v. Dulaney* (1967), 78, *N. M.* 53, 428 *P.* 2d 27.
No que toca ao juízo de responsabilidade, sobre a importância que podem assumir os conhecimentos chamados ordinários - e para a diversidade de regime jurídico entre estes e os conhecimentos chamados científicos - de que pode dispor um sujeito, ver as reflexões de FALZEA, *Fatto di conoscenza*, cit., *retro*, cap. II, nota n° 58.

[5] Alger, 17 de março de 1894, em *S.*, 1894-5, 49; para alguns casos análogos, em que se considerou isenta de culpa a falta de sofisticados conhecimentos especializados, da parte de um médico generalista, v. Lyon, 17 de novembro de 1904, em *S.*, 1868, 2, 106; ou *Fitzmaurice v. Flynn* (1975), 167 *Conn.* 609, 356 A. 2d, 887.

[6] Cass. Sez. Un., 3 de novembro de 1986, n° 6420, em *Foro it.*, 1987, I, 57, com notas - dedicadas a outros assuntos - de BARONE, CIPRIANI, PIZZORUSSO, PROTO PISANI, *Regolamento di guirisdizione, deontologia forense e credibilità delle Sezioni Unite*, 62 ss. Para a discussão de um caso análogo - R. G. 15 de fevereiro de 1919, E. R. G., 95, 16 -, encarado sob a mesma perspectiva daquele examinado no texto, LÉGAL, *De la négligence et de l'imprudence*, cit., 118 s.; e ver ainda Bordeaux, 14 de junho de 1914, em *Rec. Gaz. Trib.*, 1915, 2, 26; Trib. Montluçon, 29 de abril de 1953, em *Gaz. Pal.*, 1953, 2, 22; Cass. civ., 11 de janeiro de 1922, em *S.*, 1924, 1, 105, com notas de DEMOGUE.

no mau-emprego de habilidades, que se verifica serem conexas, mas apenas remotamente àquele tipo de aprendizado.

Para ilustrar uma regra do gênero bastam poucas indicações: por exemplo, a fama do agente como cientista botânico e ilustre catedrático - em uma faculdade de medicina - não impedirá que os juízes excluam a culpa deste, por ter socorrido desastradamente um aluno seu, acidentado na saída de uma aula na universidade: segundo a Corte é de fato decisivo considerar que um professor de botânica não podia, sozinho, prestar socorro à vítima, a ela prescrevendo, num caso delicado, um tratamento que ele ignorava.[7]

E, na mesma perspectiva, a explosão de um cargueiro, devido à "inflamação espontânea produzida independentemente da intervenção direta de uma fonte de calor, e em seguida de um fenômeno de transformação cristalina exotérmica: a reação de oxidação da parafina", poderá talvez acarretar a responsabilidade de um químico que tivesse participado do carregamento dos produtos, mas - advertem os juízes - não do comandante de um navio (de fato considerado isento de culpa) que, recebendo as embalagens como mera partida de fertilizantes, certamente não podia adivinhar que, naqueles mesmos sacos, estava oculto um pequeno percentual do perigoso reagente.[8]

Em definitivo: além dos setores em que é especializado, requer-se que o sujeito conforme o próprio comportamento àquele do bom pai de família.

Trata-se de uma regra jurisprudencial fácil de ser entendida, e cujo corolário encontra aplicação muito freqüente nas controvérsias aquilianas envolvendo a chamada *malpractice* - nos casos em que, por exemplo, afirma-se que de um médico generalista é exigida a utilização dos conhecimentos e habilidades do "bom médico generalista" e, vice-versa, do especialista aqueles do "bom especialista".[9] Só mais adiante nos aperceberemos da

---

[7] Anger, 3 de março de 1936, em *D. H.*, 1936, 245. Sobre o ponto, ver também as considerações e os exemplos fornecidos por DEJEAN DE LA BATIE, *Appréciation*, cit., 47 ss. - com a advertência de que a Cass. civ., 21 de junho de 1938, em *Gaz. Pal.*, 1938, 2, 721, citada por este autor na nota nº 21, na realidade diz respeito ao caso de um comandante de um navio que, por não ter sabido socorrer, a bordo de sua embarcação, uma anciã acometida de um mal súbito, foi julgado culpado, em virtude da consideração de que "un officier de bord, chargé par les réglements de donner les soins d'urgence, remplit les devoirs d'un infirmier, dont il doit avoir les connaissances".

[8] Trib. civ. Brest., 15 de dezembro de 1954, em *Gaz. Pal.*, 1955, 1, 356.

[9] Recentemente, e por todos, DE MATTEIS, *La responsabilità medica*, Padova, 1996, *passim*, e, por exemplo, pp. 124, 141 ss., 157, 182, 227, 394 s., 445 s.; ZANA, *Responsabilità medica e tutela del paziente*, Milano, 1993, 19 ss., 29 ss., 65 ss.; ZAMBRANO, *Interesse del paziente e responsabilità del medico in diritto civile italiano e comparato*, Napoli, 1993, *passim*, e, por exemplo, pp. 53, 200; DE VITA, *La réforme de la responsabilité médicale: responsabilité ou assurance*, em *Rapports Nationaux Italiens au XIII Congrès International de Droit Comparé/Italian National Reports to the XIIIth International Congress of Comparative Law - Montreal 1990*, Milano, 1994, pp. 100, 107, 110 s.;

vigência de um corolário ulterior daquela mesma regra - ou seja: no desenvolvimento de toda atividade para a qual dispõe de habilidades especiais, o indivíduo é chamado a respeitar um *standard* de conduta equiparado às próprias capacidades - princípio em razão do qual as Cortes exigirão que as qualidades subjetivas de que goza o agente sejam empregadas por este também em ocasiões totalmente estranhas ao setor "existencial" ou profissional em que aqueles dotes amadurecem, ou normalmente encontram modo de expressar-se.

4. A relevância das superioridades. Os sujeitos "melhor informados"

Vejamos agora os casos em que o agente efetivamente goza de qualidades, atitudes ou conhecimentos particulares.

Como dissemos no início, sobre este ponto deve ser entendido o seguinte: em algumas hipóteses, a superioridade do agente deriva da posse de uma ou mais informações, com objeto definido e conteúdo não sofisticado; em outras ocasiões, a especial natureza do indivíduo nasce da disponibilidade de um conjunto de dotes, inclinações ou capacidades, que caracterizam de maneira bastante articulada a personalidade dele.

Comecemos pela casuística relativa aos sujeitos simplesmente "melhor informados".

São habitualmente citados os conhecimentos em relação aos quais o julgador tem condições de verificar que *a)* mesmo de fato não dependendo da existência de um particular formação cultural ou profissional, não são exigíveis de qualquer concidadão, e efetivamente não eram possuídos pela vítima; *b)* encontravam-se, ao contrário, à disposição do agente; *c)* teriam facilmente permitido a este último prever e, depois, evitar a produção do evento danoso.

Em casos do gênero, nos damos conta de que o comportamento do agente é avaliado à luz de um *standard* de conduta (sobre o qual incidem os conhecimentos específicos em seu poder) diferente e mais elevado do que aquele exigível do homem médio: assim que, definitivamente, a demonstração de haver adotado um comportamento impecável, mas ter esque-

---

PRINCIGALLI, *La responsabilità del medico*, Napoli, 1983, especialmente pp. 36 ss., 56 ss., 149 s.; FORTINO, *La responsabilità civile del professionista*, Milano, 1984, 101 s. Para algumas úteis considerações de ordem geral, ZENO ZENCOVICH, *La sorte del paziente*, Padova, 1994, *passim*. Fora da Itália, DORSNER-DOLIVET, *Contribution à la restauration de la faute, condition des responsabilités civile e pénale dans l'homicide et les blessures par imprudence: à propos de la chirurgie*, Paris, 1986, 140 ss., 243 s.; H. e L. MAZEAUD e TUNC, *Traité*, I, cit., 543 e 813 ss.; PROSSER e KEETON, *On Torts*, cit., 185 s.; WINFIELD, JOLOWICZ e ROGERS, *On Tort*, cit., 125; v. ainda Deutsch, *Fahrlässigkeit*, cit., 135 ss.; e, na mesma direção, para algumas decisões em tons particularmente explícitos, *retro* nota nº 4.

cido do suporte daquelas informações, não é suficiente para que o agente seja exonerado da responsabilidade por culpa.

4.1. A previsibilidade dos próprios mal-estares

Paradigmático é o que acontece em matéria de acidentes de trânsito determinados pelo mal-estar súbito de um dos motoristas.

Já examinamos como as Cortes são dispostas a isentar de toda obrigação ressarcitória o automobilista que demonstre ter perdido o controle do veículo em virtude de uma indisposição súbita e inesperada.[10]

Ora, para colher o significado jurisprudencial desta "imprevista subitaneidade", basta percorrer os motivos pelos quais, em algumas decisões, foi imposta a solução contrária - ou seja, foi afirmada a responsabilidade do condutor. O ponto é que os juízes, nessas ocasiões, puderam avaliar que o sujeito havia demorado a esquivar-se do obstáculo, porque dirigia "num estado de fadiga extrema, depois de haver trabalhado três dias e três noites sem descanso";[11] ou porque foi vítima de um ataque epiléptico - manifestado, é verdade, pela primeira vez, mas - cujos sintomas premonitórios se haviam revelado ao motorista de maneira clara e, para ele, bem perceptível, já alguns quilômetros antes do local em que se verificou o acidente;[12] ou porque o automobilista foi acometido de um ataque de espasmofilia, fenômeno que o agente certamente tinha condições de prever, tendo sido dele vítima muitas vezes, no período de tempo imediatamente anterior ao acidente.[13]

---

[10] *Retro*, cap. V, nº 5; cap. I, notas 4 e 37.

[11] Trib. corr. Seine, 2 de maio de 1955, em *J. C. P.*, 1955, II, 8916; para um caso análogo, Trib. civ. Redon, 26 de março de 1957, em *D.*, 1957, 294; Cass. pen., 25 de fevereiro de 1980, Greggi, em *Arch. circ.*, 1981, 35.

[12] Trib. civ. Avignon, 23 de novembro de 1949, em *D.*, 1950, 153; Cass. pen. 16 de janeiro de 1978, Palmeri, em *Arch. circ.*, 1978, 207; v. também Cass. civ., 18 de dezembro de 1964, em *D.*, 1965, 191, com notas de P. ESMEIN; em *J. C. P.*, 1965, II, 14304, com notas de DEJEAN DE LA BATIE; em *Gaz. Pal.*, 1965, I, 202; em *Rev. trim. dr. civ.*, 1965, 351, com observações de RODIÈRE. No tema, para as questões levantadas na França pela aplicação da *loi n. 85/677 (Tendant à l'amélioration de la situation des victimes d'accidents de la circulation et à l'accélération des procédures d'indemnisation)* - também para o que concerne às repercussões em matéria de seguros - ainda, para os desenvolvimentos do debate em torno da noção de *garde, ex* art. 1384 do CC francês, em sede de acidentes de trânsito, v., por todos, F. CHABAS, *Le droit des accidents de la circulation*, 2ª ed., Paris, 1988, 159 ss.; Id., *Les accidents de la circulation*, Paris, 1995, 80 ss. Na Itália, também para uma reflexão sobre estes temas, desenvolvida numa perspectiva comparatística, PROCIDA, MIRABELLI DI LAURO, *Dalla responsabilità civile alla sicureza sociale*, Napoli, 1992, *passim*.

[13] Colmar, 10 de dezembro de 1953, em *Rev. Als.-Lorr.*, 1954, 155; analogamente, Cass. pen., 13 de janeiro de 1981, Mercuri, em *Arch. circ.*, 1982, 50; *Roberts* v. *Ramsbotton* (1980), 1 *All E. R.* 7.

Mas os exemplos podem continuar, lembrando que o estado de inconsciência em que se encontrava o automobilista, no momento do sinistro, não foi suficiente para exonerá-lo da culpa todas as vezes que foi possível constatar que se tratava - por exemplo - de um sujeito "acometido de um gravíssimo tipo de diabete, com alta taxa de glicemia", que estava dirigindo o seu próprio veículo "em estado de fadiga" e num dia de verão particularmente sufocante;[14] ou de um indivíduo que recentemente havia sofrido a extirpação cirúrgica de um rim, e que já se encontrava dirigindo numa estrada de tráfego intenso há cinco horas;[15] ou, ainda, de um cardiopata a quem a própria doença era não só bem conhecida, mas tinha se manifestado com violência precisamente pouco antes que o sujeito iniciasse a viagem pela última vez.[16]

Em suma, um ponto permanece firme. Em todas estas ocasiões, o elemento que resulta decisivo para os fins do juízo sobre a conduta do agente é - não tanto a natureza abstrata da debilidade momentânea, ou a freqüência estatística com a qual o mesmo mal-estar se manifesta, mas - a relevância concreta das informações de que o mesmo indivíduo dispunha para prever o desencadeamento da crise[17] e, assim, evitar a criação de um risco que nenhum outro concidadão teria depois sabido enfrentar.

4.2. Informações a respeito das circunstâncias ambientais

Outras vezes, o privilégio informativo do agente diz respeito às armadilhas caracterizadoras dos locais em que se desenvolve o fato danoso.

A este propósito, é exemplar o caso em que se discutia sobre a responsabilidade de um sujeito que, passeando no campo com sua bicicleta, havia atropelado um potro, surgido repentinamente de um caminho lateral. Os motivos sobre que se fundamentou a imputação da culpa ao ciclista são logo revelados: ele tinha o hábito de percorrer aquele itinerário uma vez por dia, tinha perfeito conhecimento da proximidade de uma fazenda, da usual

---

[14] Cass. pen., 5 de dezembro de 1988, Lombardi, em *Arch. circ.*, 1989, 770.

[15] Cass. pen., 25 de março de 1988, Germani, em *Riv. pen.*, 1989, 1218.

[16] App. Brescia, 16 de outubro de 1974, em *Resp. civ. prev.*, 1974, 162.

[17] É assim que, relativamente à jurisprudência deste setor em particular, se pode dizer concretizada a noção (de derivação penalística: cf. art. 87 do CP vigente) de *actio libera in causa* (aqui na acepção desvinculada do requisito da preordenação do evento: sobre este ponto específico, VISINTINI, *I fatti illeciti*, I, cit., 500 s.; e, entre os penalistas, ANTOLISEI, *Manuale di diritto penale. Parte generale*, Milão, 1987, 531, e *ivi* ulteriores referências, dentre as quais v. sobretudo VANNINI, L' *"actio libera causa" nel nuovo codice penale*, em *Studi in memoria di P. Rossi*, Siena, 1931, 60 ss.), ou aquela - equivalente à primeira, pelo modo em que a entendem os juristas de além dos Alpes - de culpa anterior. A respeito do tema, DEVOTO, *L'imputabilità e le sue forme*, cit., 63 s.; por fim, BUSNELLI, *Illecito*, cit., 7 s.; e, pela França, VINEY, *La responsabilité*, cit., 698 s.; H. e L. MAZEAUD e TUNC, *Traité*, I, cit., 533 s., 539 s.

liberdade do animal, além da tolerância geral com que, em toda a região circundante, era visto o deambular do animal.[18]

À mesma conclusão também chega a controvérsia originada do gesto com que um automobilista - colocando a mão esquerda para fora da janela - havia oferecido a ultrapassagem ao veículo que se deslocava ao lado do seu: fato ocorrido nas proximidades de uma curva muito perigosa, cuja existência não estava sinalizada e que nem de outro modo podia ser avistada. Aqui a responsabilidade do primeiro condutor (ou seja, a convicção de que a leviandade com que realizara aquele gesto devia ser considerada culpável) não tardou a surgir, quando foi possível constatar que se tratava de um representante comercial, habituado a percorrer aquela mesma estrada, no mínimo, cem vezes ao ano.[19]

E, na mesma perspectiva, é fácil imaginar porque nunca é isento de culpa, pelos danos causados a si próprio, o motociclista que escorrega sobre a pista irregular de uma estrada, que se tornara lamacenta pela chuva, bem como pela poeira produzida por obras em andamento (a ação havia sido impetrada contra a própria Prefeitura, proprietária da estrada). Se a vítima estava bem informada - o que pôde ser verificado pelos juízes - sobre as condições da estrada -, é evidente que a posse de uma informação do gênero devia impor ao piloto, pelo menos, "uma conduta mais cautelosa - em termos de velocidade moderada e de diligente atenção -, que lhe permitisse mais rapidamente perceber também o agravamento das condições da pista, que se tivesse verificado nas horas imediatamente precedentes, por causa da chuva".[20]

Ainda uma vez, as soluções dos conflitos encontram fundamento na regra que impõe a cada um adequar o próprio comportamento às informações que possui.

Assim, não causará surpresa que as Cortes cheguem a condenar o demandado também em casos análogos àquele que segue.

---

[18] *Holland* v. *Bartch* (1889), 120 *Ind.* 46, 22 *N. E.* 83; para alguns casos similares, Trib. Arras, 27 de julho de 1938, em *D. H.*, 1938, 572; Trib. Rouen, 28 de novembro de 1956, em *D.*, 1957, 62. Ainda na França, v. Cass. civ., 6 de fevereiro de 1957, em *Bull. civ.*, II, 117, 72; Cass. civ., 16 de maio de 1961, em *Bull. civ.*, II, nº 361, 262; Cass. civ., 15 de junho de 1961, *ivi*, nº 458, 327; Cass. civ., 20 de outubro de 1961, *ivi*, nº 683, 476. Na apreciação da gravidade da culpa de um pedestre parisiense, poderá depois ressaltar "que ele conhecia e sabia particularmente perigoso o cruzamento da rua do Havre e da avenida Haussman": assim, Trib. Amiens, 16 de março de 1939, em *D. H.*, 1939, 348.

[19] *Shirley Cloah & Dress Co.* v. *Arnold* (1956), 92 *Ga. App.* 885, 90 *S. E.* 2d 622; de modo análogo, *Thelen* v. *Spilman* (1957), 251 *Minn.* 89, 86 *N. W.* 2d 700; *Armstead* v. *Holbert* (1961), 146 *W. Va.* 582, 122 *S. E.* 2d 43; e v. depois os casos ilustrados por SHIPLEY, *Duty and liability as to signaling following drivers to pass or giving him warning of approaching danger*, em 48 *A. L. R.* 1956, 252 ss.

[20] App. Genova, 4 de abril de 1990, em *Nuova giur. civ. comm.*, 1990, I, 735, 759 ss., com notas de DI GREGORIO; v. também, Cass., 21 de março de 1977, nº 1110, em *Resp. civ. prev.*, 1977, 801; e, para um caso semelhante (o proprietário da estrada era uma empresa privada), *DeA-miches* v. *Popczun* (1973), 299 *N. E.* 2d 265.

Um vendedor de sorvetes (ele será o demandado) pára a sua carrocinha num cruzamento entre duas ruas em que o tráfego é particularmente rápido: uma das crianças que costumam brincar num quintal pouco distante é atraída pelas guloseimas e, para comprar os sorvetes, subitamente atravessa a via, acabando sob as rodas de um automóvel que por ali trafegava. Nesta ocasião, a culpa do vendedor ambulante surge sem qualquer incerteza: de fato os juízes puderam constatar, não só *a)* que o demandado conhecia os perigos, tanto evidentes quanto ocultos, daquele cruzamento em que se posicionara, mas também *b)* que precisamente escolhendo aquela posição - o sorveteiro havia negligenciado toda cautela em relação aos sujeitos que (a circunstância também era dele bem conhecida) efetivamente não estavam em condições de aquilatar, nem de enfrentar com as precauções necessárias, as ciladas que caracterizavam os locais em que se produziu o sinistro.[21]

---

[21] *Thomas* v. *Goodies Ice Cream Co.* (1968), 13 *Ohio App.* 2d 67, 233 *N. E.* 2D 876; do mesmo modo *Reid* v. *Swindler* (1967), 249 *S. C.* 2d, 910; e para referências ulteriores, cf. RAND, *Civil liability of mobile vendor for attracting into street child injured by another's motor vehicle*, em 84 *A. L. R.* 3d 1978, 826 ss.

Resta apenas acrescentar que, se nas hipóteses até aqui examinadas a disponibilidade de informações especiais obrigava o agente a uma conduta simplesmente mais cautelosa, outras vezes o comportamento exigível do sujeito melhor informado é acompanhado de um dever ulterior: aquele consistente em revelar as informações que possui ao terceiro com que o mesmo agente entra em contato. Trata-se de uma conclusão que, como é sabido, também pode ser imposta além dos casos nos quais existe uma norma de lei a prescrevê-la (para algumas das hipóteses situadas sobre o terreno pré-contratual, *retro*, cap. IV, sez. III, nº 11; mais em geral, por fim, VISINTINI, *I fatti illeciti*, II, 20 ss.; e, a respeito do enquadramento das informações mentirosas no âmbito dos ilícitos dolosos, CENDON e GAUDINO, *Il dolo*, cit., 124 ss.): ou seja, mesmo quando se demonstre que, no momento em que se produziu o dano, existia uma "relação especial" entre demandante e demandado (sobre o ponto, e com maior amplitude, para a recondução destas hipóteses no âmbito de relevância da culpa omissiva, v. sobretudo ALPA, *Il problema della atipicità dell'illecito*, cit., 120 ss., 127 ss., 208 ss.). Assim, por exemplo, em tema de relações chamadas "de cortesia": se A pede ajuda a B, para o conserto do assento de seu carro, e A sabe do perigo que corre B em razão de um defeito oculto no mecanismo do banco, é fácil concluir que, "segundo um critério de elementar solidariedade social", espera-se que A advirta B do malfuncionamento do engenho; se não o faz, e este, ignorando o risco, sofre um dano em virtude daquela omissão, A será responsável (Cass., 14 de janeiro de 1971, nº 66, em *Foro it.*, 1971, I, 2656; para a discussão deste e outros casos análogos, ALPA, *op. loc. ult. cit.*; entre os demais, PROSSER e KEETON, *On Torts*, cit., 205, 207 s.; DELYANNIS, *La notion d'acte illicite*, cit., 251 s.; LÉGAL, *De la négligence*, cit., 85 ss.; APPLETON, *L'abstension*, cit., 593 ss., 604 ss.; WINFIELD, JOLOWICZ e ROGERS, *On Tort*, cit., 95 s., 265 ss., 285 ss. também as preciosas observações de BUSNELLI, *Itinerari europei nella "terra di nessuno tra contratto e fatto illecito": la responsabilità da informazioni inesatte*, *Contr. e impr.*, 1991, 539 ss.).

Contudo, é significativo ressaltar que é possível chegar a soluções diametralmente opostas, quando a ignorância do terceiro revele-se fruto de uma negligência subjetivamente culpável: isto é, quando o indivíduo que lamenta não ter recebido, de um terceiro, as informações esperadas (sempre a título de cortesia) tenha, porém, resultado vítima de um dano, mas igualmente demonstrasse qualidades subjetivas tais, de modo a convencer os juízes de que ele estaria facilmente em condições de obter *aliunde* os mesmos dados. Esta é a conclusão a que se chegou - em virtude de uma avaliação da culpa apoiada em dados subjetivos análogos àqueles que há pouco veremos valorizados numa série diferente de hipóteses - para o caso em que Tício pretendia ser ressarcido por Caio dos danos conseqüentes à falta de pagamento de um mútuo concedido, pelo mesmo Tício, a um empresário sobre cujo estado de solvência Caio

5. A superioridade endógena: variedade das combinações

Até aqui, algumas hipóteses em que a superioridade a ser reconhecida no agente é representada pela posse de informações tais, na realidade, a ponto de poderem ser compreendidas, e utilizadas, por qualquer indivíduo que ocorra encontrar-se no papel do agente (isto é, por qualquer um que tenha os mesmos sinais premonitórios daquele mal-estar, ou resida ou freqüente determinados lugares).[22]

Contudo, sabemos que a superioridade aquiliana de um indivíduo pode basear-se em diversos fatores. Isto é, é possível que a capacidade de prever e de evitar o evento danoso derive de uma combinação de conhecimentos e características subjetivas do agente, que se revelam a ele pessoalmente - ou que, de qualquer modo, resultem disponíveis somente para um círculo (mais ou menos) restrito de concidadãos.

É por isso que os juízes, postos diante de uma determinada categoria de indivíduos, têm a tendência a alargar bastante o espectro das investigações relativas aos perfis subjetivos da conduta exigível: e para tal fim podem vir a examinar tanto as atitudes quanto os conhecimentos de base, bem como as experiências, ou o preparo cultural ou profissional daqueles sujeitos.

É bom antecipar, pois, que se trata de elementos destinados a assumir relevo - em sede de avaliação da culpa -: *a)* independentemente do setor, "existencial" ou profissional,[23] em que aqueles mesmos dotes amadurecem, ou têm normalmente modo de expressar-se; *b)* a prescindir da consideração

---

(interrogado amigavelmente por Tício, por ocasião das tratativas) se teria recusado a fornecer as informações de que dispunha. Na oportunidade, o dano será integralmente suportado pelo mutuante: de fato, aos juízes parece decisiva a consideração de que este - experiente homem de negócios, embora não exercesse uma profissão - "certamente poderia ter agido de modo diferente, se tivesse feito um uso mais sábio das suas faculdades; o que demonstra que ... foram ... apenas a sua leviandade e a sua imprudência que fizeram com que ele concluísse o contrato que lhe foi proposto" - tanto mais, acrescentará a Corte, que o nosso personagem, na cidade em que se ambientava o episódio, gozava de relações tais "de poder praticamente com toda oportunidade e facilidade examinar e conhecer em todos os detalhes a situação econômica daquela empresa" a quem emprestara o dinheiro (App. Bologna, 25 de julho de 1964, em *Foro pad.*, 1965, 462. Para um caso em que o pai de um esposo foi julgado culpado por ter consentido o casamento, entendendo supérfluo advertir a futura esposa de que se tratava do segundo matrimônio do próprio filho, Cass. civ. - presidida por Portalis -, 18 de agosto de 1829, em *S.*, 1829, I, 336).

[22] É necessário relembrar, de qualquer modo, que a constatação de que o agente possua particulares informações relativas aos lugares em que se produziu o dano, é um dado que pode adquirir relevância também em vista de um agravamento do *standard* de conduta esperada dos sujeitos débeis: sobre o ponto, para alguns casos instrutivos, *retro*, cap. V, nota nº 90.

[23] Por razões de ordem descritiva, o termo "profissional" será daqui por diante entendido como atributo das atividades - laborais, em sentido amplo, ou profissionais, em sentido estrito, - distintas da prática de tipo recreativo, ou biológico (isto é, aquelas voltadas a satisfazer necessidades de cada sujeito, singularmente considerado, portanto, de natureza exclusivamente pessoal).

pelo gênero de atividade em que o agente estava empenhado no momento da produção do evento danoso.

Mais em particular, assistimos a julgamentos em que a condenação do agente tem origem na constatação de que este possuía *(a1)* qualidades amadurecidas fora do âmbito de uma prática laboral, e relevantes - ou seja, influentes sobre a previsibilidade ou a evitabilidade de um dano ocorrido precisamente - no desenvolvimento de uma atividade não-profissional; *(a2)* qualidades desenvolvidas no passado, no curso de uma prática qualquer - profissional ou não-profissional - e hoje relevantes no desenvolvimento de uma atividade diferente (da primeira) e de natureza profissional; *(b1)* qualidades amadurecidas no exercício de uma atividade profissional, relevantes fora do contexto profissional; *(b2)* qualidades de natureza profissional relevantes no exercício da mesma profissão.

6. Qualidades não-profissionais relevantes no desenvolvimento de atividades não-profissionais

Comecemos, então, pelos casos em que se entendeu que a experiência acumulada pelo agente, no desenrolar de uma atividade não-profissional, teria permitido a este facilmente evitar um dano ocasionado no curso de uma ocupação, também esta não-laboral.

A respeito deste ponto, parecem instrutivos os pronunciamentos envolvendo alguns caçadores.

Um destes sujeitos, durante uma caçada na campanha romana, adentra uma das chamadas "reservas" - espaços destinados a abrigar o gado - e se aproxima de algumas vacas leiteiras que lá pastavam com seus bezerros recém-nascidos. Neste momento, um dos bovinos, amedrontado pela presença humana, encoleriza-se e investe contra o caçador. Os juízes não hesitam em ver na conduta deste a configuração de uma culpa (na espécie, considerada "grave"), logo que tiveram a oportunidade de verificar que se tratava de um indivíduo: não apenas bastante experiente na prática venatória; "acostumado a caçar nos campos romanos onde aquelas reservas são freqüentes"; mas também em condições de reconhecer a recente maternidade dos quadrúpedes: em suma, um sujeito a quem devia ser bem conhecido o perigo da aproximação, naquele momento, de animais que "por natural instinto de maternidade, são bastante cuidadosos com seus próprios bezerros e zelam pela proteção deles com tenaz obstinação".[24]

---

[24] Cass., 3 de agosto de 1962, n° 2329, em *Resp. civ. prev.*, 1963, 69; em *Temi rom.*, 1962, 470.

A não-adoção das atitudes, e da astúcia, esperadas de um provecto caçador, fará com que à vítima seja imputada uma culpa de natureza concorrente também numa outra hipótese, similar à precedente.

Um dos projéteis disparados no curso de uma caçada ao coelho cai sobre um terreno gelado, ricocheteia no ar e atinge um caçador que se encontrava às margens do bosque em que tivera lugar a caçada.

Se nos indagamos porque a vítima nunca conseguiu recuperar nem mesmo um terço do montante do dano sofrido, a resposta é que os juízes, também nesta ocasião, souberam avaliar quais eram as especiais capacidades de que aquele sujeito concreto dispunha a fim de prever e evitar a verificação do evento prejudicial a si próprio. Mais em particular, depois de haver demonstrado que a vítima orgulhava-se de uma excelente (e evidente) experiência na prática venatória, foi possível à Corte observar que: um sujeito do gênero não podia ignorar a eventualidade de que, em contato com um terreno gelado, os projéteis ricocheteassem para o ar, seguindo as mais variadas trajetórias; e que, sobretudo, a vítima devia censurar a si mesma a escolha de uma posição à margem do bosque, e não bem visível aos outros caçadores - ainda mais, sublinham os juízes, que para um conhecedor daquela categoria não podia passar despercebida a conduta menos arriscada a assumir, no curso de uma caçada em que ele sabia que todos os participantes se movimentavam e disparavam por conta própria.[25]

Merece agora ser mencionado, por último, que a experiência e os conhecimentos adquiridos por um indivíduo (no desenvolvimento de uma prática não-profissional: nas hipóteses até aqui examinadas), como caçador, podem ser considerados relevantes, em sede de juízo sobre a conduta exigível por este, mesmo quando o dano tenha sido produzido no curso de uma atividade diferente da caça.

Um exemplo vem do caso em que se discutia a responsabilidade de um automobilista que - viajando durante a noite numa autoestrada que atravessa a floresta de Fontainebleau - não conseguira evitar a colisão com uma corça, repentinamente surgida do matagal. O condutor do veículo censurara, ao responsável pela conservação da floresta, a falta de placas advertindo do perigo (constituído pelo livre deambular de animais de grande porte nos bosques que circundam a autopista) a que os viajantes eram expostos ao percorrer aquele trecho. Porém, o pedido do automobilista foi rejeitado pela

---

[25] Douai, 13 de outubro de 1930, em *Gaz. Pal.*, 1930, 2, 702; para a discussão de um exemplo análogo, BRASIELLO, *I limiti della responsabilità per danni*, Milano, 1956, 362. De outra parte, é significativo recordar que quando a vítima de um tiro de fuzil, disparado por um caçador, era uma pessoa totalmente alheia à prática venatória - no caso, uma menina -, esta última foi julgada isenta de toda culpa (vendo-se assim reconhecido o direito a recuperar a integralidade do custo do prejuízo sofrido): Cass., 28 de setembro de 1964, n° 2442, em *Giur. it.*, 1965, I, 1, 201.

Corte, e ele, embora não tivesse violado qualquer regra do código de trânsito, foi considerado o único responsável pelo sinistro.

O ponto é que - observam os juízes - aquele sujeito específico não tinha necessidade de qualquer placa em particular que o advertisse da necessidade de dirigir com prudência ao costear a floresta. A afirmação é justificada pelo fato de que - prossegue a Corte -, na realidade, ele era um exímio iniciado na atividade venatória (que praticava em outras matas do centro da França), estava a par da presença de numerosos cervos na floresta de Fontainebleau e conhecia os hábitos noturnos daqueles animais, por tê-los muitas vezes caçado à noite. Daí então: a convicção de que o automobilista estivesse perfeitamente em condições de prever, por si só, acontecimentos como aquele que havia dado origem ao acidente; a consecutiva imputação da culpa ao motorista, e a conclusão segundo a qual este "plus que tout autre, se devait de ne point adresser un tel reproche" ao responsável pela floresta.[26]

7. Características subjetivas e experiências pregressas: as atividades profissionais

Às vezes os juízes percebem que os dotes ou as atitudes, adquiridos no passado, durante o desenvolvimento de uma atividade distinta, teriam permitido ao agente evitar um dano causado em ocasiões surgidas no desenrolar das suas atuais atividades profissionais. E é precisamente da avaliação de dados do gênero que, nestas hipóteses, se origina a condenação do autor do prejuízo.

Pensemos no seguinte caso, recentemente decidido pela jurisprudência norte-americana. Um operário se fere - reparando as paredes externas de uma casa - porque toca com a própria escada de alumínio num cabo elétrico não isolado. Constata-se que, naquela época, o cabo parecia gasto e sujo, e que aos olhos da vítima (ainda que não deixasse de notar a presença e as condições do cabo) o segmento desencapado estava oculto sob uma calha.

Portanto, é verossímil que, considerando a conduta do operário à luz de um *standard* puramente objetivo, num caso do gênero julgaríamos a vítima isenta de toda culpa.[27]

---

[26] Paris, 1º de julho de 1963, em *D.*, 1964, 370; para um caso em que, para a avaliação da culpa (tratava-se de culpa concorrente) foi atribuída relevância decisiva ao fato de que a vítima tivesse adquirido uma longa prática como "habitué des transports aériens" - o evento danoso ocorrera no curso das operações de desembarque de um helicóptero - : Paris, 5 de abril de 1954, em *J.C.P.*, 1954, II, 8389, *obs.* de DE JUGLART.

[27] Esta possibilidade foi explicitamente temida pelos mesmos juízes encarregados do caso: trata-se de *Kelly* v. *Virginia Elec. and Power Co.* (Va. 1989), 381 *S.E.* 2d 219.

Contudo, a Corte chamada a julgar o caso (que tinha como antagonista da vítima a companhia elétrica responsável pela manutenção dos cabos) manifestou-se em sentido contrário. Os juízes desenvolveram as suas argumentações a partir da valorização do fato de que o operário efetivamente não era um "totally uneducated day laborer who had not knowledge or experience whatever with electricity"; de fato - observa a Corte -, verificou-se que ele não só era um sujeito bastante mais instruído do que a média dos serventes de pedreiro (possuía um diploma de escola secundária profissionalizante), mas também que, na época do acidente, acabara de encerrar um longo período de serviço na marinha militar, e lá havia sido designado para a manutenção mecânica das aeronaves embarcadas no porta-aviões - demonstrando possuir habilidades tais de modo a merecer a confiança em tarefas de alta especialização.

O *excursus* biográfico realizado pelos juízes chega a sua conclusão: de um sujeito provido de experiências semelhantes era possível exigir *a)* que percebesse a espécie e a trajetória seguida pelo (até mesmo o trecho oculto) cabo; e sobretudo *b)* que adotasse, naquela ocasião específica, uma conduta bastante mais prudente, encontrando-se ele em perfeitas condições de perceber os possíveis riscos surgidos do contato com cabos do gênero, cuja utilização - também desta circunstância devia ter conhecimento - freqüentemente determina a perda do isolamento elétrico. Assim, é precisamente a relevância atribuída ao entrelaçamento entre características subjetivas e experiências pregressas que leva à convicção de que o agente podia facilmente evitar - diferentemente de muitos dos seus colegas - o dano infligido a si mesmo.

Regras de avaliação idênticas são adotadas nas ocasiões em que o agente causa um dano a um terceiro. Vejamos dois casos deste gênero.

A primeira hipótese trata de um cronista judiciário (da imprensa escrita), acusado de ter fornecido informações imprecisas a respeito de um processo penal: em particular, um sujeito, envolvido naquele processo na qualidade de simples testemunha, lamentava ter sido apresentado - também de modo confuso - como um dos acusados do odioso crime de que se dava notícia.

A ação aquiliana impetrada pela "testemunha" teve sucesso, mas só porque os juízes puderam verificar que o demandado, longe de ser um cronista leigo em questões judiciárias (a um indivíduo do gênero a Corte considera que o engano teria sido perdoável), possuía um longo passado como comissário de polícia: deste - é a opinião do colegiado -, ao enfrentar um tema do qual possuía os conhecimentos de base, e do qual já muitíssimas vezes, ainda que por razões distintas daquela sob exame, tivera oportunidade de ocupar-se, era de se esperar a redação de uma crônica atenta aos

As peculiaridades da NOÇAO DE CULPA

detalhes, e uma precisão lexical bastante maior do que seria exigível de qualquer outro colega seu.[28]

Também o segundo caso (é um daqueles que já tivemos ocasião de recordar[29]) vê o demandado vestir o uniforme do ex-comissário de polícia.

Sobre a vida de Caio foi estipulado um seguro em favor de Tício; e este acaba assassinando o primo. Os herdeiros ajuízam uma ação de ressarcimento contra o segurador, tentando demonstrar que este tinha condições de prever, com relativa certeza, o comportamento posterior de Tício.

Pois bem, foi constatado que o segurador em questão é um sujeito dotado de ótima memória, com uma longa experiência profissional como comissário de polícia. Portanto, para os juízes não é difícil observar que, para um indivíduo do gênero, os antecedentes do futuro assassino, juntamente com as singularidades de alguns aspectos do contrato (em particular, um prêmio visivelmente desproporcional e excessivo em relação às possibilidades econômicas do contratante), teriam permitido, tanto repassar os antecedentes criminais, como prever as intenções de Tício.

A responsabilidade do segurador - culpável de não se haver utilizado do próprio patrimônio específico de experiências e conhecimentos - é afirmada pela Corte, prescindindo de qualquer referência à conduta (que teria sido) exigível de um bom pai de família que se encontrasse na mesma situação do demandado.[30]

8. Qualidades subjetivas de natureza profissional: o desenvolvimento de uma atividade não-profissional

Em outras ocasiões - como antecipamos - o dano é produzido fora de qualquer contexto laboral, mas às Cortes foi possível verificar que o autor do prejuízo dispunha de conhecimentos e habilidades, de origem profissional, cujo emprego teria facilmente evitado a ocorrência do evento danoso: portanto, é em razão da não-utilização daquelas especiais habilidades que a conduta do agente acabará por ser julgada culposa.

Pensemos na ação intentada contra o proprietário de um potro, pela viúva de um homem que - a passeio pelo campo, aproximou-se do jovem animal até apalpá-lo insistentemente, e depois - havia morrido pelos coices do mesmo animal (na época do fato vivendo ainda no estado selvagem). Pois bem, foi possível constatar (pelos juízes) que a vítima era um hábil

---

[28] Trib. Bruxelles, 18 de março de 1937, em *S.*, 1938, IV, 28.

[29] Trata-se de *Life Ins. Co.* v. *Lopez* (1983), 443 *So.* 2d 947.

[30] Para alguns casos semelhantes, *New England Mut. Life Ins. Co.* v. *Null* (1979), 605 *F.* 2d 421; *Liberty Nat. Life Ins. Co.* v. *Weldon* (1957), 267 *Ala.* 171, 100 *So.* 2d 696, 61 *A. L. R.* 2d 1346; *Ramey* v. *Carolina Life Ins. Co.* (1964), 244 *S. C.* 16, 135 *S. E.* 2d, 362, 9 *A. L. R.* 3d 1164.

cavaleiro profissional, em perfeitas condições de distinguir os potros selvagens daqueles familiarizados com a presença humana, e estes últimos daqueles parcialmente domesticados, tornando fácil então compreender porque a Corte não hesitou em concluir que a conduta realizada por um indivíduo do gênero, naquela ocasião específica, devia ser caracterizada por uma culpa gravíssima - de modo a, definitivamente, valer à vítima a imputação da responsabilidade exclusiva pelo evento.[31]

Uma outra hipótese, na qual os juízes tiveram facilidade de apontar uma culpa concorrente à vítima (que assim resultara), por ter esquecido as próprias habilidades, é aquela em que se pôde constatar que um dos poucos que tinha condições de dar-se conta do defeito oculto no funcionamento de um elevador - avaria que causara a queda da cabine que transportava o autor - era a própria vítima, um engenheiro. De acordo com os juízes, este sujeito, no momento de entrar na cabine, efetivamente teria podido facilmente identificar a natureza e o porte daquela rara anomalia mecânica, de cuja existência ele mesmo estivera em condições de perceber alguns (para outros, insignificantes) sinais,[32] uma fração de segundo antes.

Nos dois casos que precedem, vimos os juízes aplicarem ao agente um *standard* de conduta particular, e todavia extensível a uma categoria (embora restrita) numericamente indefinida de concidadãos.

Mais complexo, e ainda menos facilmente generalizável, é o parâmetro adotado na resolução da controvérsia que segue.

Em uma casa de campo, um professor universitário, estudioso eminente, entendendo que seus próprios campos estavam ocupados por um número excessivo de coelhos, um dia decide experimentar nos roedores uma substância recentemente inventada, composto de que ele - além dos outros pouquíssimos colegas que, no mundo, dela conheciam a existência - presume a toxicidade. Pouco depois, verifica-se uma mortandade de animais na região circundante. Acaba-se constatando que as mortes haviam sido provocadas pela difusão daquele vírus presente na substância, de modo que o cientista, considerado culpado, é chamado a ressarcir os danos.

Contudo, a decisão é tomada não em razão da experiência em si - considerada, ao contrário, cientificamente meritória[33] - mas precisamente

---

[31] Cass. civ., 15 de março de 1956, em *D.*, 1956, 445, 2ª *espèce*; para um caso análogo, porém decidido em sentido favorável à vítima - um experiente criador de animais - em virtude da relevância atribuída ao fato de que este havia se aproximado do animal (um porco) não por divertimento, mas para liberar de um obstáculo perigoso a rua por onde passeava com uma senhora, Cass. civ., 10 de novembro de 1961, em *D.*, 1962, 202.

[32] Cass. civ., 8 de julho de 1954, inédito, mas em *J. C. P.*, 1954, IV, 122.

[33] De outra parte, observa FALZEA: "Resta ... firme o ponto de que o saber científico, mesmo quando ligado a interesses práticos imediatos, sempre conserva o seu valor absoluto, de modo que o princípio de responsabilidade nunca se substitui integralmente ao princípio de liberdade, que, mesmo se limitado pelo princípio oposto, resta sempre operante", *Fatto di conoscenza*, cit., 693. Sobre o ponto v. também *retro*, neste capítulo, nota nº 3, e cap. II, nota nº 58.

porque os juízes puderam estabelecer *a)* que o demandado era um professor cientista ... com largo passado de estudos e de pesquisas, além de especialista eminente de bacteriologia e membro da *Académie de médecine*; *b)* que antes o cientista já havia realizado experiências semelhantes (embora com preparados diferentes); *c)* que, em virtude dos próprios conhecimentos extraordinários, e das experiências pregressas, o sujeito teria estado em condições de prever, não só o efeito danoso que os micróbios presentes na substância preparavam-se para produzir, mas também a longa cadeia de veículos biológicos que teriam prestado a sua contribuição para a difusão do contágio.[34]

9. A conduta exigível no desenvolvimento de uma atividade profissional

No âmbito dos casos de responsabilidade profissional,[35] já sabemos que em mais de uma ocasião os juízes não se limitam a (ou melhor: não entendem oportuno contentar-se de) confrontar a conduta do autor do dano com aquela normalmente expressa pelos sujeitos especializados na mesma atividade:[36] assim, nessas hipóteses é fácil perceber que as conclusões que afirmam a culpabilidade do agente encontram fundamento em modelos de avaliação enriquecidos por uma variedade de dados subjetivos, que, caso a caso, pertencem à personalidade do autor concreto do dano.

É claro, não merecerão atenção os veredictos nos quais as especiais qualidades do demandado (o hábil homem de negócios,[37] o farmacêutico

---

[34] Paris, 25 de janeiro de 1956, em *D.*, 1956, 184; em *Gaz. Pal.*, 1956, I, 107 (onde vale a pena ler as conclusões do av. gén. Marmier); para o juízo de primeiro grau, confirmado em todos os pontos relativos à culpa do cientista, Trib. civ. Dreux, 24 de setembro de 1954, em *D.*, 1954, 690; em *Gaz. Pal.*, 1954, 2, 275 e 424.

[35] Para o significado com que aqui se deve entender a expressão "profissional", *retro*, nota nº 22.

[36] Que um advogado navegador deva conhecer as regras contidas nas convenções internacionais a respeito da matéria (tal como é lembrado em *Wright* v. *Williams* (1975), 47 *Cal. App.* 3d. 802, 121 *Cal. Rptr.* 194), ou que um ginecologista não possa ignorar as técnicas em uso em tema de caracterização da gravidez (cf., entre outros, Toulouse, 26 de maio de 1939, em *Gaz. Pal.*, 1940, I, 61), e que, portanto, em geral, o comportamento de um profissional seja avaliado com o metro comum a particular categoria a que o sujeito pertence, é obviamente e de qualquer modo pacífico. Sobre a distinta questão ligada à oportunidade, ou não, de um achatamento do *standard* relativo às práticas profissionais em uso, v. *retro*, capítulo IV, nº 6, e os autores citados *ivi*, à nota 25, a que *adde*, SERIO, *La responsabilità del professionista in "common law"*, em L. VACCA (org.), *op. cit.*, pp. 333, 335 s.; R. E. LEAHY, *Rational Health Policy and the Legal Standard of Care: a Call por Judicial Deference to Medical Practice Guidelines*, 77 *Cal. L. R.* 1989, pp. 1483, 1510 ss.; C. D. BAKER, *Tort*, 5ª ed., London, 1991, 155 ss.; DE VITA, *La reforme de la responsabilité medicale*, cit., p. 108 ss.

[37] *Foti* v. *Banque Nationale de Paris*, em *J. B. L.*, 1989, 501; com relação à diligência do "buon banchiere", v., na Itália, Cass. 15 de abril de 1992, nº 4571, em *Giust. civ.*, 1993, I, p. 149 ss.

especializado,[38] o tabelião experiente,[39] o famoso joalheiro[40]) foram levadas em consideração no confronto com a inexperiência da vítima: em casos do gênero, em que a confiança depositada por um leigo na competência do profissional obrigue este último - quando se apercebe do fato, mesmo fora de uma relação de tipo contratual - a assumir uma conduta em respeito àquela fidúcia e àquela inexperiência, é conclusão que não merece maior aprofundamento, impondo-se já (em relação a qualquer tipo de profissional, mesmo que não especialmente qualificado) em virtude da adoção de "um critério de elementar solidariedade social".[41]

Nem se trata unicamente de recordar que existem hipóteses em que os juízes apóiam o reconhecimento de uma culpa a cargo do demandado sobre o genérico argumento de que este há tempo havia se distinguido pela própria "indiscutível honorabilidade e ... probidade científica"[42]ou pelas "especiais qualidades e habilidades"[43] ou pelo alto valor profissional,[44] ou porque "dotado profissionalmente de conhecimentos técnicos especializados",[45] ou porque "experiente especialista".[46]

Ao contrário, é importante assinalar alguns dos mais significativos casos em que as expectativas de ressarcimento da vítima puderam ser satisfeitas, precisamente (e apenas) em virtude da relevância atribuída pelos juízes a uma série de peculiaridades concretas e específicas, de que era dotada a subjetividade do agente.

9.1. Características relevantes na determinação do standard. O profissional superespecializado

Primeiramente examinemos uma hipótese em que os juízes souberam dar importância à presença contemporânea de um número maior de fatores (de "superioridade") em condições de incidir sobre a conduta exigível do

---

[38] *Tombari* v. *Canners* (1912), 85 *Conn.* 231, 82 *A.*, 640.

[39] Cass., 25 de outubro de 1972, n° 3255, em *Giur. it.*, 1974, I, 1, 422.

[40] Cass. req., 28 de abril de 1926, em *S.*, 1927, 1, 282; ver, ainda, *Philips* v. *Whiteley* (1938), 1 *All E. R.* 566.

[41] Para utilizar as palavras de Cass., 14 de janeiro de 1971, n° 66, neste capítulo, *retro*, nota n° 20.

[42] Paris, 22 de janeiro de 1913, em *Gaz. Pal.*, 1913, I, 260.

[43] Paris, 23 de novembro de 1959, em *J. C. P.*, 1960, II, 11469, com notas de SAVATIER; nos mesmos termos, Trib. Monza, 13 de dezembro de 1988, em *Resp. civ. prev.*, 1989, 1200, com notas de DASSI.

[44] Cass. civ., 21 de fevereiro de 1961, em *J. C. P.*, 1961, II, 12129, 1° caso, com notas de SAVATIER; BGH *JZ*, 1987, 877, com *Anmerkung* de GIESEN, 879 s.

[45] App. Milano, 2 de fevereiro de 1990, em *Giur. comm.*, 1990, II, 755; assim, também o Trib. de Saumur, 19 de dezembro de 1959, em *J. C. P.*, 1960, II, 11537; Cass. civ., 9 de maio de 1991, 367.

[46] Cass. civ., 18 de dezembro de 1962, em *D.*, 1963, 114; ainda, na Itália, Cass. 1° de junho de 1991, n° 6172, em *Resp. civ. prev.*, 1993, p. 142, cit.

demandado. Mais precisamente, na ocasião tratava-se de uma combinação de conhecimentos, inclinações e habilidades de natureza profissional, cuja verificação pareceu decisiva para os fins da imputação da culpa a um médico.

São estes os fatos que originaram a controvérsia. A passeio pelos campos na periferia de uma cidade, uma senhora cai e fratura uma perna. Recolhida ao hospital mais próximo, vem a ser operada de urgência pelo cirurgião-chefe, mas este deixa de nela aplicar o soro antitetânico: a senhora morre de tétano dali a poucos dias.

A Corte não considera que a responsabilidade do médico decorra, por si só, do fato de não ter ministrado o soro - estamos numa época em que, a sentença registra, a ciência médica oficial entende que somente esporadicamente surja a necessidade absoluta da utilização do soro. Ao invés, parece ter sido decisivo aos juízes constatar: *a)* que o autor da omissão era um cirurgião-chefe que dedicara bastante tempo ao estudo daquele preparado, tendo se tornado um dos "partidários" dos efeitos positivos da injeção antitetânica - tanto que chegou a sugerir aos próprios colaboradores que sempre ministrassem este medicamento; e sobretudo *b)* que, naquela ocasião específica, o demandado encontrava-se perfeitamente em condições de avaliar a indispensabilidade do recurso ao soro, visto que sabia o local em que a senhora havia caído, e bem conhecia a natureza tetânica do solo que recobria aqueles campos.[47]

Portanto - é este o ensinamento que se pode extrair do último exemplo -, para os juízes nem sempre é necessário constatar no profissional as qualidades de um especialista de elite, para depois exigir do primeiro um *standard* de conduta bastante elevado (ou, de qualquer modo, mais severo do que aquele normalmente esperado da média dos componentes da mesma corporação). Para tal fim, basta demonstrar que o agente concreto podia facilmente evitar a produção do evento danoso - e pode ser considerado irrelevante saber se outros (na hipótese recém-mencionada, a figura abstrata do "bom médico") teriam tido, ou não, as mesmas possibilidades de prever e evitar idêntico prejuízo.

Outras vezes, deve-se lembrar que o modelo do comportamento exigível sofre uma integração ulterior, de molde menos puramente individualista. Trata-se das ocasiões em que opera a consideração da super-especialização profissional do agente: um elemento de natureza subjetiva, mas suficientemente seguro para ser utilizado em relação a mais de um dos colegas, pertencentes à mesma categoria do demandado.

Contudo, o que vale a pena ressaltar é que às vezes a consideração pelo dado da excelência profissional revela-se insuficiente, por si só, para explicar porque o demandado não foi julgado culpável.

[47] Paris, 10 de fevereiro de 1954, em *D.*, 1954, 257.

Apercebemo-nos, por exemplo, de que uma rara e anômala complicação pós-operatória sofrida por um paciente foi o fato que levou à responsabilização do cirurgião, não tanto porque este fosse um dos melhores especialistas do país, naquele tipo de operações - este dado, segundo os juízes, não teria bastado para justificar o veredito de condenação - quanto porque foi possível verificar que, ao longo da carreira, em um número impreciso de ocasiões (oscilando, de qualquer modo, entre 600 e 800), ele demonstrara ter estado em condições de adotar, com sucesso, precauções de natureza especial, e voltadas precisamente a impedir a ocorrência das odiosas conseqüências lamentadas pela vítima do caso em exame.[48]

Ainda: dos elementos caracterizantes do passado do profissional - tratava-se de um médico-chefe coroado de reconhecimento pelos próprios méritos técnico-científicos, além de livre-docente e titular de uma brilhante e "longa prática operatória desenvolvida também no campo universitário" - os juízes puderam tirar argumentos decisivos, para o juízo sobre a culpa, igualmente quando era necessário avaliar (*ex* art. 2236 do CC italiano) a gravidade da imperícia demonstrada pelo especialista (um ortopedista), que não soube prever quais eram as precauções que necessitavam ser adotadas no momento de concluir uma intervenção de "altíssima neurocirurgia".[49]

Por fim, merece ser lembrado que o modelo de conduta pode ver-se enriquecido até mesmo pela (variável) medida de atualização científica de vanguarda, de que cada superprofissional, no caso concreto, encontra-se em condições de dispor.

O exemplo é dado pela hipótese em que se verifica que somente a utilização de uma inovadora técnica cirúrgica - ainda não bem conhecida, nem mesmo pela restrita roda dos grandes especialistas do setor - teria evitado o dano sofrido pela vítima. O resultado da controvérsia depende, então, da verificação das possibilidades à disposição do demandado (um cirurgião), de conhecer e praticar a inédita intervenção. Contudo, os juízes não tiveram qualquer dificuldade em reconhecer a culpa do especialista,

---

[48] *Valentine* v. *Kaiser Foundation Hospitals* (1961), 194 *Cal. App.* 2d, 282, 15 *Cal. Rptr.* 26.

[49] App. Bari, 21 de abril de 1983, em *Corti Bari, Lecce e Potenza*, 1983, 221; confirmada pela Cass., 26 de março de 1990, nº 2428, em *Giur. it.*, 1991, I, 1, 600, com notas de CARUSI, *Responsabilità del medico, prestazione professionale di speciale difficoltà e danno alla persona*. Entre os tantos casos semelhantes (numerosas as indicações fornecidas por GIESEN, *International Medical Malpractice Law*, Tübingen-Dordrecht-Boston-London, 1988, *passim*, por exemplo: 154 ss., 219 ss.; DORSNER-DOLIVET, *Contribution à la restauration de la faute, condition des responsabilités civile et pénale dans l'homicide et les blessures par imprudence: à propos de la chirurgie*, cit., 247 ss., 275 ss., 445 s.; E. PROTETTÌ BILLE, *Medici e biologi nella giurisprudenza*, Milano, 1987, 252 ss., 363 ss.; FURROW, S. H. JOHNSON, JOST, R. L. SCHWARTZ, *Liability and Quality Issues in Health Care*, St. Paul, Minn., 1991, especialmente 121 ss.; REISNER e SLOBOGIN, *Law and the Mental Health System*, St. Paul, Minn., 1990, 61 ss.; FISCINA, BOUMIL, D. J. SHARPE, M. HEAD, *Medical Liability*, St. Paul, Minn., 1991, *passim*; e pelos autores citados *retro*, na nota 8) destaca-se pela identidade da decisão e dos fatos à origem da controvérsia, *Lewis* v. *Soriano* (1979), 374 *So.* 2d 829.

quando se constata que este, não só estava perfeitamente informado acerca da existência e das condições de utilização da nova técnica operatória, mas até mesmo tratara de divulgá-la através de uma série de exemplificações práticas, desenvolvidas por ocasião de seminários e experiências de laboratório.[50]

9.2. Habilidades peculiares a cada agente e juízo individualizado

Para finalizar, merece um breve registro o fato de que há juízos baseados nas peculiares características subjetivas do demandado, quando parece fora de dúvida que o mesmo agente - no âmbito profissional em que causa o dano - ocupa uma posição de supremacia, em virtude da posse de conhecimentos e habilidades de natureza singular, ou seja, exclusiva.

A título de exemplo, pode ser tomado em consideração o seguinte caso. Tício (um *marchand*) manifesta publicamente as próprias dúvidas acerca da atribuição a Giorgio de Chirico da paternidade de dois quadros, de que é proprietário Caio (outro *marchand*), naquele momento empenhado em tratativas de venda das duas telas. A opinião manifestada por Tício circula não só no mercado de arte, mas também entre o público: assim, o negócio de Caio não se concretiza. Pouco tempo depois, de Chirico reconhece a autoria dos dois quadros, e Caio move uma ação aquiliana contra Tício - alegando ter sofrido um grande prejuízo em sua reputação econômica.[51]

Os juízes dão provimento ao pedido do autor, transferindo toda investigação relativa ao caso - seja ao nexo causal entre o evento de dano e o comportamento do agente, seja - ao modelo de conduta exigível do bom (e até mesmo ótimo) negociante de arte. A solução, porém, é facilmente justificada: é o mesmo Colegiado que afirma não mais ter tido qualquer dúvida, a respeito da responsabilidade do demandado, no momento em que foi possível verificar *a)* que por um período de tempo muito longo Tício havia sido o *marchand* exclusivo de Giorgio de Chirico; *b)* que "quase todos os quadros deste último, postos em circulação até aquela época, haviam sido retirados (pelo próprio demandado) diretamente do estúdio do pintor e autenticados no verso com o timbre da galeria"; e, por fim, *c)* que a opinião de Tício "sempre havia sido considerada, pelos *marchands* e pelos adqui-

---

[50] *Swan* v. *Lamb* (1978), 485 *P.* 2d 814; para casos análogos, *McClarin* v. *Grenfelder* (1910), 147 *Mo. App.* 478; 126 *S.W.*, 817 (um especialista no tratamento da hérnia); *Lewis* v. *Read* (1963), 80 *N.J.* 148, 193 *A.* 2d 255 (um obstetra).

[51] Sobre a ressarcibilidade deste gênero de danos, em sede aquiliana, DE CUPIS, *I diritti della personalità*, em *Tratt. dir. civ. e comm.*, já dirigido por CICU e MESSINEO, e continuado por MENGONI, Milano, 1982, 280 s.; Ald. GIULIANI, *La tutela aquiliana della reputazione economica*, cit., 73 ss.; VISINTINI, *Trattato breve*, cit., p. 395 ss.; ALPA, BESSONE, ZENO ZENCOVICH, *I fatti illeciti*, 2ª ed., cit., p. 253 ss.

rentes privados, decisiva e totalmente confiável, comparável àquela do próprio mestre e talvez ainda mais".[52]

10. As superioridades de ordem física

Agora é o momento de examinar as hipóteses nas quais assumiu relevo a superioridade física do agente.

Como é sabido, a oportunidade de atribuir relevo a tais características apresenta-se aos julgadores - mais que em sede de danos ocorridos no desenvolvimento de atividades biológicas (o caso pode ser aquele de um atleta que provoca um dano agindo em estado de necessidade, quando o mesmo dano podia ser por ele evitado, sem qualquer dificuldade, com um pulo de três metros)[53] - sobretudo quando se trata de avaliar a conduta realizada pelo agente no curso de atividades esportivas, sejam estas de natureza profissional ou amadorística. Em relação a este gênero de situações, é necessário ressaltar, em primeiro lugar - mas é uma consideração óbvia - que a avaliação das peculiaridades de ordem física freqüentemente se estende ao exame da disponibilidade de todas aquelas experiências, ou dotes psíquicos, ou qualidades técnicas, que estão em condições de influir sobre a conduta exigível do autor do dano. Em segundo lugar, é importante sublinhar que a casuística em questão comporta a divisão em dois grupos de decisões: de um lado os juízos que afirmam *a)*, de outro, aqueles que negam a responsabilidade do agente *b)*.

Mais precisamente, logo veremos que é possível registrar:

a) hipóteses em que a imputação da culpa ao demandado encontra fundamento na constatação de que este deixou de adequar o próprio comportamento aos particulares dotes físicos, ou técnico-atléticos, à sua disposição;

---

[52] Trib. Roma, 21 de janeiro de 1989, em *Temi rom.*, 1989, 85. É interessante observar que, em relação ao mesmo episódio, Caio acabará por sucumbir numa ação posterior movida contra Tício. Este último, convidado, na galeria de Caio, a dar um parecer, a título de cortesia, a respeito da paternidade de um outro quadro de de Chirico, havia expressado uma opinião depois invalidada pelo próprio mestre. Porém, naquele ponto, tendo confiado na opinião de Tício, Caio já havia desfeito um lucrativo negócio - perda de que ora reclamava a reparação. Nesta ocasião, a fim de exonerar Tício da responsabilidade, os juízes atribuem peso decisivo à consideração de que o demandado não era obrigado a supor que Caio - também ele *marchand* dotado de uma experiência relevante (mesmo se não comparável àquela de Tício) no campo das obras de de Chirico - confiasse cegamente numa declaração feita: *a)* em particular, *b)* apressadamente, *c)* a título de cortesia e *d)* num lugar distante do arquivo que - circunstância conhecida por Caio - Tício tinha o hábito de consultar antes de emitir qualquer parecer profissional (Trib. Roma, 21 de janeiro de 1989, cit.).

[53] Cf. SEAVEY, *Negligence - Subjective or Objective?*, cit., 13 s.; e o *Restatement of the Law, Torts*, 2d, cit., 298 d.

b) ocasiões em que foi precisamente a relevância das especiais qualidades psicofísicas gozadas pelo agente - além da consideração pelo tipo de atividade no curso da qual ele havia provocado o dano - que convenceram os juízes da perfeita correspondência entre a conduta manifestada pelo demandado e aquela dele exigível.

10.1. Características relevantes para os fins da responsabilidade

Examinemos a primeira série de casos - aqueles em que emergiu a culpa do agente.

Já vimos que os juízes não deixaram de condenar um jovem, por um dano causado numa pista de esqui, exatamente porque se descobriu que este era um "esquiador experiente", dotado de uma especial habilidade nas decidas e, portanto - de acordo com o julgador -, em condições de realizar até mesmo aquela série de manobras bastante temerárias (e, para qualquer esquiador "médio" proibitivas), que na ocasião teriam representado a única alternativa ao desastroso impacto com uma outra esquiadora.[54]

Outras vezes, sabemos que é a força muscular do agente que assume relevância - e, em relação a este, conduz a um juízo diferente daquele que teria sido aplicado ao homem "normal".

Em tal sentido, um exemplo é dado pelo caso (também este já examinado[55]) em cuja origem está a decisão de dois pugilistas amadores de improvisar entre si - durante uma sessão de treinamento - uma breve luta em caráter amigável. O mais franzino dos dois logo consegue acertar alguns golpes, que provocam no adversário uma reação insensata: ou seja, uma rajada de socos tão precisos e violentos que acabam determinando, dali a poucas horas, a morte do desventurado parceiro.

Os juízes constatam que a vítima - "bastante jovem" - era um novato no boxe, diferentemente do desafiante, pugilista já experiente. Além disso, foi possível verificar que este último: *a)* possuía uma excelência muscular incomparável àquela do adversário, conhecia a idade e a inexperiência do antagonista, era consciente do caráter do confronto; e, portanto, que *b)* apesar de tudo isto, havia despejado, na ação danosa, com uma fúria excessiva, todo o seu vigor físico. Neste ponto, a corte já não tem qualquer dúvida: a culpa do autor do dano é reconhecida precisamente em virtude da evidente vantagem técnica e atlética de que este dispunha; uma superioridade que - segundo a Corte - deveria ter induzido o pugilista, não a agir com raiva aos primeiros golpes recebidos, mas a enfrentar com maior

---

[54] Cass., 6 de maio de 1986, nº 3031, em *Giur. it.*, 1986, I, 1, 1527, 1538 ss.: v. *retro*, cap. V, nº 12 e nota nº 68.

[55] App. Milano, 14 de outubro de 1960, cit. *retro*, cap. I, nota nº 46.

habilidade a conduta de um adversário visivelmente inferior a ele, e desprovido de toda tensão competitiva.[56]

Por último, resta lembrar que a consideração pela destreza - como resultante da experiência adquirida no curso de uma determinada prática física - pode valer a imputação da culpa a um esportista, também quando este aparece como vítima. Nesta perspectiva, basta pensar no juízo de responsabilidade instaurado em razão das lesões sofridas por um jogador de golfe que, escondendo-se silenciosamente às costas de um outro jogador, foi atingido pelo taco que este último levantava no ar (com o fim de dar impulso ao lançamento que estava por realizar).

Pois bem, a decisão de atribuir à vítima a culpa exclusiva do evento se concretiza, na ocasião, quando os juízes encontram um modo de avaliar que aquela, "fervoroso esportista", na realidade: de um lado, gozava da possibilidade de esquivar-se agilmente do movimento do taco; de outro lado, conhecia perfeitamente "as regras, os gestos e os perigos" do jogo de golfe, por tê-lo praticado por um grande período de tempo (além de ser - ressaltam os juízes - sócio de longa data do mesmo clube onde havia acontecido o acidente).[57]

10.2. Os dotes técnico-atléticos como fatores de exoneração da responsabilidade.

Numa série distinta de hipóteses, como dizíamos, a consideração da superioridade psicofísica do agente acaba por determinar-lhe a exoneração da responsabilidade.

É necessário precisar que se trata de juízos relativos aos danos causados pelo autor (também a si mesmo) durante o desenvolvimento de competições atléticas, ou no curso de atividade em que o exercício, expondo a pessoa de cada praticante a um elevado coeficiente de risco, pressupõe a posse de um preparo técnico específico, além de qualidades psicofísicas notáveis: em suma, todas atividades ao alcance de poucos especialistas bastante bem preparados.

A consideração de um dado do gênero não deixa de repercutir nos pronunciamentos jurisprudenciais.

---

[56] Para um caso em que se acabou por entender responsável exclusivo pelas lesões (depois reveladas mortais) a própria vítima, um pugilista amador, culpável por não ter sabido ponderar a escolha do compromisso (tratava-se de um certame competitivo, no qual a vítima havia aceitado participar, desafiando um adversário bastante mais forte e tecnicamente melhor preparado do que ele) em relação às suas próprias potencialidades psicofísicas, Trib. civ. Carpentras, 25 de janeiro de 1939, em *D.P.*, 1940, 2, 22. Para ulteriores referências jurisprudenciais a respeito do tema, FRATTAROLO, *La responsabilità civile per attività sportive*, Milano, 1984, 207 ss.; e depois v. as considerações de BUSNELLI e PONZANELLI, *Rischio sportivo e responsabilità civile*, em *Resp. civ. prev.*, 1984, 289 ss.

[57] Paris, 5 de março de 1936, em *D. H.*, 1936, 351; e Trib. civ. Seine, 21 de julho de 1934, em *Sem. Jur.*, 1934, 112, respectivamente, para o juízo de segundo e de primeiro graus.

Efetivamente, nos damos conta de que, *a)* antes de enfrentar o âmago da conduta exigível do agente, os juízes costumam sempre examinar os riscos criados pela atividade em que o mesmo autor estava empenhado no momento da produção do dano; *b)* uma vez constatados os perigos inerentes àquela prática, a investigação judicial desloca-se para a verificação dos meios psicofísicos de que o sujeito dispunha para enfrentar com a necessária perícia uma atividade assim arriscada. E é só então que *c)* conhecendo as características de destaque possuídas pelo indivíduo, o juízo se transfere para o comportamento que deste era possível pretender, naquela ocasião específica. Porém, neste ponto *d)* será precisamente a relevância atribuída às características excepcionais do agente que convencerá os juízes - em virtude de uma argumentação apenas aparentemente circular, já que o *standard* de conduta aplicado nestes casos é sempre fixado num nível muito elevado, exatamente em consideração às peculiaridades subjetivas do demandado - de que o comportamento manifestado pelo superdotado correspondia perfeitamente àquele dele exigível.

O emprego desta técnica de julgamento vem bem exemplificado por dois pronunciamentos.

Os fatos à origem da primeira controvérsia são os seguintes: Tício, um guia alpino, e Caio (inexperiente em rocha) escalavam uma parede montanhosa, atados um ao outro, quando a certo ponto este último pára, faz um gesto impensado, e assim acaba provocando a própria queda e a do companheiro.

Constata-se que o guia caíra somente porque, naquele momento, estava realizando a escalada *in libero* - isto é, sem estar preso à rocha por uma argola de ferro - : porém, esta circunstância acabará sendo considerada insuficiente para fundar a imputação de uma culpa a ele.

De fato, os juízes concluíram que um comportamento do gênero, longe de parecer arriscado, ou excessivamente temerário, era completamente "normal" e envolvia riscos perfeitamente controláveis por parte de quem "experiente em escaladas em rocha, de notável capacidade como alpinista e atleta ... exercia a profissão de guia alpino há muitos anos", sujeito que - para finalizar, ressaltam os juízes - possuía "fama de um dos melhores em escaladas em rocha" e "era pessoa altamente qualificada no meio profissional dos guias alpinos".[58]

---

[58] Trib. Bolzano, 24 de janeiro de 1977, cit. *retro*, neste capítulo, nota nº 1 (a que se remete para o exame da parte da sentença que se ocupa da responsabilidade do companheiro de escalada, e de desventura, do guia alpino); sobre este pronunciamento, GAMBARO, *In tema di responsabilità della guida alpina*, cit., 460 ss.; mais em geral, FRATTAROLO, *op. cit.*, 89 ss.
Depois, é significativo recordar que, em sentido oposto - ou seja, a favor da responsabilidade do guia -, foi decidido um caso análogo, em que se apreciava a culpa de um sujeito pertencente à mais extensa, e menos qualificada, categoria dos "bons alpinistas": Trib. Grenoble, 4 de outubro de 1962, em *Gaz. Pal.*. 1963. 1. 65: em *D.*, 1963, II, 13062, com notas de RABINOVITCH;

A mesma atenção pelas qualidades subjetivas do agente inspira a decisão proferida num outro caso.

No curso de uma competição automobilística de "fórmula um", um piloto tenta uma ultrapassagem arriscada, mas a manobra não é bem-sucedida e acaba sendo causa de um terrível acidente, que provoca a morte do adversário (além daquela de numerosos expectadores).

Também neste caso - depois de haver precisado que "a imprudência dos participantes de uma corrida automobilística não pode ser avaliada conforme os critérios comuns que regem os comportamentos humanos, mas encontra seu parâmetro nas próprias características da competição esportiva, onde predomina o antagonismo e entram em jogo, em ampla medida, a discrição e a audácia" - o juiz se interroga sobre a possibilidade de avaliar como excessivamente arriscada a manobra do autor do acidente (J. Clark). A resposta negativa chega rápido: de fato, é reputada decisiva a consideração segundo a qual "o espírito de competição, com o precípuo e exclusivo fim de atingir a vitória, e os elementos conexos do risco e da audácia ... restringem, seja o âmbito da esfera da imprudência (mas também da negligência ...), seja aquele da esfera da imperícia".

E, então, - excluída uma violação dos regulamentos esportivos e - considerada a "elevada capacidade técnica" do piloto, a conduta deste é reputada imune de qualquer censura: conclusão possível, como no exemplo examinado há pouco, precisamente em virtude do recurso a uma regra de avaliação que, fazendo apelo às qualidades de excelência psicofísica encontradas no agente, permite ratificar a inexigibilidade, por parte deste último, de um comportamento diverso daquele efetivamente adotado.[59]

---

e v.,ainda,- mas sob o ângulo visual distinto, do art. 1384, § 1º, do CC francês - Aix, 8 de maio de 1981, em *J. C. P.*, 1982, II, 19819, a respeito do qual, além das *obs.* de SARRAZ-BOURNET em nota de rodapé à sentença, v. as observações críticas de DANA, *Mythe et realité en matière de responsabilité civile délictuelle*, em SCHWARZ-LIEBERMANN VON WAHLENDORF (org.), *Exigence sociale, jugements de valeur et responsabilité civile en droit français, allemand et anglais*, Paris, 1983, 51 s. Contrariamente, (aquele que demonstre ser) um experiente e robusto *yachtman* não responderá pelo dano causado a si próprio, quando, por meio de um esforço físico imprudente, havia tentado salvar a embarcação, de que era passageiro, do violento impacto com o cais: Cass. civ., 3 de novembro de 1961, em *D.* 1962, 70.

[59] Trib. Monza, 30 de março de 1965, em *Giur. it.*, 1965, II, 384 - sobre o qual, além de FRATTAROLO, *op. cit.*, 74, 76 ss., 184 ss.; v. as observações de BUSNELLI e PONZANELLI, *op. cit.*, 286 ss. Na mesma direção do tribunal apenas citado, com referência a quem era considerado "o melhor piloto da competição" (um *rally*), Pret. Bassano del Grappa, 20 de março de 1975, em *Giur. it.*, 1976, I, 2, 534; e ainda, em relação a um outro campeão automobilístico (Ascari), Trib. Brescia, 5 de março de 1954, em *Corti Brescia e Venezia*, 1954, 633; (com data de 6 de março de 1954), em *Riv. dir. sport.*, 1954, 239; em sentido contrário - e significativamente - em relação a dois pilotos não tão excepcionais, Trib. Seine, 30 de janeiro de 1936, em *D. H.*, 1936, 174; Liège, 8 de abril de 1908, em *Rec. Gaz. Trib.*, 1908, 2, 354.

Capítulo VII

Conclusões: modelos diferenciados para a avaliação da conduta

SUMÁRIO: 1. Tipologia da diversidade: a debilidade; 1.1. As qualidades positivas do agente; 2. Necessidade de um *standard abstrato*; 3. Conteúdos do parâmetro subjetivado; 3.1. Os portadores de superioridade.

1. Tipologia da diversidade: a debilidade

Retornemos às questões que mais de perto dizem respeito à avaliação da culpa aquiliana.

Há pouco demonstramos que o *standard* ordinário de conduta não satisfaz as exigências do juízo de responsabilidade quando é utilizado em relação aos sujeitos débeis, ou mais fortes do que a média. Agora é chegado o momento de precisar qual é a mencionada variedade de indivíduos (e de hipóteses) a que é necessário referir-se no seguimento de nossa exposição.

Entre as pessoas mais frágeis do que a média, consideremos primeiramente as que o são por razões ligadas à menoridade. Aqui, por exemplo, é óbvio que o requisito da idade - como síntese numérica do conjunto de condições psicofísicas que designam a maturidade de um indivíduo - deve ser logo privilegiado.

Na nossa perspectiva, não bastará frisar que o nível de diligência que pode ser atingido por uma criança de três anos é bem diferente daquele alcançável por uma de onze anos de idade; é importante insistir sobre o fato que, embora entre sujeitos da mesma idade, podem ser registradas notáveis diferenças a propósito das respectivas características físicas, psíquicas, de educação ou culturais: todos fatores cuja combinação, na personalidade do menor, tem condições de desempenhar um papel bastante diferente no juízo, conforme a atividade de que se origina o dano imponha, ao mesmo menor, um grau de diligência equivalente ao de um adulto (por exemplo, caminhar pela casa, brincar com os da sua idade, atravessar uma rua, ou andar de

As peculiaridades da NOÇÃO DE CULPA

bicicleta[1]), ou requeira uma avaliação diferente e dependente do exame do comportamento exigível de quem é destinatário de obrigações determinadas em relação aos menores - pensemos no menor que é encontrado manejando um brinquedo perigoso, ou uma arma verdadeira,[2] ou passeando num canteiro de obras, ou mesmo numa embarcação, ou encontre-se sozinho na cabine de um carro.[3]

As debilidades de origem física merecem considerações análogas: também aqui há necessidade de saber apreender o distinto relevo que, de acordo com as ocasiões, pode assumir a enfermidade específica.

A relevância é facilmente explicada. Pensemos na surdez, no aleijão, no mutismo e na cegueira, no nanismo, ou mesmo no gigantismo: todas disfunções orgânicas que podem infirmar o comportamento quotidiano de um sujeito, em medidas e intensidade bastante distintas, segundo a gravidade de cada doença específica, e do tipo de atividade que o deficiente desenvolve no momento. E, na mesma perspectiva, o elenco (embora remetendo a muitas outras questões concernentes à possibilidade de inserção de alguns mal-estares na esfera física ou psíquica de um indivíduo[4]) poderia ser ampliado, referindo-se à eventualidade da acumulação de mais de um daqueles *handicaps* pela mesma pessoa,[5] ou ao grande número de indisposições objetivas que não estão necessariamente ligadas a formas de patologia, tais como, por exemplo, a gravidez, a obesidade, ou mesmo a idade avançada.[6]

---

[1] Por exemplo, quanto ao uso da bicicleta, v. Cass., 13 fevereiro 1970, n. 348, em *Giust. civ.*, 1970, I, 532; e depois a Cassação Belga, 15 abril 1971, *Pasicr.*, 1971, I, 725; Trib. corr. Seine, 27 novembro 1952, em *Gaz. Pal.*, 1953, I, 79; *Caradori v. Fitch*, (1978), 263 *N. W.* 2d 649, 200 *Neb.* 186; e cf. DEUTSCH, *Fählässigkeit*, cit., 131.

[2] Cf. Cass., 31 março 1967, n. 334, em *Resp. civ. prev.*, 1967, 562; a Cassação francesa, civ., 12 outubro 1955, em *J. C. P.*, 1955, II, 9003, e nota de P. ESMEIN; Trib. Versailles, 16 janeiro 1914, em *Rec. Gaz. Trib.*, 1914, I, 2, 262; Bruxelles, 14 maio 1949, em *Rev. gén. ass. resp.*, 1950, 461; *Thomas v. Inman* (1978), 578, *P.* 2d 399, 282 *Or.* 279.

[3] Para esta última hipótese, v. *Smedley v. Piazzolla* (1977), 59 *A. D.* 2d 940. 399 *N. Y. S.* 2d 460.

[4] *Infra*, cap. V, seção I, n. 5 e nota 17 (sobre o ponto, para uma notícia do debate doutrinário, v. já *retro*, cap. I, nota 4).

[5] É o caso, por exemplo, dos menores que sofram de distúrbios mentais: a este propósito, v. a jurisprudência indicada por VENCHIARUTTI, *La responsabilità civile degli infermi di mente in Francia*, cit., 515 ss.; e PETRELLI, *Responsabilità civile dell'infermo di mente nell'ordinamento francese*, em *Riv. dir. civ.*, 1991, I, 89 ss.

[6] Para a casuística, v. *infra*, cap. V, seção III, n°s 15 ss., e (também para as referências de doutrina) *retro*, cap. I, n. 2. Depois, é apenas o caso de acrescentar que, para o difícil reconhecimento das características aos olhos de terceiros, aqui é necessário, sem dúvida, transferir toda consideração para a mutante variedade de defeitos que, de acordo com o amadurecimento biológico, possam deprimir os níveis de eficiência próprios a cada indivíduo (de resto, veríamos como, prescindindo do tipo de culpa - primária ou concorrente - sobre que se detém a avaliação, tendencialmente os juízes concedem relevo à deficiência fisiopsíquica do agente somente quando é possível demonstrar que esta inferioridade, aos olhos do terceiro com quem o sujeito débil entrou em contato aquiliano, podia ser reconhecida; e é significativo recordar que uma exigência do gênero é, ao invés, totalmente negligenciada, quando estejam em jogo

A mesma irredutibilidade do mal-estar a uma cifra unitária se reencontra, por fim, no setor da debilidade subjetiva por incapacidade psíquica.

Por outro lado, que a noção de doença mental não esteja em condições de se apoiar em uma fenomenologia unitária, é uma afirmação corrente entre aquelas mesmas tendências - voltadas a subtrair o doente psíquico da categoria dos sujeitos civilmente "não imputáveis" - que ressaltam como a doença mental não se apresenta sempre de modo a cancelar completamente, no autor do dano, a consciência do *neminem laedere*.[7] E agora não será necessário ressaltar como são numerosas, e bastante distintas entre si, as síndromes que podem afligir a mente de qualquer pessoa e, no entanto, como nem todas atingem (do mesmo modo, ou em qualquer atividade) as medidas de prudência, perícia ou diligência demonstráveis pelo doente - parecendo sempre oportuno, definitivamente, um exame das inter-relações existentes entre as características do *handicap* (em termos de gravidade e continuidade da deficiência), e a influência que este exerce sobre a atividade, examinada caso a caso.[8]

1.1. As qualidades positivas do agente

Quando entram em jogo os indivíduos dotados de qualidades superiores à média, não é difícil imaginar em que realidade estão inseridos. Mas, também aqui, há distinções a serem feitas.

Acima de tudo, não faltam sujeitos capazes de sobressair-se equilibradamente em uma ampla série de atividades, ou relações interpessoais (um exemplo pode ser facilmente encontrado na figura do atleta profissional, no

---

as superioridades individuais: as qualidades positivas do agente, de fato, passam a fazer parte do *standard* de conduta aplicado ao autor do dano, independentemente de qualquer consideração acerca da possibilidade de reconhecimento que aquelas características podiam assumir para este ou aquele concidadão - v. *infra*, cap. VI): sobre o tema, para algumas observações de ordem geral, CENDON, *Infermi di mente e altri "disabili" in una proposta di riforma del codice civile*, em *Pol. dir.*, 1987, 621 ss.; e em *Giur. it.*, 1988, IV, 3 ss.; idem, *Il settimo libro del codice civile. Il diritto dei soggetti deboli*, em *Pol. dir.*, 1990, 137 ss.; SICA, *Anziani e responsabilità civile: a proposito del concorso di colpa del danneggiato*, em *Rass. dir. civ.*, 1989, 857, 863 ss.; idem, *Circulazione stradale e responsabilità: l'esperienze francese e italiana*, Napoli, 1990, em particular, 248 ss.; e v. ainda LÉGAL, *De la négligence*, cit., 32 ss., 113 ss., 164 ss.; H. e L. MAZEAUD e TUNC, *Traité*, I, cit., 541 ss.; PROSSER KEETON, *On Torts*, cit., 174 ss., 182 ss.; DIAS e MARKESINIS, *Tort Law*, cit., 94 s., 123.

[7] *Retro*, neste cap., nota 21; e depois cap. I, n. 1, nota 3; e n. 4, nota 26.

[8] V. mais adiante, nº 7; sobre o ponto, para uma reflexão aprofundada, CIAN, *Antigiuridicità e colpevolezza*, cit., 333, 338 ss.

De outra parte, e mais em geral - isto é, também com referência às outras categorias de fragilidade individual -, se é verdade que os juízes já não deixam de examinar o tipo de atividade em que o agente estava empenhado, no momento da produção do dano, notaremos que (diferentemente do que ocorre na vanguarda oposta à diversidade subjetiva, onde os elementos de superioridade podem ser considerados determinantes nas mais variadas hipóteses) as cortes tendem a levar em conta a inferioridade do indivíduo, somente quando o prejuízo é causado pelo próprio sujeito débil, no curso de uma atividade de natureza biológica.

que se refere a qualquer atividade física mais ou menos estreitamente conexa à própria eficiência corpórea). E ainda menos raros são os casos em que a supremacia, em relação à coletividade, é fornecida ao indivíduo por um ou mais fatores contingentes, e portanto transitórios, mas de modo a criar uma nítida diferença entre a possibilidade que este tem de conduzir-se e aquela de que dispõem os outros concidadãos (pensemos no possuidor de inéditas e seguras informações a respeito de uma operação comercial ou societária,[9] ou a propósito da atribuição da autoria de um quadro recém descoberto, a um famoso mestre da pintura[10]).

Ao lado destes modelos de superioridade - que habitualmente podem ser atribuídos a grande maioria, senão à totalidade dos terceiros -, deve-se ter presente um outro aspecto, ou seja, a freqüência dos conflitos em que as qualidades superiores de uma das partes assumem importância unicamente através de um confronto com os dados oferecidos pelo fato específico, deverão ser consideradas às circunstâncias de tempo e lugar em que se desenvolve o fato, ou em virtude da relevância pelos conhecimentos que o agente tinha das características pessoais da vítima (será este, por exemplo, o caso do sujeito que, sem considerar a sensibilidade do amigo, da qual tinha

---

[9] Também além da casuística inerente ao mercado financeiro (v., por exemplo, G. S. MORRIS, *The Liability of Professional Advisers: Caparo and After*, em *J. B. L.*, 1991, 36 ss.; MOGLIA e RISTUCCIA, *Giornali, correttezza dell'informazione e tutela del mercato mobiliare*, em *Dir. inf.*, 1991, 9, 18 ss.; WEIGMANN, *Insider trading*, cit., 1 ss.; SANTARONI, *Alcune novità in materia di responsabilità per colpa del certificatore negli U.S.A.*, em *Riv. dir. civ.*, 1980, I, 314, 332 s.; DYSON, *The Director's Liability for Negligence*, em 40 *Ind. Law J.*, 1965, 341 ss., 371 ss.), para uma ampla revisão dos critérios que - através da apreciação deste tipo de superioridade - possam orientar o juízo para a condenação do agente, CENDON, *Il dolo nella responsabilità extracontrattualle*, cit., 44 s., 106 s., 358 s.; e v. depois, *infra*, cap. III, nº 3 e nota 9; cap. VI, nºs 4 ss.

Para o esboço da distinção - que faz um exame puntual das diferenças de regime jurídico - entre conhecimento científico (caracterizado pela ausência de interesses práticos ou contingentes) e conhecimento ordinário (ligado à ação do sujeito no âmbito de um determinado contexto social), o primeiro regulado pelo "princípio da liberdade - liberdade de investigação, de juízo, de informação", o segundo governado pelo "princípio da responsabilidade - perante os terceiros ou, ao menos, perante si mesmo", FALZEA, *Fatto di conoscenza*, em idem, *Voci di teoria generale del diritto*, Milano, 1985, 687 (também em *Scritti in onore di Salvatore Pugliatti*, Milano, 1978, I, 1, 572; sobre o tema, v., entre nós, também CARRESI, *I fatti spirituali nella vita del diritto*, em *Riv. trim. dir. proc. civ.*, 1956, 423 ss., 433 ss.; PUGLIATTI, *Conoscenza*, em *Enc. dir.*, IX, Milano, 1961, 45 ss., 111 ss.). Com relação ao segundo tipo de conhecimento, é o mesmo F. a afirmar que "estando o saber ordinário em contato com interesses práticos imediatos, no âmbito da tutela dos interesses juridicamente relevantes, o direito não pode deixar de regular o comportamento dos sujeitos de acordo com o conhecimento". Nisto está o fundamento do princípio de responsabilidade. Quando o sujeito entra em relação com interesses práticos imediatos, e do seu saber depende a orientação da conduta a respeito destes interesses, o direito não permanece indiferente ao comportamento do sujeito frente ao conhecimento. Para efeito de sua intervenção, a posição do sujeito não é mais de liberdade: espera-se que ele informe-se convenientemente, que julgue sem precipitação ou superficialidade, a prestar contas aos outros daquilo que veio a saber" (691 s.). Para uma verificação da validade prática de tais considerações, v. mais adiante, cap. IV, em particular, nº 11, e depois capítulos V e VI, *passim*.

[10] Cf. Trib. Roma, 21 janeiro 1989, em *Temi Rom.*, 1989, 85.

conhecimento, diante dele realiza atividade que - deixaria qualquer outro totalmente indiferente mas - provoca no companheiro um choque grave e imediato[11]).

Em seguida, resta examinar o caso dos sujeitos em que se destacam as qualidades de natureza profissional - entendidas em sentido lato, ou seja, compreendendo todos os graus de especialização requeridos para o desenvolvimento de uma certa atividade.[12]

De outra parte, que existam no mercado profissionais em condições de sobressair-se em relação a seus colegas (pela inteligência, competência científica, habilidade técnica, riqueza de formação cultural) é até evidente demais. O que agora parece oportuno acrescentar é, apenas, que qualidades do gênero merecerão um relevo particular não só quando se trate de apreciar a conduta mantida pelo profissional no âmbito laborativo que lhe é próprio, mas em todas as variedades de ocasiões em que aqueles dotes teriam permitido ao indivíduo evitar a produção do evento danoso, diferentemente, ou melhor do que os outros - basta pensar, a título de exemplo, no famoso *expert* em questões financeiras que, imprudentemente, aconselha ao seu cliente um investimento, que em seguida revelou-se desastroso;[13] ou no luminar da cirurgia cardiovascular, que ocasionalmente socorre um sujeito vítima de uma particular forma de hemorragia, neste provocando um agravamento das condições de saúde - resultado que aquele médico, ao contrário de muitos de seus colegas, facilmente teria sabido evitar.[14]

---

[11] Para uma resenha de casos em que a responsabilidade é afirmada, ou negada, conforme o agente tivesse ou não condições de utilizar as informações de que dispunha, acerca da *unusual sensitivity* da vítima, GREGORY e KALVEN, *Cases and Materials on Torts*, Boston-Toronto, 1969, 946 ss. Em geral, sobre o nascimento da responsabilidade em casos de lesão à saúde mental de outrem, CENDON, *Il prezzo della follia*, Bologna, 1984, *passim*, e em particular, 165 ss.; e *idem et al.*, *La responsabilità civile degli operatori e dei servizi psichiatrici*, em *Pol. dir.*, 1990, 553 ss., 573 ss.

[12] Por razões de natureza descritiva, o termo "profissional" aqui será ininterruptamente entendido como atributo das atividades (laborais em sentido amplo ou profissionais em sentido estrito) distintas das práticas de tipo recreativo, ou biológico, isto é, voltadas à satisfação de necessidades de cada sujeito, individualmente considerado, de natureza exclusivamente pessoal.

[13] Sobre a importância que assume, nestes casos, a) a demonstração dos poderes de controle de que gozava o informante, a respeito da veracidade das informações, mas também b) a verificação da "razoabilidade" da confiança, depositada pelo cliente, na pessoa do informante e nas informações por este fornecidas, v. ALPA, *Il problema dell'atipicità dell'illecito*, cit., 120 ss., 220 ss.; e cf., por exemplo, *De la Bère* v. *Learson* (1908) 1 *K. B.*, 260.

[14] Cf., ainda, por todos H. L. e MAZEAUD e TUNC, *op. ult. cit.*, 543: "Mesmo entre profissionais, deve ser reconhecida uma certa hierarquia. O especialista também não poderá cometer os erros que cometeria um clínico geral, memo excelente. ... Um erro inadmissível da parte de um especialista do coração, dos olhos ou dos pulmões, seria excusável da parte de um clínico geral, simples profissional da medicima".

2. Necessidade de um *standard abstrato*

A oportunidade de refletir sobre a articulação dos níveis de conduta exigíveis de cada uma das categorias de sujeitos - distintos do "homem médio" -, coloca, em primeiro plano, a necessidade de individualizar o modelo de referência plausível, e externo ao centro de valoração subjetiva constituído pelo juiz ou pelo próprio autor do dano.

O verdadeiro objetivo desta indagação consiste, por isso (não tanto na escolha entre uma valoração a ser realizada *in abstracto* ou *in concreto*,[15]

---

[15] É importante observar que, muitas vezes, ao fundo das críticas movidas contra a utilização de avaliações "concretas" da culpa (de que, no campo debitório, durante a vigência do cód. civ. italiano de 1865, era um exemplo o esquema da *diligentia quam in suis rebus*, operante em relação ao depositário a título gratuito: cf. arts. 1224, 1843, 1872, todos do CC italiano revogado; CHIRONI, *Colpa contrattuale*, 2, cit., 33 ss., 57 ss.) oculta-se o temor de dar espaço a juízos marcados por uma indulgência exagerada a respeito do agente, e de assim expor o juízo a soluções de fato incompatíveis com o primado a ser reconhecido à função compensatória da responsabilidade civil: a orientação em exame encontra uma síntese fiel nas conclusões de quem, frente à eventualidade de um recurso a paradigmas não perfeitamente objetivos, entende, com certeza, que o juiz, ao controlar a conduta dos agentes, "commencera à entrevoir les raisons de leurs défauts et il ne se permettra jamais de les condamner" (assim TUNC, cit., em VINEY, *La responsabilité: conditions*, cit., 534; H. L. MAZEAUD e TUNC, *Traité*, I, cit., 491 ss.; e v. também VENEZIAN, *Danno e risarcimento*, cit., 141; FORCHIELLI, *Colpa*, cit., 3; DE-JEAN DE LA BATIIE, *Appréciation*, cit., 65 ss.; LAURROMET, *Droit civil*, III, *Les obligations*, 1, Paris, 1986, 568 ss.; CORNU, *Étude comparée de la responsabilité délictuelle en droit privé et en droit public*, Reims, 1951, 226 ss.). Pois bem - antecipando a resposta a uma das objeções levantadas contra a utilização dos *standards* subjetivos (v. mais adiante, cap. III) -, a opiniões do gênero se poderá replicar, em primeiro lugar, que o problema da apreciação da culpa certamente não se resolve com a transferência de toda dificuldade para o corpo técnico chamado a aplicar o cânone de avaliação - e muito menos limitando-se a generalizar o parco equilíbrio, ou a excessiva indulgência de que os juízes às vezes poderiam dar prova (de outra parte, é sabido que o emprego do *standard* voltado à diligência pessoal do devedor - sob a vigência do antigo CC italiano - em mais de uma oportunidade não impediu efetivamente que o julgador chegasse a resultados marcados por uma acentuada severidade em relação ao demandado que se tivesse revelado, ou se tivesse presumido, particularmente atento, capaz ou competente na gestão dos próprios negócios: cf. GIORGI, *Teoria delle obbligazioni nel diritto moderno italiano*, II, Firenze, 1907, 52 e nota 2; POLACCO, *Le obbligazioni nel diritto civile italiano*, Roma, 1915, 413 ss.; id., *La culpa in concreto*, Padova, 1894, 12; DI MAJO, *Delle obbligazioni*, cit., 426 ss.; VISINTINI, *La responsabilità contrattuale*, cit., 137 ss., 142; SERTORIO, *La "culpa in concreto"* , cit., 242; Relazione al Re Imperatore sul libro "Delle obbligazioni", cit., n° 25). Mas o ponto que merece reflexão é um outro, ou seja, que - como já tivemos muitas vezes oportunidade de recordar - em nome de um modelo a ser utilizado sempre na versão rigorosamente objetiva, se perpetua um risco oposto ao perigo temido por TUNC, isto é: *a)* de promover condenações ressarcitórias a cargo de qualquer sujeito frágil cuja conduta tenha apresentado uma simples eficiência causal na produção do evento danoso; *b)* de subtrair do governo aquiliano uma série de prejuízos causados, e facilmente evitáveis, por sujeitos que se mostram dotados de atitudes e qualidades bastante superiores às ordinárias. E é por isso que, numa orientação voltada a redefinir os conteúdos subjetivos do *standard*, não assume qualquer relevância a implantação de um confronto estéril entre os méritos, e os defeitos, das avaliações realizadas *in concreto* (segundo um modelo abandonado até mesmo no âmbito contratual - único setor em que o paradigma podia ser empregado também na vigência do CC de 1865; sobre este ponto, CHIRONI, *Colpa extra-contrattuale*, I, cit., 117 ss.; GIORGI, *op. ult. cit*, 33 ss, 42 ss.; POLACCO, *op. ult. cit.*, 395) ou *in abstracto*. E, ao contrário, importará muito mais a busca de uma conotação do modelo de

quanto), na proposta *a*) de um esquema de controle para a grande variedade de resultados teoricamente possíveis nesta direção;[16] *b*) de fórmulas precisas em ordem aos dados a serem propostos como automaticamente significativos, em sede de juízo.[17]

Em outros termos, não vale a pena promover reflexões de porte geral, ou, de qualquer modo, extensíveis a todas as possíveis conseqüências dos problemas ligados à operatividade do critério da culpa,[18] mas indicar, no seio de um exclusivo projeto de *sententia ferenda*, quais são os modelos de

---

referência com a qual excluir, ou pelo menos redimensionar, propriamente, a possibilidade que resultados extremados - no sentido do rigor ou da indulgência - se originem do emprego de um parâmetro valorativo (que, como é entendido correntemente, revela-se) às vezes tão distante das exigências do caso concreto, tornando impraticável qualquer coerência do juízo final com os próprios pressupostos normativos que, em matéria de apreciação da culpa, se proclamam inspirados nas "concepções dominantes na consciência social, e que, pela sua adaptabilidade às situações de fato, respondem de modo excelente às necessidades variadas da vida de relação" (assim a R. R. cit. nº 25).

[16] V. um pouco adiante, nᵒˢ 7 e 7.1.

[17] É uma operação a que se dará curso por último, ilustrando e assumindo como ponto de referência os modelos valorativos já elaborados nas práticas jurisprudenciais italiana e estrangeira: *infra*, capítulos V e VI. De outra parte, a respeito daqueles indicados no texto, qualquer questão diferente serve para desviar a investigação do exame daqueles perfis quantitativos (diremos, de medidas: v. CORNU, *Étude comparée*, cit., 231; ou L. GREEN, *The Negligence Issue*, em 37 *Yale Law J.* 1928, 1029 ss.; e, depois, FORCHIELLI, *Colpa*, cit., 1 ss.; sobre o ponto v., ainda, DABIN, *La philosophie de l'ordre juridique positif*, Paris, 1929, 52 ss.) que na modulação da pretensão resultam essenciais: a própria comparação do que acontece a cada uma das expressões cujo conteúdo mostra-se "variável", em virtude da remissão que o legislador realiza, pelas mãos do juiz (como ocorre em matéria de avaliação da culpa: por todos, BUSNELLI, *Illecito*, cit., 5; *idem*, *A parabola della responsabilità civile*, cit., 675 s.; BRECCIA, *Relazione*, cit., 325 s.), da tarefa de concretizar a diretiva ampla e elástica, indicada por uma norma. Entre outros, de particular interesse na nossa perspectiva, ESSER, *Elementi di diritto naturale nel pensiero giuridico dogmatico*, em *Nuova riv. dir. comm., dir. ec., dir. soc.*, 1952, I, 54 ss., 60; STATI, *Le standard juridique*, Paris, 1927, especialmente, 30 ss., 150 ss.; Perelman e Vander Elst (org.), *Les notions à contenu variable en droit*, Bruxelles, 1984, e *ivi*, especialmente, os ensaios de Rials, *Les standards, notions critiques du droit*, 142 ss.; McCORMICK, *On Reasonableness*, 132 ss.; PERRIN, *Comment le juge suisse détermine-t-il les notions juridiques à contenu variable*, 201 ss.; e v. depois MENGONI, *Spunti per una teoria delle clausole generali*, em *Riv. int. dir. priv.*, 1986; e em Aa. Vv., *Il principio di buona fede*, Milano, 1987, 9, 12 ss., 17; RODOTÀ, *Il tempo delle clausole generali*, cit., 253 ss., 258, 265; TARUFFO, *La giustificazione della decisioni fondate su standards*, em *Mat. st. cult. giur..*, XIX, 1, 1989, 151 ss.; FALZEA, *Gli standards valutativi e la loro applicazione*, em *Riv. dir. civ.*, 1987, I, 1 ss., 17 ss. (e em Aa. Vv., *La sentenza in Europa. Metodo, tecnica e stile*, Padova, 1988, 101, 121 ss.).

[18] Uma meta que - é importante acrescentar -, sobre um terreno como o nosso, correria o risco de compartilhar o destino de tantos arranjos sistemáticos formais elaborados no passado e que, muitas vezes (precisamente pela sua amplitude de horizontes, gerais e), revelam-se totalmente inadequados para orientar as decisões a serem tomadas na grande variedade de conflitos que são submetidos ao exame do juiz: sobre o ponto, com variedade de acentos, P. TRIMARCHI, *Rischio e responsabilità oggettiva*, Milano, 1961, 40; C. MAIORCA, *Colpa civile*, cit., 550 s.; VISINTINI, *La responsabilità civile nella giurisprudenza*, Padova, 1967, 14; BRECCIA, *Relazione*, cit., 324 ss.; B. STARCK, *Essai d'une théorie générale de la responsabilité civile considérée en sa double fonction de garantie et de peine privée*, Paris, 1947, 8 s.; ROUHETTE, *D'une faute l'autre?*, em *Droits*, nº 5, 1987, 9, 14 ss.; FLETCHER, *Fairness and Utility*, cit., 540 e nota 12. Para alguma observação ulterior, *infra*, cap. III, nᵒˢ 2, 9.

conduta que é oportuno adotar, nos juízos em que o relevo de algumas peculiaridades dos protagonistas - *i. e.* a tenra idade, a enfermidade física ou psíquica, ou os conhecimentos ou as atitudes superiores à média - acabem por tornar injustificável a referência ao paradigma do homem médio.

Daí a necessidade de encontrar uma noção de *standard* adequada ao quadro de interesses e de valores (com relevo normativo) em que se insere a hipótese concreta;[19] e, na mesma perspectiva, a exigência de individuar, para cada categoria de sujeitos e segundo a atividade por eles exercida, um parâmetro - ou, querendo, uma "figura sintomática" - capaz de inspirar e, em seguida, controlar a valoração da conduta de todo indivíduo pertencente à categoria dada.

3. Conteúdos do parâmetro subjetivado

Assim, chegando ao esboço daquele que, em virtude da construção dos paradigmas individuais, foi definido como o "esquema de controle" da avaliação, comecemos pelos sujeitos mais débeis do que a média.

Desde já saibamos que é injustificado pensar neles, isto é, nos menores ou nos enfermos (tanto físicos como psíquicos), como indivíduos capazes de uma diligência constantemente igual a si mesma e constantemente inferior àquela do homem médio. Contudo, a adoção de um modelo articulado, para a conduta exigível destes indivíduos, pressupõe que se fixe a quantidade e a qualidade de dados subjetivos, a serem considerados caso a caso. Faremos a seguir algumas distinções.

Para os enfermos, assinalou-se a exigência de observar o tipo e a gravidade da deficiência (ademais, basta pensar na diversidade de soluções a que se pode chegar, por exemplo, para os danos causados ao descer os degraus de um meio de transporte público, conforme o agente revele-se simplesmente "uma pessoa de 65 anos"[20] ou, ao invés, um indivíduo privado de uma perna, ou uma "anciã com problemas de visão";[21] na mesma

---

[19] Para estas exigências, já RODOTÀ, *Diligenza*, cit., 540, 545; C. M. BIANCA, *Negligenza*, cit., 195; ou DI MAJO, *Delle obbligazioni*, cit., 417 s.; WIEACKER, *Legge e arte giudiziale. Sul problema dell'ordine giuridico extralegale, in Studi in memoria di Lorenzo Mossa*, III, Padova, 1961, 619 ss., 627; FRANZONI, *Colpa presunta e responsabilità del debitore*, cit., 39 s. A respeito da importância que pode assumir o critério da "normalidade" (ou o da "média estatística") dos comportamentos sociais, v. *infra*, cap. III, nº 4.

[20] Cf., em casos semelhantes, as condenações - provenientes do Trib. Lyon, 6 junho 1946, em *S.*, 1947, 2, 33; Req., 11 novembro 1942, em *S.*, tables, *sub* v. Voiturier, nºs 2-4; Bruxelles, 20 abril 1928, em *S.*, 1928, 4, 18 (2º caso); Cass. Civ., 22 janeiro 1964, *Bull. civ.*, II, nº 74, 55 - a propósito de sujeitos cujas únicas peculiaridades consistiam (respectivamente) em terem "65 anos de idade", serem "corpulentos e caminharem com dificuldade", não gozando de saúde normal", "um surdo".

[21] V. os pronunciamentos citados, *retro*, cap. I, nº 2, notas 9-14. A expressão analisada no texto foi tirada de *Poak v. Pacific Eletric R. Co.*, cit. *retro*, cap. I, nº 2, nota 13.

perspectiva, depois, foi observado como é sempre necessário o exame dos perfis relacionados à ocasionalidade, à periodicidade, ou à verdadeira e efetiva estabilidade do mesmo mal-estar (não há necessidade de enfatizar como é diferente relevar que o condutor de um automóvel provocou o acidente em razão de um súbito ataque cardíaco;[22] diferente é acolher-se que o mesmo agente já tinha sofrido dois enfartes nos últimos seis meses, e que o cirurgião cardiologista lhe alertara sobre a possibilidade de que o mal pudesse repetir-se[23]). Observações análogas valem para os menores, quando somente as conclusões a respeito da idade, da personalidade e do desenvolvimento psicofísico são válidas para esclarecer qual seja o nível de conduta ao qual vincular o jovem indivíduo.

Depois, por verossimilhança, para cada gênero de (sujeitos em que se encontra presente uma ou mais de uma) inferioridade, a medida do comportamento a ser exigido destina-se a variar em relação à atividade exercida. Por isso, em tal direção - a prescindir, no momento, da natureza da responsabilidade em questão: primária, omissiva ou concorrente - revela-se sempre oportuno precisar: *a)* as atividades cujos desenvolvimentos não são influenciados pelo defeito físico, psíquico ou pela idade, e onde o indivíduo "débil" deverá ser avaliado segundo o parâmetro de diligência comum (pensemos, além da difamação proferida por um deficiente físico, no menor com onze anos de idade que é mordido por um cão, por ele mesmo provocado;[24] ou em qualquer dano causado pelo enfermo psíquico, durante um período de lucidez mental[25]); *b)* as atividades que, embora facilmente explicáveis pelo normotipo, encontram-se seguramente fora do alcance de qualquer menor ou doente, pertencentes à categoria em exame: aqui o eventual juízo de imprudência, pela conduta empreendida, deve ser considerado com a necessidade de ter firme ou de flexibilizar o *standard* mediano, conforme o sujeito se tenha colocado intencionalmente, ou se encontrado acidentalmente, na situação dada. A diferença é nitidamente percebida ao contrapor-se às hipóteses em que o dano nasce em razão da

---

[22] V. de fato, no sentido da exoneração da responsabilidade, as decisões citadas *retro*, cap. I, nº 4, nota 37.

[23] Neste caso as cortes afirmam, sem indulgência, a responsabilidade do condutor. cf. Cass. pen., 16 janeiro 1978, em *Arch. giur. circ.*, 1978, 207; App. Brescia, 16 outubro 1974, em *Resp. civ. prev.*, 1974, 162 (e *ivi* referências à jurisprudência italiana). Para a França, Trib. Montpellier 15 março 1938, em *D. H.*, 1938, 409; Trib. Avignon, 23 novembro 1949, em *D. H.*, 1950, 153. A mesma solução é depois adotada no *Restatement of the Law of Torts*, 2d, cit., 2, 283 C(b, c) e em numerosas decisões das cortes norte-americanas (referências em PROSSER e KEETON, *On torts*, cit., 162).

[24] Cf. App. Firenze, 13 março 1964, em *Giur. toscana*, 1964, 598.

[25] Sobre questões conexas aos danos causados por um doente mental, no curso de um "intervalo lúcido" (para a utilização desta expressão, GIORGI, *Teoria delle obbligazioni*,V, cit., 236; CHIRONI, *Colpa extracontrattuale*, I, cit., 339 s.), VENCHIARUTTI, *La responsabilità civile dell'incapace*, cit., 500 s.

imotivada direção perigosa de uma motocicleta, conduzida por um menor,[26] ou por um enfermo, àquelas em que a atividade geradora do prejuízo é praticada, pelo sujeito débil, com o fim exclusivo de socorrer um terceiro.[27] A vasta área de operações - distintas daquelas até aqui consideradas - para cujo desenvolvimento não é imaginável que os sujeitos sob exame possam renunciar (senão a custo de ver definitivamente comprometidas as conotações intrínsecas da sua existência: trata-se das atividades de caráter "necessário") e que por isso reclamam uma modulação do parâmetro, atenta às variáveis específicas do caso concreto.[28]

3.1. Os portadores de superioridade

Quanto à conduta exigível dos indivíduos dotados de qualidades superiores à média, o raciocínio é o mesmo: o que conta é conferir aos dados subjetivos, que expressam a particular superioridade, uma recomposição em sentido preceptivo.

Daí que, nesta perspectiva, a pergunta que logo surge é a habitual, concernente à precisão com que é possível fixar, para tais sujeitos, um *standard* diferente, e mais severo, do que aquele do homem médio. Pois bem, também aqui é necessário, antes de mais nada, fazer algumas distinções.

A) Nenhum problema surge, obviamente, quando a atividade em questão apresente-se de modo a expressar uma superioridade, por assim dizer, absoluta (informação inédita, força corpórea orgânica e completa): aqui a elevação do *standard* é determinada de modo plano - como teremos oportunidade de ver[29] -, em virtude da mera constatação das especiais condições em que age o indivíduo.

B) Acerca da superioridade "relativa" - afirmável apenas em relação às particularidades próprias do caso concreto em exame - é necessário

---

[26] Cf. Cass., 10 julho 1968, nº 2418, em *Resp. civ. prev.*, 1969, 466.

[27] A propósito deste último gênero de circunstâncias, v. as opiniões de SEAVEY, *Principles of Tort*, 56 *Harvard Law Review*, 1942, 93; DEUTSCH, *Fahrlässigkeit*, cit., 136 s. (onde é proposto o exemplo do filho que, mesmo possuindo limitados conhecimentos sobre a condução de veículos automotores, coloca-se ao volante para buscar o médico para o pai doente); e, em seguida, Vitali, *Del Danno*, Piacenza, 1892, 44. Para a importância que em tais hipóteses assumem o juízo sobre a objetiva utilidade da intervenção, e também a comparação entre o valor do bem lesado e do bem socorrido, entre outros, CHARLESWORTH, *On Negligence*, cit., 542; PROSSER e KEETON, *On Torts*, cit., 306 s., 491 s.; DE PAGE, *Traité élémentaire de droit civil belge*, II, Bruxelles, 1948, 1014; P. ESMEIN, em PLANIOL e RIPERT, *Traité pratique de droit civil*, VI, *Obligations*, 1, cit., 789 e nota 3; sobre o ponto cf., depois, BRIGUGLIO, *Lo stato di necessità nel diritto civile*, Padova, 1963, 51 ss., 202; e CENDON, *Il dolo nella responsabilità extracontrattuale*, cit., 378 s. e notas 47-48.

[28] Para o exame da casuística, *infra*, cap. V; algum exemplo já foi oferecido *retro*, cap. I, notas 9-14, 18-22, 24-25.

[29] *Infra*, cap. VI, nº 8 e ss.

verificar se o sujeito mais afortunado tinha condições (*rectius*: devia) de prever as peculiares chances de que dispunha para evitar aquele dano específico: e é somente do êxito positivo desta investigação que se deriva a possibilidade de exigir do autor do dano um comportamento conforme a um *standard* de conduta mais elevado do que o normal (pensemos no experto em artes marciais, que reage com fúria à agressão de um menor franzino;[30] ou no carcereiro que esquece uma corda na cela de um prisioneiro, de quem lhe são conhecidas as tendências suicidas, em seguida tragicamente postas em ação[31]).

C) Em tema de diligência profissional, a análise é feita posteriormente. Aqui surge a necessidade de esclarecer se a competência de espécie assume ou não (e de que modo) uma relevância precisa no conflito aquiliano concreto. Efetivamente, (1) lá onde esta última venha a desenvolver-se em um contexto totalmente estranho à preparação, e às qualidades, que afloram da personalidade do indivíduo, a conduta deste só poderá ser observada à luz da regra base. (2) Quando a hipótese examinada de fato envolva as peculiaridades inerentes à figura daquele profissional específico, ao invés, é oportuno dar pleno relevo às capacidades próprias deste: o que se torna possível segundo uma progressão que possa atribuir ao sujeito um *standard* tanto mais exigente, quanto melhor se verique ser a habilidade e a formação técnica daquele mesmo indivíduo (assim se poderá justificar a condenação do grande advogado, a quem o cliente entregou toda a responsabilidade de decidir sobre o seu caso, que negligentemente deixa de interpor um recurso, cuja oportunidade e relativas probabilidades de sucesso deveriam ser evidentes ao profissional, em virtude da própria excepcional competência naquele setor específico do Direito[32]).

D) Ainda necessitamos ressaltar que não faltam casos em que o registro de dotes e atitudes particulares, a respeito de um sujeito, serve para considerar de todo lícito o desenvolvimento, por parte deste, de uma ativi-

---

[30] Para uma série de exemplos análogos, em tema de legítima defesa putativa, VENEZIAN, *Danno e risarcimento fuori dei contratti*, em *Opere giuridiche. Studi sulle obbligazioni*, Roma, 1919, 246 s., 261; VON TUHR, *Partie générale du code fédéral des obligations*, trad. francesa (de idem, *Der Allgemeine Teil des Deutschen Bürgerlichen Rechts*, München u. Leipzig, 1918) de DE TORRENTE e THILO, I, Lausanne, 1929, 334 s.; *Restatement of Torts*, I, 120 ss., e IV, nº 890, comment *e*; STREET, *The Law of Torts*, cit., 78; cf. depois DEVOTO, *L'imputabilità e le sue forme*, cit., 103 s.; R. SCOGNAMIGLIO, *Responsabilità civile*, cit., 654.

[31] Cf. Cass. pen., 12 fevereiro 1904, em *Giur. it.*, 1904, II, 102; Trib. Ravenna, 14 março 1949, em *Riv. pen.*, 1949, II, 753; App. Aquila, 13 março 1958, em *Foro it.*, 1958, I, 955; ou *La Vigne* v. *Allen* 1971), 36 *App. Div.*, 2d 981, 321 *N.Y.S.* 2D 179; e os outros trazidos por DRAPER, *Civil Liability of Prison or Jail Authorities for Self-Inflicted Injury or Death of Prisoner*, em 79 A.L.R. 3d 1977, 1210 ss. Em geral, sobre as hipóteses de contato entre suicídio e responsabilidade civil, CENDON e GAUDINO, *Il suicidio e la responsabilità*, em *Riv. crit. dir. priv.*, 1987, 109 ss.

[32] Para a discussão de um caso semelhante, CATTANEO, *La responsabilità del professionista*, cit., 184, 196; JEMOLO, *Rimedi contro la negligenza del difensore.*, em *Riv. dir. proc. civ.*, 1933, I, 50; cf., depois, App. Torino, 27 julho 1934, em *Mon. trib.*, 1935, 624.

dade que, se exercida pelo chamado homem médio, seria normalmente considerada como uma inescusável imprudência - pensemos na manobra temerária a que resolva se dedicar o passageiro de uma embarcação em perigo, com o intuito de auxiliar o piloto: diferentes poderiam ser as conclusões, conforme o transportado seja um homem qualquer ou, ao contrário, um experiente iatista.[33]

Por isso, nestas hipóteses, o sujeito que mostre possuir capacidade suficiente para enfrentar, com segurança, a situação difícil, poderá ser - ao menos na maior parte dos casos - isento de críticas a respeito da decisão de querer assumir aquela dada atividade. Outra é a perspectiva, obviamente, quando se trate de avaliar a conduta temporalmente sucessiva, isto é, aquela concernente à verdadeira e própria execução da atividade (no nosso exemplo, as modalidades com que se operou a manobra): aqui os dotes especiais do indivíduo voltam a sugerir uma correção no sentido da elevação dos níveis de atenção que o mesmo sujeito será chamado a observar, a fim de evitar a imputação da responsabilidade.[34]

---

[33] V., de fato, Cass. civ., 3 novembro 1961, em *D.*, 1962, 70; Cass. civ., 9 maio 1990, em *D.*, 1991, 367.

[34] Sobre o ponto, cf. DEJEAN DE LA BATIE, *Appréciation*, cit., 52 s.

Impressão

Pallotti GRÁFICA EDITORA IMAGEM DE QUALIDADE

Porto Alegre • RS • Fone: (051)341-0455

Com filmes fornecidos